"十三五"国家重点图书
经济治理与民生经济丛书

农业基础设施投融资问题研究

Study on Investment and Financing of
Agricultural Infrastructure

◎ 陈 玲／著

中国财经出版传媒集团

经济科学出版社
Economic Science Press

图书在版编目（CIP）数据

农业基础设施投融资问题研究/陈玲著．—北京：
经济科学出版社，2016.12
（经济治理与民生经济丛书）
ISBN 978 - 7 - 5141 - 7459 - 5

Ⅰ.①农… Ⅱ.①陈… Ⅲ.①农村 - 基础设施 -
投资 - 研究 - 中国②农村 - 基础设施 - 融资 - 研究 -
中国 Ⅳ.①F323.9

中国版本图书馆 CIP 数据核字（2016）第 271669 号

责任编辑：于海汛　李一心
责任校对：徐领柱
版式设计：齐　杰
责任印制：潘泽新

农业基础设施投融资问题研究

陈　玲　著

经济科学出版社出版、发行　新华书店经销

社址：北京市海淀区阜成路甲 28 号　邮编：100142

总编部电话：010 - 88191217　发行部电话：010 - 88191522

网址：www. esp. com. cn

电子邮件：esp@ esp. com. cn

天猫网店：经济科学出版社旗舰店

网址：http：//jjkxcbs. tmall. com

北京汉德鼎印刷有限公司印刷

三河市华玉装订厂装订

787 × 1092　16 开　17.25 印张　330000 字

2017 年 10 月第 1 版　2017 年 10 月第 1 次印刷

ISBN 978 - 7 - 5141 - 7459 - 5　定价：46.00 元

【总 序】

程恩富

　　坚持以人民为中心的发展思想，不断改善民生和满足人民对美好生活的向往，是马克思主义政治经济学与中国特色社会主义政治经济学的基本价值取向。社会主义经济发展的根本目标与本质要求就是要通过构建共富共享经济发展模式，来不断地改善民生，提升人民群众的生活水平与生活质量。然而，在过去我国的改革发展实践中，理论上很大程度受到西方新自由主义经济学的影响，实践上，选择了"增长主导型"改革发展模式，追求货币财富增长而不以民生改善为宗旨和价值取向。从某种意义上说，这既背离了社会主义经济发展的基本理念，也有悖于马克思主义政治经济学与中国特色社会主义政治经济学的基本价值取向。事实上，与"民生导向"型改革发展思路不同，这种"增长主导型"改革发展模式，不仅引发了我国经济不可持续问题，而且也产生了诸多的收入差距、环境污染、公共基础服务滞后与不公平等民生问题。

　　正因如此，党的十八大指出要推进治理体系和治理能力现代化，各项工作必须以保障和改善民生为重点，习近平多次指出，经济发展的落脚点和目的是为了改善民生，并且说："改善民生无止境"。这是改革开放的初心。事实上，全面改善民生是十八大以来以习近平总书记为核心的党中央治国理政新理念、新思想、新战略的价值核心，同时也是实现共富共享经济的集中体现。"四个全面"战略布局的实施，党和政府的工作将更加突出以经济治理提升社会经济运行秩序，以"五位一体"协调发展以保障改善民生这两大主题，可以预测这两大主题将是新一届中央领导集体的改革和发展的主要路线，将对我国未来经济发展和经济学理论产生重大的影响。在科学深化我国社会主义市场经济体制改革的历史关头，尚存在许多经济治理和民生经济问题亟待在经济理论上率先有所突破，本丛书的目的是期望在这个方面有所作为。

本丛书由如下八本构成。它们是：《转变发展方式中改善民生的理论与路径研究》《改革与发展建言文集》《中国共产党民生经济思想、政策及经验研究》《区域产业合作研究》《民生文化研究》《国际垂直专业化分工体系中纵向控制与反控制》《企业生态创新驱动机制研究》《农业基础设施投融资问题研究》。这些著作的共同特点是问题导向明显，知识结构新颖，体现了理论研究与现实问题研究的紧密结合，体现了作者自己的独特研究视角和较高的研究水平。当然，丛书尚存商榷和不妥之处，敬请广大读者批评指正！

上篇 农业基础设施投资与融资

第一章 农业基础设施投融资问题文献综述 ……………………… 3

第一节 农业基础设施的重要性 ………………………………… 3

第二节 农业基础设施的分类 …………………………………… 4

第三节 农业基础设施投融资中存在的问题 ………………… 5

第四节 完善我国农业基础设施投融资体制的建议 ………… 7

第二章 中国农业基础设施投资与经济增长的关系研究 ……… 11

第一节 国内外研究现状综述 ………………………………… 11

第二节 我国农业基础设施的投入分析 ……………………… 13

第三节 农业基础设施投资与经济增长关系的实证分析 …… 16

第四节 加强农业基础设施投资的政策建议 ………………… 22

第三章 我国农业基础设施融资研究 …………………………… 25

第一节 我国农业基础设施融资研究背景及现状分析 ……… 25

第二节 我国农业基础设施主要融资模式分析 ……………… 27

第三节 我国农业基础设施融资案例研究 …………………… 36

第四节 我国农业基础设施融资存在问题及原因分析 ……… 42

第五节 拓展优化农业基础设施融资渠道的对策建议 ……… 53

下篇 农村公路投资绩效评价及建设管理研究

第四章 农村公路投资绩效评价研究 ………………… 63

第一节 引言 ………………………………………… 63

第二节 农村公路投资绩效评价的相关文献综述及启示 … 68

第三节 国外农村公路投资绩效评价的经验及其借鉴 …… 80

第四节 农村公路投资概述 ………………………… 88

第五节 农村公路投资建设存在的主要问题 ………… 95

第六节 农村公路投资绩效的类型与评价的特点 …… 102

第七节 农村公路投资绩效评价指标体系的构建 …… 104

第八节 农村公路投资绩效评价指标体系的基本内容 … 107

第九节 农村公路投资的经济绩效评价实证研究 …… 119

第十节 农村公路投资的社会和生态环境绩效评价实证研究 … 143

第十一节 提高农村公路投资绩效的政策建议 ……… 166

第五章 农村公路投资项目绩效评价案例分析 …… 170

第一节 农村公路投资项目背景和立项 …………… 170

第二节 项目实施计划 …………………………… 173

第三节 采用的规范和标准与投资项目建设意义 …… 179

第四节 投资项目方案内容 ……………………… 180

第五节 环境保护 ………………………………… 184

第六节 工程组织机构、实施及工程量 …………… 185

第七节 投资估算及资金筹措 …………………… 187

第八节 经济分析与评价 ………………………… 189

第六章 福建省农村公路投资建设管理研究 …… 199

第一节 福建省农村公路投资建设管理现状 ……… 199

第二节 福建省农村公路投资建设管理存在的问题 … 204

第三节 福建省农村公路投资建设管理措施 ……… 207

第七章 我国农村公路投资建设管理研究 ……… 211

第一节 我国农村公路投资建设管理现状 ………… 211

第二节 我国农村公路投资建设管理现存问题 …… 215

第三节 我国农村公路投资建设管理的治理措施 …………………… 220

附录1：专家调查咨询问卷 ……………………………… 227
附录2：专家问卷调查表 ………………………………… 229
附录3：福建省农村公路投资绩效评价——公众调查问卷 ………… 235
附录4：专家问卷调查结果 ……………………………… 237
附录5：公众调查问卷结果 ……………………………… 241
参考文献 …………………………………………………… 252
后记 ………………………………………………………… 268

上篇
农业基础设施
投资与融资

第一章

农业基础设施投融资问题文献综述

农业是我国经济发展的重中之重，是关系到国计民生的大事，农业基础设施建设对农业的发展具有重大的意义，然而长期以来由于各种因素的制约，我国农业基础设施建设存在着投入不足、融资困难的局面。本章总结了一些学者的观点，分析了农业基础设施的特殊性，指出我国农业基础设施建设投融资过程中存在的一些问题，总结了促进农业基础设施投融资体制改革的若干建议。

第一节 农业基础设施的重要性

农业基础设施是指从事农业生产的全过程中所必需的物质和社会条件，是在农业生产完成的各个环节中所使用的生产资料、对象和生产要素的总和。

黄禹（2009）认为，现代农业基础设施对农业和农村经济的发展、农民生活水平和生活质量的提高具有重要的作用。目前，我国农业基础设施比较薄弱，许多农业基础设施处于无人管理状态，导致大量农业基础设施损坏严重，农业靠天吃饭的局面还没有根本改变。发展现代农业，提高农业综合生产能力必须加快农业基础设施建设。孟鑫（2009）认为，农田水利基础设施是农民的基本生活条件、是农业生产基础的基础，农业基础设施落后直接制约着农民增收，特别是在以农业为主的农村产业构成中。栾敬东等（2008）认为，发展现代农业是新农村建设的首要任务和产业基础，增加农业投入、加强基础设施建设、改善农业设施装备，是建设农业现代化的重要内容和强化农业基础的迫切需要，对加快改变农村生产生活条件落后的局面，逐步缩小城乡差距具有重要的作用。

国际经验（Antle，1983；Liang，1981；Craig，Pardey and Poseboom，1997；Jacoby，2000）和我国的实践（Benziger，1996；Fan and Pardey，1997；Dong，2000）都表明，农业基础设施投资对农业生产率的提高和农业增长具有显著的贡献。从理论上讲，大多数农业基础设施具有公共品的性质，政府用于这些方面的投资也有利于降低农业生产成本、增加农民收入。

农业基础设施对农业发展具有重要的促进作用，可以大大提高农业生产的效率，对节约劳动力、促进粮食增产、农民增收具有重要的意义。然而，目前农业基础设施投入严重不足，资金存在严重的缺口，因此，各个学者分别从不同角度对我国农业基础设施投融资问题进行了探索，试图找出合理有效的农业基础设施投融资模式。

第二节　农业基础设施的分类

彭代彦（2002）认为，农村基础设施包括三大类，一是生产服务设施，如水利设施、农业科研和技术推广服务机构等；二是生活服务设施，如医疗、文化设施等；三是生产生活服务设施，如教育、道路和通信设施等。显然，农业基础设施就是上述的第一类。由于农业基础设施的属性不同关系着融资主体及融资方式的选择，关于农业基础设施的分类，主要有以下四种观点：

贺文春（2009）等，按照公共产品理论，将农业基础设施分为：纯公共产品、准公共产品和私人公共产品。纯公共产品具有非竞争性和非排他性，准公共产品具有纯公共产品和私人公共产品的特性，私人公共产品属于纯经营性项目，具有完全营利性，并由此展开说明，这三种类型的农业基础设施各自的投融资主体及融资模式。

黄勇民、李军（2005）按照农业基础设施不同程度的公共特性，除了将其分为以上三类外，还将准公共产品进一步细分为：自然垄断型准公共产品性质的农业基础设施，优效型准公共产品性质的农业基础设施。前者是指与规模经济有联系的产品，主要包括：市县级中小型水利和农田基础设施、乡村道路、农村电网、渔业基础设施、农业科研与试验等；后者是指那些无论人们的收入水平如何都应该消费或得到的公共产品，主要包括：动植物良种繁育基础设施、动植物防疫基础设施、农产品加工基础设施、农业教育与培训等。纯公共产品性质的农业基础设施主要包括农业基础科研、大江大河治理、农产品流通的基础设施和市场网络等；私人农业基础设施主要包括中小型节水设备、中小型农业机械等。

占纪文（2008）偏向于按照农业基础设施受益范围结合公共产品理论将其分为：全国性的农业基础设施，地方性纯公共产品性质的农业基础设施，具有外溢性的地方纯公共产品性质的农业基础设施，地方性准公共产品性质的农业基础设施。进一步指出由于农业基础设施的这种特性决定了其供给方式不一定完全由公共提供，可引入民间资本。

白亚娟（2009）、刘天军（2009）、费振国（2009）为了将项目融资模式运用于农业基础设施，将农业基础设施分为：服务性农业基础设施、保障性农业基础设施和基础性农业基础设施。

第三节　农业基础设施投融资中存在的问题

我国农业基础设施投融资长期以来存在着一些问题，总结各位学者的观点，大致包括以下问题：

一、财政投入不足与投资效率低下

近几年来，国家财政用于农业基础设施的资金虽然有逐渐增加的趋势，但是农业基础设施资金占国家总投入的比例依然较低，与农业在国民经济中的地位及重要性极不相称。1978～2004年，农业基础设施投资占全国基本建设投资的比重平均只有16.4%，即使2004年占16.4%，按人均投入量计算，是同年国家财政对城市基础设施投入额的1/7。①

李秀梅（2009）、席加（2009）、傅为华（2009）等学者认为，由于历史上的农业支持工业，农村支持城市的政策，财政工作的着力在城市，财政资源配置向工业和城市倾斜，致使中央财政对农业基础设施的支持力度不够。这样，农业基础设施的重担就落在了基层政府的身上。税费改革后，基层政府的财政收入严重缩减，已经不足以支撑农业基础设施的大笔投资资金。为此，涂进万（2007）专门研究了免税后农村基础设施建设投资主体失衡问题，他指出，农业税的取消并不能使农村基础设施的自我建设能力得到提升，相反，农业基础设施投资不足，一方面使农民增收缓慢，而农民增收缓慢又制约了农村基础设施建设资金的有效筹集；另一方面，作为农村基础设施建设动员主体，基层政府承担了过多本应由上级政府投资建设的基础设施项目，由于事权和财权在纵向传递过程中的脱节，导致基层财政困难，取消农业税后，县级财政将出现一个很大的资金缺口，必然会缩减农村基础设施的资金投入。

余晓军（2007）、费振国（2007）等指出，对于一些收入相对较高的地区，"自上而下"的政府决策模式导致了投资供给背离农民的投资需求，部分官员在"政绩"和"利益"的驱动下，大搞"形象工程"，对农业基础设施进行重复建设，造成了投资的浪费，使本来就很稀缺的资金未能发挥最大的效

---

① 徐明亮：《农村基础设施建设融资制度创新研究》，载于《农村经济》2008年第5期。

用。另外，地方政府盲目上项目，对项目没有进行严格的可行性分析，没有遵照科学的项目决策程序及严格执行工程步骤，致使项目中途瘫痪的现象也导致了投资的低效率。

二、产权界定不明

贺文春（2009）认为，首先，我国农业基础设施建设存在着管理权限不清、产权归属不明、政企不分的现象，政府在农业基础设施建设中，既作为投资者，又作为经营者；其次，在许多已明确规定竞争性项目由企业自主决策、自担风险，所需贷款由商业银行自主决策，自负盈亏时，政府又介入，依然按照行政指令，企业失去了自主权。这是造成民间资本难以进入的重要原因。

占纪文（2008）从制度经济学的角度指出，只有在产权明晰和产权变更时投资不受损失的条件下，投资主体才可能对基础设施进行投资，而由于农业基础设施具有公共产品的属性，"免费搭车"现象严重，具有明显的外部性，收益难以确定和衡量。而所有成员联合协议达成一个最优行为的谈判成本又太高，导致了进行农业基础设施建设的积极性大大降低。在产权不明晰的情况下，很难吸引以追求经济利益最大化的民间资本参与农业基础设施建设。

徐明亮（2008）则认为，由于产权不明，造成了承贷主体缺位，导致金融机构无法给予建设资金支持，造成贷款投入困难。

总之，产权不明成了民间资本、金融机构贷款等资金进入农业基础设施建设的一大制约因素，大大地降低了农民、农村集体组织、民间资本投资的积极性，这一现状应该引起政府的极大关注，并逐步地进行产权制度改革。

三、资金来源渠道少，投融资渠道不畅

我国现行的农业基础设施投融资体制是在财政体制和金融体制改革中逐步形成的，目前农业基础设施投融资的主体主要有政府、金融机构、农民和农村集体组织及民间资本，而在这些投融资渠道中都存在着问题。综合贺文春（2009）、李秀梅（2009）、席加（2009）、徐明亮（2008）、涂进万（2007）等的观点，大致认为：

首先，作为农业基础设施投资主要引导力量的政府在投资中存在着投资总量不足，中央和地方政府投资主体失衡等问题，这些前文已经分析过，这里不再赘述。

其次，作为社会资金中介的金融机构由于我国农村金融服务体系尚未健全，在农业基础设施中发挥的作用也极为有限。20 世纪末，各国有商业银行

进行股份制改革，从管理和效率的角度出发，逐步收缩农村阵地；农业发展银行作为唯一一家农业政策性金融机构未能真正承担起农业开发与发展的重任，特别是需要大量资金投入的农业基础设施建设没有得到足够的资金支持，使其空有"发展银行"的名称，未有"发展银行"的功能；这样，农村信用社成了支持"三农"发展的金融服务供给主体，但是农村信用社资金实力有限，远不能满足农村基础设施建设资金的需求。另外，每年农村资金通过商业银行和邮政储蓄等渠道外流达 3000 亿元以上。[①]

再次，农民和农村集体组织收入较低，难以承担农业基础设施投资的大笔资金投入。1981～2003 年，农民个人固定资产投资占全社会固定资产投资的比重不断下降，从早期的 20% 左右一直下降到 5% 左右，这说明农民集资已经越来越不适应农村基础设施建设的要求[②]。对于东部较发达的地区来说，农民收入较高，村集体经济实力较强，对农业基础设施进行投资成为可能。对于中西部较为落后的地区，乡镇企业较少，税费改革后，农业税被取消，同时取消了农村劳动积累工和义务工，能够无偿调动的人力也大为缩减，农民对基础设施建设"一事一议"受生产力发展水平和农民收入的限制也无法保证，因此农村集体组织对农业基础设施的投入受到严重制约。

最后，民间资本进入受到限制。我国资本市场尚不健全，投资方式极为有限，相关投融资体制存在问题，与农业基础设施建设相关的法律法规不完善，农业基础设施建设缺乏强有力的制度保证，大大制约了民间资本进入农业基础设施建设这一领域。

第四节　完善我国农业基础设施投融资体制的建议

对于如何完善农业基础设施投融资体制，各个学者从不同角度进行了分析与创新。主要有以下几种理论观点。

一、从宏观角度对农业基础设施投融资体制改革入手

费振国（2007）、栾光旭（2007）、徐明亮（2008）、占纪文（2008）等从宏观角度分析，对完善我国农业基础设施投融资体制进行了建议。认为：

[①]　徐明亮：《当前我国农村金融生态问题研究》，载于《经济纵横（创新版）》2007 年第 1 期，第 41～43 页。

[②]　黄勇民、李军：《多层次农业基础设施体系建设的投融资机制创新研究》，载于《南方农村》2005 年第 6 期，第 17～20 页。

第一，加大财政投入力度，一方面，加大对农业基础设施建设的财政投入总量，让公共财政覆盖农村，提高农业基础设施投入占 GDP 的比重，同时中央政府和省级政府应该明确各自的投资范围，合理界定各级政府的事权和财权，对于全国性的工程，应该由中央政府统一筹集资金、统一建设；对于地方性的工程，应该由中央政府和地方政府共同承担。另外，地方政府应该尽可能地安排土地出让收益的一部分用于农业基础设施建设。另一方面，应该优化农业基础设施建设的投资结构，改变"自上而下"的农业基础设施供给制度，使农业基础设施供给真正符合农民的需求，另外，政府应该建立财政贴息和投资补偿制度，把部分财政拨款和财政信贷转为对农业基础设施建设的补偿，以此来引导社会资金的流向。

第二，加快农业基础设施产权制度改革。农业基础设施产权改革应该按照"谁建设，谁所有，所投资，谁收益"的原则，针对不同类型的基础设施，采用不同的方式，明确其产权关系、利益关系和责任主体。对于单个农户收益的项目，可以让农户自主建设，自主经营，产权归其所有；对于收益范围分散，产权难以分割的项目，如：农田水利设施的建设，可以通过承包、股份制或组建使用者协会等方式，使所有权和经营权分离，也可以将部分所有权交给贡献较大的农户，由其承担项目后续保养和修整工作；对于那些具有一定收益、适合经营的基础设施，可以采用公开拍卖，转让工程的所有权和经营权。

第三，完善农业基础设施金融支持体系。其一，农业发展银行应该重新定位，发挥其应有的支持"三农"的作用，通过其自身的政策性融资功能间接地吸引和诱导商业银行和民间资本投入农业基础设施。由于大多农业基础设施存在着收益小于投资的资金缺口，农业发展银行除了尽可能地提高资金的使用效率外，还需要财政对其进行补贴，实现财政资金和信贷资金的有机结合。其二，发挥商业银行和农村信用社的作用。国家通过提供担保，引导商业银行投资于短期性的农业基础设施项目，农村信用社应在解决产权和监督管理体制基础上，本着自愿、互助共济、民主管理和非营利等原则，填补政策性金融和商业性金融缺位的区域。其三，发挥民营金融的补充和辅助作用。在国有商业银行退出农村之后，国家应该放宽市场准入门槛，鼓励符合法律规范的民营银行和外资银行进入，通过这些机构吸收的资金投入到农业基础设施建设中去。此外，建立风险控制机制，保证贷款的偿还机制也是促进金融机构对农业基础设施投资的有效手段。

第四，放开农业基础设施建设市场，引入民间资本。首先，必须深化基础设施产权改革，保护民间资本投资者的合法权益。其次，完善激励机制，政府利用税收优惠政策和财政补助政策鼓励民间资本投入，共担风险，提高民间资本投入的积极性。最后，通过创新各类融资模式，设立农业基础设施投资基金等方式，最大限度地吸收社会闲散资金，将社会闲散资金最大化地利用起来。

二、从项目融资模式的角度对农业基础设施投融资模式进行分析

白亚娟（2009）、刘天军（2009）等将 4 种项目融资模式运用于农业基础设施投融资中，他们指出，采用 BOT 模式，在规定时间之后政府可以取得项目的所有权和控制权，而在项目的建设期是由运营企业承担风险；采用 PFI 模式，项目几乎是由承包企业独立承担风险；采用 PPP 模式，政府和民营企业共同承担风险，可以增强民间资本的信心；ABS 融资模式在债券的发行期收益属于特设信托机构，资产运营和决策权依然属于原始权益人所有，因此政府不必担心项目被外商所控制。另外，他们将农业基础设施分为服务性农业基础设施、保障性农业基础设施和基础性农业基础设施，并认为，具有收费性质的服务性农业基础设施可供选择的融资模式较多，但是若考虑到那些关系重大、政府需要控制的项目，就只能选择 PPP 和 ABS 模式；保障性农业基础设施具有较强的外部性和公益性，需要政府资金去引导民间资本，因此适合使用 PPP 模式，对于公益性相对较弱的农业基础设施也可以考虑采用 PFI 模式；基础性农业基础设施没有收费项目，具有完全的公益性，只能按照政府投资运作模式进行，但是也可以使非营利性项目和营利性项目"捆绑"建设，或通过相关具有稳定收益的附属项目的开发，使其具有一定的收益性和较低的风险，此时政府可采用 BOT、PPP 等融资模式吸引民间资本的参与。

BOT 和 PPP 是这 4 种投资模式中学者讨论最多的，脱秋菊（2008）从 BOT 模式的优点出发，论述了农业基础设施运用 BOT 模式进行融资的必要性、意义及可行性分析，认为运用 BOT 模式可以为项目投资者开辟稳定营利的新领域，带动农业企业自身产品的推广和开辟市场，引导农民走股份制联合的道路，中国可以搞中国特色的 BOT 模式。

王春福（2008）对农业基础设施 PPP 模式进行了研究，指出，结合我国的国情，PPP 模式的具体运作方式主要有合同承包、特许经营和产权变更三类；推广 PPP 模式有诸多的影响因素，越是接近纯公共产品的基础设施推广 PPP 模式的约束条件越多，可能性越小；另外，采用 PPP 模式需要一定的政府政策工具，所谓政策工具就是政府赖以推行政策的手段，借鉴西方学者的分类方式，政策工具可分为强制性政策工具、混合型政策工具和自愿性政策工具，与推行 PPP 模式相关的政策工具主要包括规制、用户收费、产权拍卖、补贴、信息与劝诫、家庭和社区、自愿性组织、市场等；最后指出，要在农业基础设施治理中有效地推行 PPP 模式离不开政策工具的不断创新。例如，以自愿出资、出力的方式开展小型基础设施建设，或者以自愿与公共资

金合作的方式从事本地基础设施建设，通过发行债券的形式募集民间资本等。蒋青纯（2008）从更微观的角度对 PPP 模式运用于农业基础设施进行了探讨，政府为吸引民间投资可以给予私营企业一定的优惠政策和激励措施。如：（1）为了确保项目的成功实施，政府应该在一定时期内以固定的价格购买一定数量的产品或服务。（2）当回收期长、现金流量严重不足时，当地政府给予适当的补贴。（3）授予经营现有收费设施的专营权，并且必要时当地政府应该担保在该项目经营期内不再建设第二设施，以保证该项目的独家经营权。（4）准许项目公司在授权范围之内进行符合公司利益的开发等。

三、构建多层次农业基础设施体系，促进新型投融资机制的创新

黄永民（2005）、李军（2005）在公共产品理论的经济学分析框架基础上，提出多层次农业基础设施体系的概念和内容。所谓多层次农业基础设施体系是基于现代社会经济条件下，根据农业基础设施产品公共特性的不同程度，以全面建设与改善农业生产的物质和社会条件为主要目的，将农业基础设施体系划分为若干个层次，以明确政府与市场机制的功能发挥，并促进新型投融资机制的创新。具体可将农业基础设施划分为：（1）纯公共产品性质的农业基础设施；（2）自然垄断型准公共产品性质的农业基础设施；（3）优效型准公共产品性质的农业基础设施；（4）私人农业基础设施。其中：（1）只能由政府提供，（2）~（4）的公共性逐步减弱，可以适当地发挥市场机制的作用，政府通过各种激励机制及制定相关制度作为保证，引导社会资金流入这一领域。

农业作为各国的基础产业，关系到国家的安全和稳定，农业基础设施投融资对促进农业发展具有十分重要的作用，对我国推进农业现代化、提高农业生产力、增加农民收入具有深远的意义。长期以来由于农业基础设施本身的特殊性及相关农业投融资机制尚未成熟，我国农业基础设施建设存在着资金缺乏、投入不足的现象，因此有必要对这一问题进行探索，找出几种有效的融资方式，以推进农业基础设施建设，相关学者对这一问题进行了深入探讨，提出了很多建议，也提出了很多创新性的投融资模式。但是，纵观相关学者的理论和观点，我们认为，其一，由于东西部经济发展不平衡，农村现状和农业基础设施情况也有所不同，可以对东西部的农业基础设施投融资进行分开讨论，对我国几个有代表性农村进行实证分析，总结出几种有代表性的成功例子，再将其推广于全国。其二，大部分发达国家现在已经基本实现了农业现代化，农业基础设施建设也相当成功，我们可以对发达国家及部分发展中国家农业基础设施投融资方式进行再借鉴，结合我国具体的国情和我国农村的现状，找出适合我国农业基础设施建设的投融资模式。

第二章

中国农业基础设施投资与
经济增长的关系研究

农业基础设施建设为农业的稳定发展提供物质基础，使农业经济长期受益，从而为经济发展注入新的活力。本章研究发现，我国农村基础设施投资和经济增长存在长期稳定关系，但是两者仅存在单向的因果关系。因此应该提高对农业基础设施投资的重视程度，优化投资结构，促进农村基础设施投资与经济增长的良性互动。

农业作为第一产业，是人类生存发展的基础，农业的健康稳定发展对国民经济的发展至关重要。基础设施建设是一个产业发展的基础，因此农业基础设施建设为农业稳定发展奠定坚实的物质基础。近年来，我国农村基础设施的投入不断增加，但是供给不足、投资匮乏的深层矛盾依旧存在，成为制约经济增长的瓶颈。在不同发展阶段，农业基础设施投资对经济发展的影响具有差异，本章主要通过近30年的数据，分析农业基础设施投资对经济增长的作用机制，以促进资源的合理利用，提高决策的科学性。

第一节　国内外研究现状综述

一、国外研究现状

西方发达国家的实践证明，要实现农业从自给型向现代型转变，需要农村基础设施的完善和投入。关于农村基础设施建设投入与经济增长关系的探讨由来已久，国外学者在不同时期不同角度进行了相关研究。Boarnet（1998）认为农村公路基础设施的建设有利于促进农业生产要素在区域之间的流动，促进地区间经济联系，优化资源配置。Yilmaz（2002）研究农村基本通信服务时发现其存在显著的空间溢出效应。Gibson 等（2003）在对巴布新几内亚进行研究时，发现农村公路基础设施的获得性越高，发生贫困的概率越低。Mamatzakis（2003）运用对数成本函数，研究希腊农业基础设施对农业经济增长的研究，发现增加1个百分点的农业基础设施投资，对农业生产率会带来0.4个百分点的正效应。Farrow等学者（2005）分析厄瓜多尔农村基础设施建设时，发现农村公共资源在不同区域间的影响具有差异化。

二、国内研究现状

对于农业基础设施投资的研究，国内学者的关注重点主要集中在以下两个方面：

1. 农业基础设施投资与农村居民收入的关系

彭代彦（2002）发现农村道路和农村医疗卫生设施对增加农民收入方面有正效应，但农业技术服务投资的效应反之，原因可能在于收费较高。刘晓昀（2003）等从农户收支角度研究贵州地区的农业基础设施投资，发现农业基础设施投资有利于改善农户的收入状况。李锐（2003）采用C－D函数，测算出农业基础设施对农户收入具有正向贡献，产出弹性系数为0.465。[①]

2. 农业基础设施投资与农村地区经济增长的关系

林毅夫（2003）研究发现农村经济发展得益于农村基础设施建设，进而农村经济发展能够为全国经济发展水平提供新空间。鞠晴江、庞敏（2005）利用生产函数发现农村教育基础设施投入对农村经济发展最显著，因此应该着力于教育基础设施的投资，加速农村经济发展。袁立（2006）研究发现，在长期阶段，农村基础设施的改善能够节约交易费用，提高农民的交易效率，刺激内生经济的增长。张秀生、马晓鸣（2009）认为农村基础设施投资能够提高农业生产率，扩大经济规模。农业基础设施投资存在的问题。杜君楠（2012）研究发现在短期内农业基础设施与农业生产总值的因果关系不明显，但是在长期中存在因果关系，说明只有当农业基础设施具有超前性才能满足农业生产发展。

三、研究述评

现有的国内外研究，其中许多观点和分析方法提供了参考价值，具有一定的指导作用。但现有的研究主要是集中于研究某一种基础设施对经济的影响，例如农村水利设施，全面考虑生产性基础设施的研究较少，而本章则是较为全

---

① 李锐：《农村基础设施投资效益的数量分析》，载于《农业技术经济》2003年第2期，第5~9页。

面地考虑多种生产性农业基础设施。此外，现有的研究中，较少利用灰色关联度探究对农业基础设施的投资顺序，这也正是本章的创新点所在。

第二节　我国农业基础设施的投入分析

一、农业基础设施的界定

农业基础设施主要是指在农业生产过程中所必需的物质和社会条件，主要包括两类：

（1）农业生产性基础设施，主要指农村水利、农村公路、农村电力设施等；

（2）农业非生产性基础设施，主要指农村教育、农村医疗卫生、农业推广等。

农业生产性基础设施直接作用于农业生产，农业非生产性基础设施间接作用于农业生产，其经济贡献难以量化，因此本章主要的研究对象是农业生产性基础设施。

二、农村水利设施投入分析

农村水利设施建设是农业生产的基本物质保障，有助于改善农村生态环境和农民生活。我国一直着力于农村灌溉条件的改善，农村水利设施的完善有利于开发农业生产潜力，维护粮食安全。改革开放以来经过多年的努力，我国农村水利基础设施的建设情况总体得到了改善，从 1978 年到 2014 年，农田有效灌溉面积已从 44965 千公顷增加到 64539.53 千公顷，总体呈现增长趋势。[1] 我国农村水利设施建设投入总体上不断加大，但是矛盾和问题依然突出。具体表现在：

（1）有效灌溉面积增长速度缓慢。以 2014 年为例，全国耕地面积为 13505.73 万公顷，有效灌溉面积为 64539.53 千公顷，有效灌溉面积占比仅为 47.79%，依然有超过 50% 的耕地缺乏灌溉条件[2]。出现这种状况一方面有可能因为我国水利设施建设的投入总量不足；另一方面是因为我国水利建设投入多数集中于防洪抗汛和大江大河的治理，对于小型的农田水利设施建设投入依旧匮乏。

（2）农田水利设施的抗灾能力弱。由于我国农村水利设施投入不足，导致

---

①② 《中国统计年鉴》（1979～2015）。

我国农田水利设施在灌溉和排涝方面的能力较弱。以 2014 年为例，我国旱涝灾害的受灾面积为 24891 千公顷，成灾面积为 12678 千公顷，成灾面积占受灾面积的比例为 50.93%，如图 1 所示，该比例在长期阶段均没有下降的趋势，说明我国农村水利设施的抗灾能力较弱，需要进一步加大投入、加强建设。[1]

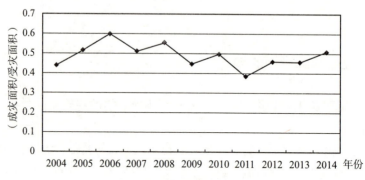

图 2-1　旱涝灾害成灾情况

此外，还存在农田水利设施的建设和维护主体缺位，农民对水利设施建设满意度不高等问题。

三、农村公路设施投入分析

农村公路是农村经济社会发展的重要基础设施，我国一直非常重视农村公路的建设。特别是在 1988 年实施积极财政政策以来，国家不断加大农村公路建设的投入，到 2005 年年底已基本实现：东部地区"油路到村"，中部地区"油路到乡"，西部地区"县与县之间通油路"。

我国公路按技术等级分为高速公路、一级公路、二级公路、三级公路和四级公路。具体到农村地区的交通，鉴于统计数据的可获得性，本章按照学术界的主流观点，将三级、四级和等外公路作为农村公路的交通里程。从表 2-1 中可以看出我国农村公路里程一直呈现不断增长态势，且增长速度较快，至 2014 年已经达到 3918200 公里。[2]

当前农村公路建设投入主要有以下问题：一是农村公路建设总体投入仍不能满足经济发展需要；二是农村公路建设存在区域间不平衡，东部地区农村公路发展较快，中西部地区发展速度较慢；三是农村公路重视建设，但对后期公路的养护重视力度不足，有较多的公路损毁情况较严重。

---

①② 《中国统计年鉴》（2015）。

表2-1　　　　　　　　　　　农村公路里程数

年份	三级、四级公路（公里）	等外公路（公里）	农村公路（公里）
2004	1216301	354835	1571136
2005	1265963	338752	1604715
2006	1929566	1174128	3103694
2007	2154964	1048332	3203296
2008	2378777	951642	3330419
2009	2631062	804558	3435620
2010	2857423	703520	3560943
2011	2979989	652796	3632785
2012	3107674	627908	3735582
2013	3231200	600700	3831900
2014	3355100	563100	3918200

四、农村电力设施投入分析

我国开展的农村电网建设和改造工程，基本上解决了农村地区电力供给薄弱的问题，提高了供电可靠性，为改善农民生产生活条件、促进农村经济发展提供了重要的物质基础。根据《2015年中国农村统计年鉴》资料显示，截至2014年度，全国共计拥有乡村办水电站47073个，发电量达到2281.5亿千瓦时，约占年农村用电量8884.45亿千瓦时的25.68%，预计这一比例将会持续上涨。[①] 从农村用电量来看，如图2-2所示，从2000年到2014年，农村用电总量呈现递增趋势，得益于我国农村地区电网的投资建设。

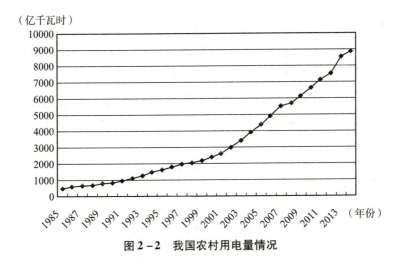

（亿千瓦时）

图2-2　我国农村用电量情况

---

① 《中国农村统计年鉴》（2015）。

农村电力设施建设还存在以下问题：

（1）部分地区农村电网改造率偏低，电力管理问题突出。尤其是西部地区的问题仍比较突出，如云南户改造率不足、四川和青海的低压电网改造率不足。

（2）农村电网出现了新的供给缺口。随着城镇化进程加快，农村经济快速发展，农村地区的内需得到了较大的推动，农村居民的消费能力大大提高，对电力的需求快速增长。因此，农村地区出现了新的电力供给缺口，影响了家用电器、农机设施的使用。由于存在电力供给缺口，农村地区用电价格也比较高。

第三节　农业基础设施投资与经济增长关系的实证分析

一、变量选择

（1）经济增长变量。本文选择国内生产总值作为经济增长变量。

（2）农田水利设施投资变量。在农田水利设施建设方面，我国政府长期以来将水利灌溉设施完善、农村灌溉条件改善作为提高农业生产力的重要手段，因此有效灌溉面积能够反映出农田水利投资状况，从而选择有效灌溉面积作为农田水利设施投资的替代指标。

（3）农村电力设施投资变量。由于现有的相关数据指标只是单纯统计农村地区的水电站数量和小水电的装机容量，并不能反映农村电力的投资状况。因为随着城乡电网的建设，农村地区的电力来源多样化，因此本章认为农村居民用电量更能直观地反映出农村供电情况。

（4）农村公路设施投资变量。本章选取三级、四级公路里程数以及等外公路里程数占农村公路的比重作为农村公路的指标。之所以将三级、四级公路和等外公路分别以比重的形式作为变量研究，是因为笔者考虑到农村公路的技术标准、各类公路权重因素可能会对实证结果产生影响。

表 2 - 2　　　　　　　　　　　　变量及其含义

变量分类	变量含义	变量符号
经济增长变量	国内生产总值	y
农村水利设施投资变量	有效灌溉面积	x_1
农村电力设施投资变量	农村居民用电量	x_2
农村公路设施投资变量	三级、四级公路里程/农村公路里程	x_3
	等外公路里程/农村公路里程	x_4

二、模型设定及数据来源

基于上述分析，并考虑方程中各变量平稳，对被解释变量和解释变量取对数，设定模型如下：

$$\ln y_t = c_0 + c_1 \ln x_1 + c_2 \ln x_2 + c_3 \ln x_3 + c_4 \ln x_4 + \varepsilon$$

其中，y 表示国内生产总值，x_1 表示有效灌溉面积，x_2 表示农村居民用电量，x_3 表示三级、四级公路在农村公路中所占的比重，x_4 表示等外公路在农村公路中所占的比重，ε 表示方程的随机扰动项。

本章实证部分的数据主要根据《中国统计年鉴》获得，时间区间为 1985～2014 年，共计 30 期。各变量的描述性统计结果如表 2 - 3 所示。

表 2 - 3　　　　　　　　　　　变量的描述性统计

变量	样本数	均值	最大值	最小值	标准差
lny	30	11.38512	13.37668	9.118620	1.306816
$\ln x_1$	30	10.80971	11.07503	8.873415	0.381824
$\ln x_2$	30	7.762533	9.092058	6.232252	0.884756
$\ln x_3$	30	4.299889	4.450019	4.074616	0.106137
$\ln x_4$	30	3.211300	3.717762	2.665240	0.302592

三、变量单位根检验

变量是同阶单整是协整检验的前提条件，本章中对各个变量进行 ADF 检验，其中检验形式（c，t，k）中，c 表示常数项，t 代表趋势项，k 代表滞后阶数。结果如表 2 - 4 所示，可以得出，所有的变量在 5% 的显著性水平下都不能拒绝原假设，都是非平稳的序列。对所有序列进行一阶差分，所有的变量在 5% 的显著性水平下都是 1 阶单整，因此满足协整检验的先决条件。

表 2 - 4　　　　　　　　　　　变量单位根检验

变量	检验形式	ADF 检验	5% 临界值	P 值	结论
lny	（c，0，1）	-1.299636	-2.976263	0.6148	非平稳
$\Delta \ln y$	（c，0，1）	-2.976792	-2.976263	0.0494	平稳
$\ln x_1$	（0，0，1）	1.733474	-1.953381	0.9770	非平稳
$\Delta \ln x_1$	（c，t，0）	-17.69457	-3.580623	0.0000	平稳
$\ln x_2$	（0，0，1）	2.740771	-1.953381	0.9977	非平稳
$\Delta \ln x_2$	（c，0，0）	-3.799903	-2.971853	0.0077	平稳

变量	检验形式	ADF 检验	5% 临界值	P 值	结论
$\ln x_3$	(c, t, 0)	−2.303307	−3.574244	0.4191	非平稳
$\Delta\ln x_3$	(c, 0, 0)	−5.423858	−2.971853	0.0001	平稳
$\ln x_4$	(c, t, 0)	−1.962684	−3.574244	0.5964	非平稳
$\Delta\ln x_4$	(c, 0, 0)	−5.049092	−2.971853	0.0003	平稳

四、协整检验

基于上述 ADF 检验，本部分对城乡居民收入差距变量、财政收入变量、财政支出变量等进行 Johansen 协整检验，考察被解释变量和解释变量在一阶差分后，是否存在长期稳定的均衡关系。检验结果如表 2 - 5 所示。Johansen 协整检验结果表明，在 5% 显著性水平下，变量之间至少存在三个协整关系，只列出与本章研究相关的协整方程：

$$\ln y = 8.26 + 2.43\ln x_1 + 1.09\ln x_2 + 6.18\ln x_3 + 1.46\ln x_4 + ecm$$

从上述 Johansen 协整检验可以看出，我国经济增长与农业生产性设施的投入存在长期的稳定均衡关系。根据协整方程所估计的结果，得到以下结论：

（1）农田水利设施投资变量的系数为正，说明耕地灌溉条件的改善会促进经济增长，有效灌溉面积增加 1%，经济增长 2.43%。农田水利设施投资的增加，能够改善农村地区的灌溉条件，增强抗灾能力，提高农业生产能力，带来经济增长新空间。

（2）农村电力设施投资的增加与经济增长呈现正相关，当农村供电状况得到改善，农村用电量增加 1%，带来的正向经济效应为 1.09%。

（3）在农村公路投资方面，三级公路和四级公路建设投资促进经济增长，农村公路里程数增加 1%，经济增长 6.16%；等外公路里程数的增加带动经济增长，等外公路里程数增加 1%，经济增长幅度为 1.46%。

表 2 - 5　　　　　　　　**Johansen 协整检验结果**

原假设	特征值	统计量	5% 临界值	最大特征统计量	5% 临界值
None [*]	0.829681	117.9575	69.81889	47.79218	33.87687
At most 1 [*]	0.690656	70.16531	47.85613	31.67916	27.58434
At most 2 [*]	0.652058	38.48615	29.79707	28.50445	21.13162

资料来源：根据《中国统计年鉴》（1986～2015）数据检验所得。

五、格兰杰因果检验

由于经济增长与农业生产性投入存在长期的关系，我们通过格兰杰因果检验进一步分析两者的关系。首先进行最优滞后期的检验，根据 AIC、SC、HQ 原则选定最优滞后期为 4。由上表 2-5 可知：

（1）在 5% 的显著性水平下，经济增长与农田水利投资具有单向因果关系。经济增长是农田水利投资的格兰杰原因，说明经济增长引起农田水利投入的变化，农田水利设施投资不是经济增长的格兰杰原因。

（2）在 5% 的显著性水平下，经济增长不是农村电力投入的格兰杰原因，农村电力设施投入是经济增长的格兰杰原因。说明在经济增长的过程中，我国对农村电力基础设施的投资依旧不足，但是农村电力设施的投入将引起经济发展的变化。

（3）在 5% 的显著性水平下，经济增长是农村公路（不含等外公路）投资的格兰杰原因，农村公路（不含等外公路）投入不是经济增长的格兰杰原因，说明对农村公路的投入随着经济增长而增加，但是农村公路设施的投入尚未表现出显著的效应；至于等外公路，实证结果表明，经济增长不是等外公路投资的格兰杰原因，等外公路投资是经济增长的格兰杰原因。（见表 2-6）

表 2-6　　　　　　　　　　　　格兰杰因果检验结果

变量	原假设	F 统计量	概率
$\ln y$	$\ln y$ 不是 $\ln x_1$ 的格兰杰原因	3.52756	0.0285
$\ln x_1$	$\ln x_1$ 不是 $\ln y$ 的格兰杰原因	2.22140	0.1099
$\ln y$	$\ln y$ 不是 $\ln x_2$ 的格兰杰原因	0.63349	0.6454
$\ln x_2$	$\ln x_2$ 不是 $\ln y$ 的格兰杰原因	4.52261	0.0221
$\ln y$	$\ln y$ 不是 $\ln x_3$ 的格兰杰原因	4.45264	0.0121
$\ln x_3$	$\ln x_3$ 不是 $\ln y$ 的格兰杰原因	1.25797	0.3247
$\ln y$	$\ln y$ 不是 $\ln x_4$ 的格兰杰原因	2.37046	0.1357
$\ln x_4$	$\ln x_4$ 不是 $\ln y$ 的格兰杰原因	4.60277	0.0414

从以上实证分析中可以发现，在长期过程中我国农村基础设施投资和经济增长具有长期稳定的关系，但是在格兰杰因果检验中发现，农村基础设施投资与经济增长通常只具有单向因果关系，不存在双向促进的关系。我国经济增长和农业基础设施投资之间不同步，可能由于以下原因：

（1）我国财政支农支出不足。从绝对量上看，我国财政支农支出在不断增加，但是在财政支出中的比例没有显著增长，增速较缓。由于 2007 年之后，我国关于财政支农的统计口径调整为农林水事务支出，此处用农林水事务支出占财政支出的比重作为衡量支农支出的指标。由图 2-3 可以看出，我国财政支农支出占财政总支出的比重总体上波动增长，在 2013 年比值最大，达到

10.17%，2014 年比例有所下降，仅为 9.69%，基本与 2010 年的水平持平。①

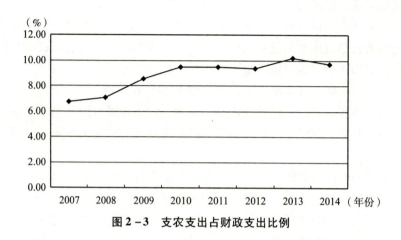

图 2 - 3　支农支出占财政支出比例

（2）农业基础设施投资不足。由于农业基础设施建设的周期较长、利润较低，因此金融机构对农业基础设施投资普遍存在"惜贷"现象，造成我国农村基础设施建设资金不足，其投资主要由政府部门承担，从而造成农业基础设施匮乏，难以发挥"社会先行资本"的作用，不能有效地发挥规模效应，难以促进农业生产发展。

（3）二元制经济带来的投资结构不合理。有一部分农业基础设施是城市、工业基础设施的组成部分或者其延伸部分，在二元制经济背景下，农业基础设施建设未受到充分重视，对农业基础设施的投资比重较低而且增速较慢。由于投资结构不当造成的投资效率较低，使得农村基础设施投资对经济增长的拉动作用依然有限。

六、灰色关联度分析

灰色关联度分析是通过一定的方法，计算关联度，按照关联度的顺序来确定各个因素之间的关系，分析各因素的影响程度。本部分之所以选择灰色关联度分析法是因为本文的数据样本容量较小，具有一定的局限性，而灰色关联度分析法对数据样本容量以及分布规律没有过多的要求，适合应用于少数据问题的研究，运用该方法对经济增长和农业生产性基础设施投入进行分析，能够在一定程度上弥补样本容量的欠缺。运用灰色关联分析法的具体步骤如下：

（1）确定参考序列和比较序列，如表 2 - 7 所示。

① 《中国统计年鉴》（2015）。

表 2 - 7　　　　　　　　　　　参考序列和比较序列

参考序列	y = 国内生产总值
比较序列	x₁ = 有效灌溉面积
	x₂ = 农村居民用电量
	x₃ = 三级、四级公路里程/农村公路里程
	x₄ = 等外公路里程/农村公路里程

（2）对比较序列和参考序列做无量纲化处理，使数据具有统一可比性。

（3）计算各比较数列同参考数列在同时期的绝对差。

（4）计算关联系数。本书的分辨系数取值为 0.5，计算出的参考序列和比较序列的灰色关联系数结果如表 2 - 8 所示。

表 2 - 8　　　　　　　　　　　各序列关联系数

年份	ξ_1	ξ_2	ξ_3	ξ_4
1985	0.66224	0.939144	0.678791	0.504988
1986	0.952195	0.930034	0.672714	0.519598
1987	0.665138	0.923709	0.667813	0.535292
1988	0.670181	0.924326	0.662885	0.557433
1989	0.670484	0.917724	0.662347	0.567517
1990	0.659717	0.914302	0.660663	0.579166
1991	0.662447	0.904813	0.659912	0.596074
1992	0.666576	0.897603	0.665126	0.610149
1993	0.679684	0.900872	0.67262	0.637498
1994	0.702056	0.903394	0.688917	0.6726
1995	0.720604	0.910015	0.703081	0.712236
1996	0.733541	0.916502	0.708221	0.777177
1997	0.74375	0.914	0.717655	0.815162
1998	0.746672	0.919338	0.716585	0.869449
1999	0.752069	0.915082	0.717965	0.926222
2000	0.767799	0.904824	0.731563	0.983252
2001	0.787124	0.905427	0.799823	0.828677
2002	0.812448	0.879262	0.830559	0.846604
2003	0.856246	0.859625	0.865996	0.912986
2004	0.92341	0.855399	0.928228	0.96783
2005	1	0.85862	0.99972	0.862599
2006	0.899566	0.873848	0.790994	0.883604
2007	0.7744	0.931433	0.709502	0.84529

续表

年份	ξ_1	ξ_2	ξ_3	ξ_4
2008	0.68864	0.932767	0.6416	0.680194
2009	0.648951	0.913068	0.620054	0.589743
2010	0.569259	0.81796	0.552376	0.496298
2011	0.49789	0.717873	0.484675	0.429706
2012	0.455178	0.657748	0.444111	0.391512
2013	0.421567	0.66361	0.411653	0.361093
2014	0.391019	0.609458	0.382196	0.333338

（5）根据表2-8计算出的关联系数，计算灰色关联度并排序，结果如表2-9所示。

表2-9　　　　　　　　　　　　　灰色关联度并排序

r_1	0.706028384
r_2	0.8703927
r_3	0.681611503
r_4	0.67644289

结果显示表明，$r_2 > r_1 > r_3 > r_4$，因此我们得出农村电力基础设施投资对经济增长的影响＞农村水利设施投资＞农村三级、四级公路投资＞农村等外公路投资。农村电力设施投资有利于改善农村居民生活，推进农业机械使用、激发农业发展活力；农村水利基础设施的投资，有利于农业生产新技术的使用、提高抗灾能力、提高农业生产效率，对经济增长有较大的影响；农村公路基础设施的投资有助于提高农村地区的交通通达度，缩短了农产品运输的时间，提高了农产品交易的效率，农村公路投资对于经济增长的影响不容忽视。

第四节　加强农业基础设施投资的政策建议

农业基础设施是农业发展的物质基础，根据前文分析，我国农业基础设施投资与经济增长存在长期稳定的关系，但是二者仅存在单向因果关系，说明现阶段我国农业基础设施投入不足、农业基础薄弱，使得农业基础设施难以发挥社会先行资本的作用，对经济增长的促进作用有限。因此，有必要采取措施，促进农业基础设施投资和经济增长的良性互动。

一、提高对农业基础设施投资的重视程度，加大农业基础设施投资

农业作为第一产业，是经济发展的基础，而农业基础设施不仅仅是农业生产的物质条件，更是农业发展、社会发展的先行资本，不能将农业基础设施看作城市和工业基础设施的延伸或者附属，要充分认识到农业基础设施对经济增长的促进作用。此外，在农业问题上，不能单纯考虑经济利益因素，更应该考虑到其社会效应和经济意义，在实践中给予其应有的发展地位。

二、继续加大农业基础设施投资，拓宽资金来源

由于农业基础设施的建设周期和回收期较长，盈利能力较弱，因此资金来源渠道较窄，信贷资金不足。首先，政府财政支农资金的比重应该加大，给予的农业补贴应该逐步向农业基础设施建设转移，为农业基础设施建设提供资金来源。其次，应该打破国家为农业基础设施建设投资的唯一主体的现状，应建立与市场机制相适应的多投资渠道。政府可以通过产权改革，农业基础设施的外部收益内部化，引导民间资本的参与。此外，对于具有排他性、成本不高的农业基础设施，可以开放市场准入，收取一定的费用来补偿投资成本。对具有收费功能的自然垄断型和优效型农村基础设施，还可以 BOT、ABS 或 PPP 等多种新型融资模式。

三、重视农业水利、电力设施的投资，提高其有效利用率

由于农村电力、水利设施与经济增长的关联度较大，应该继续保持农村水利、电力的投入，完善管理体系。首先，应该实施农村电网建设和改造工程，深化农村电力体制改革，优化农村电网结构，提高供电稳定性并加强技术指导，实施规范化管理。其次，对于农村水利基础设施，应该健全建设机制，发挥其保障作用，利用专项资金统筹安排建设项目，同时引导群众的投资参与。此外，在农村公路方面，虽然上文中的实证结果表明农村公路投资对经济增长的贡献度较小，但这不能否认其对经济增长的作用，从长期考虑，也应该重视农村公路的建设和管理，必须做好整体规划，优化路网布局，提高农村地区的交通通达度，为农村经济的增长注入活力。

四、探索和完善维护管理机制，建设与养护并重

首先，在农村基础设施的维护方面，要加快产权制度改革，明确责任，清

晰归属，确保后续维护和保障工作的展开。其次，要建立专项资金，使养护工作有充足的资金来源。最后，要突出农村居民的主体作用，加强相关技能的培训，提高农村基础设施的养护质量。

本章通过协整检验、格兰杰因果检验以及灰色关联度分析法发现，我国农村基础设施投资和经济增长存在长期稳定关系，农村基础设施投资增加促进经济增长，但是两者仅存在单向的因果关系。此外，农村电力设施和农村水利设施投资与经济增长的关联度较大。因此应该提高对农业基础设施投资的重视程度，促进农村基础设施投资与经济增长的良性互动。

第三章

我国农业基础设施融资研究

第一节 我国农业基础设施融资研究背景及现状分析

一、我国农业基础设施融资研究背景

在当前我国经济的改革和发展中，"三农"问题被国家提高到前所未有的高度，解决"三农"问题成为建设社会主义新农村和我国现代化建设进程中的重大历史任务。2003 年年初，党中央在农村工作会议上提出"国家今后每年新增教育、卫生、文化等事业经费主要用于农村，逐步缩小城乡社会事业发展的差距"。2004 年至 2016 年，国家连续发布了 13 个关于"三农"问题的中央一号文件，要求加强新农村建设，尤其是要加强农村基础设施建设，充分体现了党和国家对农村基础设施建设的重视。2004 年中央一号文件提出"国家固定资产投资用于农业和农村的比例要保持稳定，并逐步提高"，还要求增加对"农村中小型基础设施建设的投入"。2005 年中央一号文件要求"加大农村小型基础设施建设力度，继续增加农村'六小工程'的投资规模，扩大建设范围，提高工程质量"。2006 年中央一号文件提出"加强农村基础设施建设、改善社会主义新农村建设的物质条件"，并且提出要"着力加强农民最急需的生活基础设施建设"。同年发改委还发布《关于加强农村基础设施建设，扎实推进社会主义新农村建设的意见》，要求切实加强对农村基础设施建设的分类指导，不断创新农村基础设施建设的体制和机制。2007 年中央一号文件提出，"加快农业基础设施、提高现代农业的设施装备水平"，"逐步加大政府土地出让收入用于农村的比重"，并要求"必须下决心增加投入，加强基础设施建设"。2008 年中央一号文件《关于切实加强农业基础设施 进一步促进农业发展农民增收的若干意见》更是直接以农村基础设施建设为主题，提出"加强

以农田水利为重点的农业基础设施建设是强化农业基础的紧迫任务。必须切实加大投入力度，加快建设步伐，努力提高农业综合生产能力，尽快改变农业基础设施长期薄弱的局面"。2009 年中央一号文件强调"大幅度增加国家对农村基础设施建设的投入，提高预算内固定资产投资用于农业农村的比重，新增国债使用向'三农'倾斜"。2010 年中央一号文件强调要"突出强化农业农村的基础设施，土地出让收益优先用于农业土地开发和农村基础设施建设，进一步夯实农业农村发展基础"。2011 年中央一号文件《中共中央　国务院关于加快水利改革发展的决定》是新中国成立以来中央文件首次对水利基础设施工作进行全面部署，要求"把水利作为国家基础设施建设的优先领域，把农田水利作为农村基础设施建设的重点任务，力争从根本上扭转水利建设明显滞后的局面"。2012 年中央一号文件要求"持续加大财政用于'三农'的支出，持续加大国家固定资产投资对农业农村的投入，持续加大农业科技投入，确保增量和比例均有提高"。2013 年中央一号文件指出"加快用信息化手段推进现代农业建设，启动金农工程二期，推动国家农村信息化试点省建设"的问题。2014 年中央一号文件提出"整合和统筹使用涉农资金，完善农田水利建设管护机制，加快发展现代种业和农业机械化"。2015 年中央一号文件强调"围绕建设现代农业，加快转变农业发展方式"。2016 年中央一号文件指出"我国农业农村发展环境发生重大变化，既面临诸多有利条件，又必须加快破解各种难题"。因此要"大力推进农业现代化，必须着力强化物质装备和技术支撑，着力构建现代农业产业体系、生产体系、经营体系，实施藏粮于地、藏粮于技战略，推动粮经饲统筹、农林牧渔结合、种养加一体、一二三产业融合发展，让农业成为充满希望的朝阳产业。"

尽管近年来我国加大了对农村基础设施建设的投资力度，农村的生产生活条件也已得到明显改善，但是由于经济体制、宏观政策、资金来源等多种原因，从总体上来看，我国农村基础设施建设无论从布局、数量，还是从规模、效益上较城市基础设施建设而言仍相对滞后，远远不能满足发展现代农业、推进新农村建设的要求。从存量上看，普遍存在年久失修、功能老化、更新改造缓慢等问题；从增量上看，我国农业基础建设的固定资产交付使用率长期呈现连续下降的趋势。农村基础设施建设和管理的滞后制约了农业综合生产能力的提高和农村经济的持续稳定发展，已经成为我国推进新农村建设的重点和难点。

二、我国农业基础设施建设现状

我国农业基础设施建设取得了一定成果。2014 年农业机械总动力达到108056.58 万千瓦，相比 2000 年增长了 105%，同比增长 4%；2014 年大中型拖拉机配套农具达到 8896400 部，相比 2000 年增长了 535%，同比增长了 7.6%。2014 年农用排灌电动机数量达到 12873300 台，相比 2000 年增长了 73.6%，同比增长了 37.7%。2014 年有效灌溉面积达到 64539.53 千公顷，相比 2000 年增长了 20%，同比增长 1.7%。乡村办水电站装机容量达到 7322 万千瓦，相比 2000 年增长了 948%，同比 2.8%。2014 年农村发电设备容量达到 73221047 千瓦，相比 2000 年增长了 166%，同比增长了 2.85%。2014 年灌区有效灌溉面积达到 30216 千公顷，相比 2000 年增长了 23%，同比增长了 0。2014 年水库数达到 97735 座，相比 2000 年增长了 14.8%，同比增长了 0。2014 年堤防保护面积达到 42794 千公顷，相比 2000 年增长了 8%，同比增长了 6%。然而近年来第一产业增加值占比国内生产总值呈下降趋势，到了 2014 年已降至 9.1%；第一产业就业人员人数也呈下降趋势，到 2014 年仅 22790 万人，占比就业人员 29.5%。

从财政支出角度来看，我国财政农林水事务支出 2014 年达到 14173.83 亿元，相比 2007 年增长了 316%，同比增长了 6.2%，同时期的国家财政支出增长了 205%，同比增长了 8.2%，相比于 2007 年我国财政农林水事务支出增长率高于国家财政支出增长率 111 个百分点，然而同比却少了 2 个百分点，从财政农林水事务占比财政支出来看，2014 年为 9.3%。根据 2007 年中国统计年鉴数据，2006 年财政农业支出包含支农支出、农业基本建设支出、农业科技三项费用支出、农村经济费和其他方面支出，如果以农业基本建设支出和农业科技三项费用支出作为农业基础设施支出，那么 2006 年农业基础设施支出占农业支出 31.9%。即虽然支农支出占比国家财政将近 10%，然而其中只有不到 1/3 用于基础设施方面支出，更多的是用在了人事方面。[①]

第二节 我国农业基础设施主要融资模式分析

一、我国农业基础设施资金来源

所谓农业基础设施财政融资，是指以政府为主体，依照信用原则在资本市场上对民间资本进行筹集，通过有效的融资和投资运作来达到加强农业基础设施建设目的的政策性金融活动。农业基础设施财政投融资在我国还处于发展阶段，政府财政支出在其中起主导作用，此外还有信贷资金、国债资金、农村集

---

① 《中国统计年鉴》（2015）。

体投入、国际开发资金和社会资金。

（一）财政资金

中央与地方财政资金主要包括支持农业的生产生活和农村水利设施等部门的费用、农业支出费用、农村科技支出费用和农村救济费支出等。从资金性质而言，财政资金主要包含：财政资金的预算、国债的发行以及支农专项基金的预算，包含农业投入、农村事业管理、农村环境建设、农业灾害扶持和农村劳动力培训等大类多项，财政整理捆绑预算、专项支农资金、政府基金安排和移民扶持的配套资金等。从资金获取渠道来看，主要包括财政部门、政府农业发展部门、改革发展委员会、扶贫部门、卫生、医疗、教体局、环境以及交通等许多部门。我国财政支农支出占比国家财政支出将近 10%，在各项财政支出中位列教育支出和社会保障与就业支出之后排第三位，然而其中仅不足 1/3 用于农业基础设施，这也是导致当前我国农村甚至农业发展薄弱的原因之一。[①]

（二）信贷资金

目前，我国农村正规金融机构主要包含农业银行、农业发展银行和农村信用合作社。因为金融机构体制正发生着深刻的变革，主要体现在农业银行大批撤销县级以下的农村分支金融机构网点，并且将基层金融机构的贷款权限收归于高级组织，导致农业信贷资金数量不断减少。虽然自 2000 年以来，农业银行把支持重心逐渐转变为农业产业化以及农村城镇化，但是目前一个急需解决的问题便是，实施何种制度能够方便农业银行给农村基础设施建设项目贷款。农业发展银行作为我国唯一的政策性金融组织，但是其对农业的支持与发展是不显著的；农村信用合作社虽然也在支农领域起到主力军的作用，但是由于商业性倾向越发严重并且机构自身也存在缺陷，对其支农的积极性产生了不良效果，支农后劲明显缺乏。从我国历年城乡储蓄贷款情况来看，为农村提供金融服务的一般金融机构从农村中吸收的存款资金远高于在农村贷出的数量，导致一半以上的农户储蓄余额被上调到城市，服务于城市的发展，表明农村自身的金融机构无法对农村的金融需求提供充足的服务，反而对农村资金外流至城市起到了主要的作用。

（三）农村集体投资

农业基础设施建设融资在传统意义上通常只依赖于集体供给和民间累积，因为建设规模、档次以及结构等方面对农业基础设施的限制，投资主体就成了

---

① 《中国统计年鉴》（2015）。

受益农户和村集体。根据《农业法》的相关规定：兴建乡村公益事业，必须通过村民大会进行投票实施，最后由村委会向农民进行筹资。在实行农村税改政策以前，各地区乡级政权对其领域内的农村基础设施建设资金实施全乡"统筹"：村级机构向农民收取三项费用，即公积金、公益金和管理费，公积金主要用于在购买生产性固定资产，兴建集体企业等。此外，乡、村两级将建设农业基础设施建设花费的成本均摊给农民。近些年，虽然党中央、国务院为了帮助农民在处理"三农"问题上实施了一系列的"多予、少取、放活"的支农、惠农政策，还取消了农村的两工问题，但是从实际效果来看，并没有对"三农"问题的解决达到令人满意的程度。而且要利用本地区的集体经济资金来建设农村基础设施，很大程度上是依赖于村集体经济的资金实力。数据统计，江苏省的村集体经济排名最高，其经营的收入总额现可达 500 万元以上，而上海的农村人均收入高达 9000 元，可谓资金雄厚，上海、北京、天津、广东排名前列。但就全国而言，东西部的地区村集体经济经营收入悬殊，最高的上海与最低的新疆可相差 1290 倍，对落后地区来讲，要依靠农村集体经济的资金就比较困难，根本就谈不上投资。[①]

（四）国债资金

我国的国债资金主要用于投资基础设施建设、对技术进行改造、农村水电设施建设、卫生、教育以及相关社会保障等。这些领域有一个共同的属性，就是经济效益不显著但是社会效益很有效，使用国债资金对其他资金的投入起到诱导的作用，诱使一些地方财政、信贷资金和部分社会资金的进一步投入，发挥自身的有效杠杆作用。我国在 1998～2004 年实行积极有效的财政政策期间，中央政府发行国债总计 9100 亿元，多数用于对农业基础设施的长期投入，体现了我国实施的积极财政政策的宗旨。[②] 以效益角度对国债投资项目进行分析，根据自身资金实现的效益分为两方面内容：一是具有直接经济效益；二是间接效益，以上两个方面在产生社会效益方面都发挥了重要的作用。

分析国债资金投入的建设项目特性，发现国债对"重城市轻农村"的投资格局特别重视，例如 1998～2004 年间，中央政府总计下拨国债资金 9100 亿元，这其中用于农业基础设施建设的资金约为 1.1%，大约 100 亿元，说明对农业基础设施建设资金的投资额只有每年需求量的 10% 左右。[③] 虽然国家有许多国家级的基础设施规划，例如农林水利设施、国家储备粮库建设投资等，但不能否认每年的国债投资绝大部分都将投入到城市中，这明显与我国要大力支

---

①② 《中国统计年鉴》（2015）。

③ 《中国统计年鉴》（1999～2015）。

持"三农"发展是违背的。长此以往，一定会对我国农村、农业、农民产生不好的影响。

（五）国际开发资金

为了支持农业基础设施建设，筹集到更多的资金，我国政府与民间金融组织和部分社会保险组织以及某些国家、政府以及非政府机构组织协商与交流，在我国的农村地区进行了一系列的相关领域的合作，并参与很多的扶贫项目的投资，为获得较多的低成本资本，以支持农业基础设施建设增加了渠道。国际扶贫开发项目资金实质上也是属于外资，在外资支持领域一般会采用较多个国际发展机构，贷款与赠款混合到一起使用，而且目的是增加国外贷款资金以及对财政资金实施捆绑方法。

（六）社会资金

截止到 2014 年，我国金融机构资金来源各项存款 1138644.64 亿元，单位存款 565249.12 亿元，个人存款 507831.09 亿元，财政性存款 35664.48 亿元。① 我国社会资金规模庞大，然而我国目前实体经济不振，社会资金和信贷资金主要投向房地产、股市和海外。《国务院关于投资体制改革的决定》中许可大量的社会资本能够进入那些法律不禁止的基础设施建设领域，民间资本涉及的营利性公益事业领域等。目前有一部分的民间资本已经投入到农村公共基础设施建设中，但对于那些具有营利性性质的农村设施项目，因为比重小，不具有普遍性。由于农村的条件差，而构建特定的基础设施又需要大量的人力、物力以及财力，建设期限还比城市要长很多，有的农村根本就得不到相应的投资回报率，导致投资这些领域的建设成本过高、投资风险太大，而且相对城乡基础设施在项目性质、产权制度以及利益配比上的巨大劣势。

二、我国农业基础设施融资模式

市场化融资是指充分发挥市场机制在资源配置中的基础作用，引进各项社会资本参与农业基础设施建设，主要包括项目融资模式和企业信用融资模式两大类。市场化融资一方面可以缓解财政融资的压力，另一方面可以提高资金和资源的使用效率。从我国农村发展的普遍情况来看，通过私募筹资和股票市场融资可行性很低，地方政府现在不能自主发行债券，主要是国债融资后投降基础设施建设中，而企业信用融资模式一般是指金融机构对农业基础设施建设的

---

① 《中国统计年鉴》（2015）。

支持，该方式已在上文提及。项目融资模式包括资产证券化融资模式、政府、企业或私人参与的融资模式以及特许经营权的融资模式等。

（一）BOT 融资模式

BOT（Build-Operate-Transfer）意为建设—经营—转让，于 1984 年产生于土耳其，是一种典型的项目融资模式，政府主管部门授权私营企业参与基础设施建设，向社会提供公共服务，具有规避风险，提高收益的特点（其结构如图 3-1 所示）。BOT 模式经过近 30 年的发展，作为公共基础设施融资的有效方法在国内外得以广泛运用。近年来，随着社会经济的发展以及农村市场的繁荣，BOT 模式在我国农业基础设施建设中进行了一些成功探索，如湖南省茶陵县洮水水库通过项目法人招标，成为全国首个 BOT 水利工程项目，山东省德州市铁西农产品批发市场是农业综合开发项目实行 BOT 模式的成功范例，既解决了政府资金瓶颈，又实现了经济收益和社会效益，对农村农业经济发展具有明显的促进作用。BOT 模式作为最早的项目融资类型，具有较强的适应性。对于具有一定投资规模和年限的准经营性农业基础设施项目，在不影响其公益性的前提下，宜重点考虑和规划，挖掘其服务领域，拓宽具有长期、稳定现金流和较强收费功能的项目，如大型农产品流通基础设施、农产品市场网络、农村电网等。

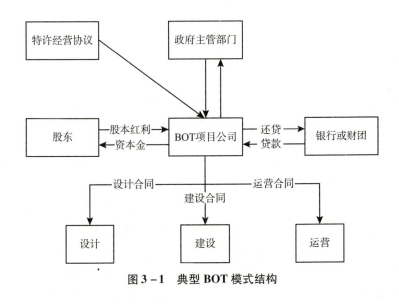

图 3-1　典型 BOT 模式结构

（二）PPP 融资模式

PPP（Public-Private-Partnership）即公私合营模式，1992 年英国政府首次提

出并将其用于公共服务领域，以解决公共服务资金匮乏以及提高基础设施水平。在 PPP 模式中，政府直接与工商企业联合投资，也可以出资成立农业基础设施投融资担保公司，提供担保，私人企业联合提供。通过公共部门的政策支持与私人部门的高效投资运营管理，将私营部门寻求高额利润回报的投资目标与政府公共部门实现社会经济双重效益的目标相结合，达到各参与方的合作共赢（其典型结构如图 3－2 所示）。合理的风险分担方案是 PPP 模式成败的关键，也是公共部门和私人部门博弈的焦点。

图 3－2　典型 PPP 模式结构

在该模式下，一方面，参与合作的政府部门和私人部门共同承担责任和融资风险，有利于提高政府管理和服务水平。另一方面，鼓励私人企业与政府进行合作，参与公共基础设施建设，不仅有利于促进投资主体多元化，减轻财政负担；而且有利于充分发挥私营部门高效率、低成本的优势，加快投融资体制改革，整合资源，提高效率和降低工程造价。如湖北省宜都市水利设施建设成功引入 PPP 模式，探索出了一条行之有效的水利设施建设和管理模式。作为一种公私合营模式，以提高项目运营绩效，政府公共部门与私人部门实现合作共赢的重要纽带是政府政策支持。因此 PPP 模式特别适合于政策性较强、有稳定现金流、投资规模较大、收益较明显的准经营性农业基础设施，如农村水利水电开发项目、动植物良种繁育基地建设等。

（三）PFI 融资模式

PFI 即"私人主动融资"，是在 BOT 模式基础上形成的一种优化型项目融资模式，最早兴起于英国和澳大利亚，以弥补政府财政紧缩与公共基础设施巨额投资资金缺口。在 PFI 模式中，政府主管部门通过与项目公司签订特许权协议，利用私有资金开发、实施、建设、运营公共工程项目，项目竣工后，由政府及其相关部门购买或租赁私营部门提供的服务以实现公共资源的优化配置（其典型结构如图 3－3 所示）。通过这种方式政府将项目开发建设过程中产生的风险转移给项目公司。与 BOT 重视经济利益相比，PFI 模式开发的项目具有更多的公益性，管理方式开放，运营权处理灵活，我国已经在医院、公路、城市公共绿地建设方面进行有益探索。

PFI 模式强调民营资金参与主导项目，具有项目主体的单一性、代理制的全面性以及项目运营权处理方式的灵活性等优点。依据资金回笼形式不同，PFI 项目可分为独立运作型、建设转让型、综合运营型三种。前两种类型在我国基础设施建设中较常见，私人投资主体相对独立，政府可以只提供政策支持而非财政资金，按契约购买产品或服务来保证投资者回收成本和实现盈利，主要适用于能产生长期、稳定现金流的项目，如农村能源基础设施和农田水利设施建设。

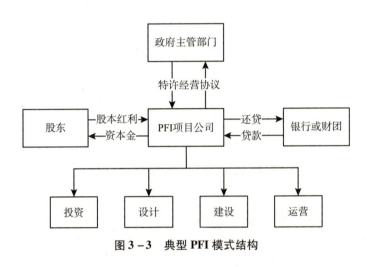

图 3 - 3　典型 PFI 模式结构

（四） ABS 融资模式

ABS 即资产证券化，最早起源于美国，其显著特点是以项目拥有的资产为基础，以项目资产带来的预期收益为保证，通过证券市场发行债券筹集资金（其典型结构如图 3 - 4 所示）。ABS 是一种融资技术的创新，同其他融资方式相比，具有灵活性强、资金成本低、筹资数额大、投资风险小、避免原始权益人资产质量限制等优点，有利于减低融资成本，最大限度地缓解财政资金压力。

ABS 融资作为一种独具特色的筹资方式，按照法定程序发行企业债券筹集资金，并能在国际市场上融资，主要适用于投资规模大、建设周期长、利率较高和收益稳定的项目，如供水、供电、铁路、隧道等大型建设项目，在公路建设、房地产行业等领域进行了成功的应用实践。目前，ABS 模式在农业基础设施领域应用较少，可发挥 ABS 融资的优势，全盘考虑，慎重选择，逐步在大型农产品生产加工基地、农业信息化基础设施等领域试点，缓解财政资金供给压力。

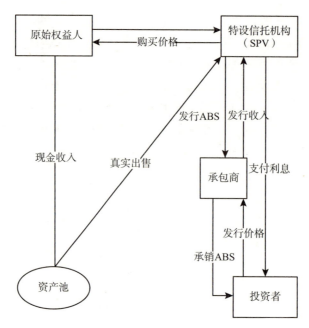

图 3-4　典型 ABS 模式结构

（五）农业基础设施融资模式的比较

1. BOT 模式

当政府干预和市场自发机制共同作用时，BOT 模式的优势便能够得到淋漓尽致的发挥。在农村基建中，其一，BOT 模式是市场作用发挥的保障，显而易见，农业基础设施主要是以市场经济为基础而进行的，在基建工程运营期间，根据盈亏自负和效益优先的原则进行建设。其二，虽然农业基础设施在 BOT 模式协议下担任营运工作的是企业，但是政府始终拥有控制权。也就是说，政府在基础设施的"立项、招标、谈判"三个阶段中拥有绝对影响力。此外，检查、监督权也由政府控制，并且政府也监督监管着基建的价格。总的来说，选择 BOT 模式进行融资，使市场机制和政府的干预措施很好地融合在一起，这对我国农业基础设施的融资、建设有极大的帮助和促进作用。

2. PPP 模式

PPP 模式适用于拥有很高的社会效益但是缺乏经济效益的不以营利为目的的基建项目，为这类项目提供资金支持。目前农业基础设施项目中普遍存在社会性和收益性共存的现象，因为经济学中理性人理论，因此农业基础设施项目本身经济性的缺乏注定了其融资的困难所在，这就决定了投资人对于其缺乏积极性，这也是人之常情。而政府通过 PPP 融资模式可以对农业基础设施项目进行支持，这不仅能使社会性、经济性提升，而且同时会降低项目风险，最大限度地保护投资者和贷款者的利益，使他们放心和增强其积极性。

此外，灵活地使项目风险得到分散也是 PPP 模式的一大优势，而其作用机理大大不同于 PFI 模式，PPP 模式并不是把所有风险都转嫁给私营企业，项目本身也会承担，这也是提高民营投资者信心的很重要的一方面。显而易见，因为是加入了民营企业共同开发运营项目，这也是对政府风险的一种分散。所以民营企业与政府之间合理有效的合作是成功 PPP 模式的共性，这也正是 PPP 模式自身的优势和存在的合理性。

3. PFI 模式

风险分散是 PFI 模式的主要优势所在。由于农业基础设施自身存在的局限性，这使得其存在的风险大大增加，而 PFI 融资模式就很好地解决了这个问题，由于是多家私企和项目公司共同对农业基础设施项目进行融资、建设和经营，这就使得项目本身的许多风险转移了，由私人机构或企业来承担，从而传统意义上的由政府融资的农业基础设施项目转变为各地政府与私企一起承担风险，进而达到了分散转移风险的作用。

4. ABS 模式

ABS 模式存在的合理性和优势主要有以下三点：

第一，是改善企业财务状况的行之有效的方法。因为 ABS 融资模式筹措资金的方法是通过信托公司进行债券的发行，这就使得原始股东的资产质量不受限制，原因是所筹措的资金不以负债的形式体现在资产负债表中。

第二，政府能够行之有效地行使管理权。融资时如果选择 ABS 模式，政府拥有农业基础设施项目的资产运营抉择的原始权益，所以即使信托机构对于基建项目的资产收益权拥有控制权，政府也不用担心外商会控制利用项目，其原因就是 ABS 模式决定农业基础设施项目的所有权是由当地政府控制的。

第三，分散降低农业基础设施项目所面临的风险。在风险担责方面 ABS 模式拥有其自身的独特性。主流看法，项目融资选择 ABS 模式，投资者的利益会得到很好的保护，原因就是如果原始权益人或者发起人因为某种原因发起破产清算，其被证券化领导资产是不允许核算的，因为当选择 ABS 模式时，原始权益日已经将资产的所有权让渡出去，同时其与项目自身面临的风险联系就会断裂，所以说 ABS 模式会很好的保护投资人的利益。此外，因为购买证券的大都是数量众多且专业化的机构，这就进一步极大地分散了 ABS 的投资风险。

典型农业基础设施项目融资模式对比如表 3 – 1 所示。

表3-1　　　　　　　　　典型农业基础设施项目融资模式对比

融资模式	BOT	PPP	PFI	ABS
项目所有权	拥有	部分拥有	拥有	不完全拥有
项目经营权	失去（转交之前）	部分拥有	失去（归还之前）	拥有
融资成本	最高	一般	较低	最低
融资所需时间	最长	较短	较短	较长
政府风险	最大	一般	较小	最小
政策风险	大	一般	一般	小
适用范围	广	较广	较广	较窄
应用举例	农产品批发市场建设、农村电网建设	动植物良繁基地建设、大中型农田水利设施建设	农村能源设施建设、农田水利建设	农村通信设施建设、大型农产品加工基地建设

第三节　我国农业基础设施融资案例研究

一、BOT 模式：马来西亚南北高速公路项目

（一）项目背景

由于马来西亚政府财政不足，在建设了 400 公里南北高速时便出现资金困难，而此时还有 500 公里需要建设，要想工程进行下去只有利用融资这一条途径可以选择。经过可行性研究和综合考虑，BOT 模式成为首选。[①]

（二）BOT 实施方案

表3-2　　　　　　　　　　　　项目概述

项目公司	总成本	特许经营期	公司股本	公司股份	银行贷款
普拉斯	18 亿美元	30 年	900 万美元	1.8 亿美元	16.2 亿美元

政府给予其担保：

（1）援助行贷款：2.35 亿美元（总成本 13%），还款期限：25 年，固定年利 8%。

---

① 中华人民共和国财政部官方网站。

（2）最低营收入担保：由于交通量不足导致现金流不足（前 17 年）的由政府出资。

（3）普拉斯获得现有公路（309 千米）经营权，其中部分收入用作新项目的建设资金。

（4）外汇担保：汇率降低超 15%，由政府弥补其损失。

（5）利率担保：利率上涨超 20%，政府代还差额。

马政府与普拉斯、普拉斯与分包人分别签订固定总价合同。所建项目的收费标准由政府和普拉斯商量决定，其中费率与 CPI 相关。普拉斯从境外获得 9 亿美元，加上政府 2.35 亿美元的援助性贷款，此外将合同的 13% 作为分包人的股份，并约定完工后才可转让，所以分包人承担着部分风险。

（三）融资简评

BOT 融资模式取得了极大的成功，为大马政府的明智之举。在 BOT 的作用下，可以按原定计划使南北高速投入使用，起到了带动国民经济发展的巨大作用，而且政府资金得到了极大的节省。此外，在特许经营权到期后南北高速便无条件的收归国有。

（四）BOT 模式对我国农村基础设施建设适用性分析

经过经济的不断发展，就目前状况，可以毫不夸张地说在我国已经拥有了利用 BOT 模式进行建设农业基本建设设施的基础和条件。我国一直以来政局稳定，相关政策法规逐步完善，拥有了良好的吸引外资的外部环境。改革开放以来，我国各届政府都非常重视农基建设，尤其是经济的飞速发展也进一步为 BOT 模式在中国的运用添加燃料，起到催化剂的作用。

国内资金宽裕。我国经济一直处于高速发展阶段，对外贸易也多为顺差，外汇储备逐年增加，国内储蓄也快速扩大，社会资金非常宽松；非国有经济成长迅速。随着市场经济的不断发展，政府对非国有经济的支持力度也不断增大，民营企业的技术、管理等都得到了极大提高，非国有经济资金非常巨大，这就为利用 BOT 融资打下了夯实的基础；发达的金融市场。高负债是 BOT 的突出特点，拥有将资金有效转变为投资的市场机制是其必要条件。近年来国内的金融市场得到长足发展，越来越多的人有了较高的投资意识，证券与资本市场都趋于成熟，加上不断提高的效率等等都为 BOT 用于农业基本建设提供了条件；借鉴案例众多。BOT 在国外已经非常成熟，拥有大量案例，比如悉尼过海隧道、英吉利海峡隧道等等，国内首个 BOT 模式案例便是 1984 年的广东省沙角 B 电厂，此后国内还运用了多起试点，因此农业基本建设运用 BOT 有了铺垫。

要更好地实现中国梦，必须重视"三农"建设，而农业基本建设又是其中的重中之重，而我国农村的广阔和政府财政的匮乏导致了农业基本建设必须充分利用新的融资模式，而 BOT 便是其中之一，其必要性和可能性都可见一斑。如何将 BOT 合理有效的应用于农业基本建设具有极其重要的非凡意义，值得我们不断探索。

二、PFI 模式：英国公共领域的 PFI 应用

1. 案例介绍①

本书将通过英国一所中学建设为例进行 PFI 的介绍。该中学在校 1300 人，建筑面积 10600 平方米，建室外运动场。包括招投标（2 年）、建设施工（2 年）、运营（25 年）和移交四个过程。运用半结构化访谈、定量分析等方法。

（1）相关利益方。（见图 3 - 5）

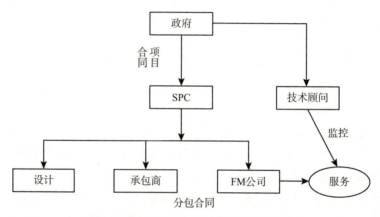

图 3 - 5　PFI 运营阶段的主要相关利益方

（2）调研。调研作为案例分析的重要环节是必不可少的，而半结构化访谈是本次调研的主要方法。选择了 20 人的相关利益者进行了约谈。结论如下：

用户评价，对学校的各类人员进行了对于项目的评价调查，受访者普遍打了高分表示满意。政府和 SPC 评价，双方就合作关系的建立和维护上都非常重视，也得到了回报，对彼此都表示了欣赏和称赞。物业经理评价，项目建成后的后期维护是非常重要的，物业部门对此非常赞赏，因为它们参与了设计所以为以后的维护工作带来了极大的便利。技术顾问评价，技术顾问也在调研中

---

① 中华人民共和国财政部官方网站。

给出了满意的答案。

2. PFI 模式对我国农村基础设施建设适用性分析

（1）非营利性农基设施投资需求增大。我国各届政府都对农基设施建设高度重视，资金投入也不断增加，并且像 BOT、PPP 等融资模式也得到了应用，然而相对于新农村建设的需求来说是杯水车薪，尤其是农基设施耗资巨大，这样就造成了供需严重失衡，这便成为民间资本进入农基建设的最佳时机。

（2）推行 PFI 具有良好的项目运作基础。第一，BOT、PPP 等融资模式已经在我国启动很长时间，公共设施介入民间资本已经深入人心，观念上已经扫除障碍。第二，关于融资模式的政策法规也已经相继出台，这些都将成为 PFI 应用于农基建设强有力的基础保障。

（3）推行 PFI 具有相对充足的资金来源。前面介绍到我国民间资本十分充足，有非常庞大的资金需要合适的投资去向，而 PFI 的出现便是其一个好的归宿，这将促使 S 向 I 的转化。

三、PPP 模式：湖北宜都市水利设施

1. 案例介绍①

（1）湖北宜都市水利设施概况。宜都市现有的水利设施多数都是小型的，种类繁多而且规模较小是其特点。总体而言，全市只有 5 座中型水库，剩余的都是小工程而无一能称得上是大工程，受此限制，全市仅仅有区区十几万亩的灌溉面积，可谓凤毛麟角。全市水利设施按照规模大小，分别由市直管、乡镇管、村管和居民自管等层次，中间就产生了很多问题，比如权责不明、缺乏养护费、设施老化落后，等等。由此导致的直接后果便是供水不足而造成产量大幅减少、农民生活质量下降。为了解决这一现状，政府必须加大水利设施建设，而其中最大的难点便是资金问题，为此，经过市委领导讨论和广泛征求意见后决定于 2006 年大胆利用 PPP 模式进行融资，进行产权改革，谁受益谁拥有产权，当然谁就应该投资，根据面积来划分份额，具体如何操作并进行管理由他们自己商量确定。通过这种方式极大地调动了群众的投资热情，解决了资金问题，进而加大完善了全市的水利设施，使农民的用水得到保障，进而带动了当地农林牧副渔的发展，使当地农民的生活水平有了极大提高。

（2）主要操作办法。宜都市被财政部列为采取民办公助建设水利设施的试点城市之一，为此，市委市政府马上成立专项组，下发了《宜都市小型农田水利"民办公助"项目建设管理实施细则》，并按照具体问题具体分析，根据

---

① 中华人民共和国水利部官方网站。

本地特有的情况具体展开工作，取得了骄人的成绩，并得以在央视新闻中进行报道，这与市领导根据实际灵活的发挥 PPP 模式不无关系。

第一，产权改革。进行谁投资谁拥有谁受益的宣传，民办为主，公助为辅，把农民的积极性都调动起来。第二，先筹资后补助。在进行融资的过程中，先调动群众的积极性，率先进行自筹资金的筹集，等确定了自有资金后再据此确定需要的国家补助金额。第三，建立长效机制。水利设施建成后，产权归属为收益群众。因为权责明确，所以农户的积极性得到极大提高，从长期来看是非常有利的。明确产权后除了调动积极性外，后期的维护工作也得到了解决。受益户共有在宜都市得到了很好地发挥和起到了极大的作用。

2. PFI 模式对我国农村基础设施建设适用性分析

众多案例说明在我国大范围地推行 PPP 模式既能够积极发挥私有资本的作用，使其得到充分利用，而且还可以有效的解决政府对农基设施财政投入不足的问题，可谓一石二鸟、一箭双雕。在我国已经具备了进行大规模采用 PPP 融资的条件。

（1）政策支持。因为种种迹象都表明利用 PPP 模式对农基建设进行融资在我国有着非凡的现实意义。我国政府亦对此高度重视，为此，政府部门制定了一系列的政策法规用来给予 PPP 的发展以政策和法律支持。发改委和国开行联合下发的《关于推进开发性金融支持政府和社会资本合作有关工作的通知》便是很好的证据。

（2）项目基础。第一，BOT、PFI 等融资模式已经在我国启动很长时间，公共设施介入民间资本应经深入人心，观念上已经扫除障碍。第二，关于融资模式的政策法规也已经相继出台，这些都将成为 PPP 应用于农基建设的强有力的基础保障。

（3）完善的法律体系。随着我国司法体系的不断完善和私有资本的大量扩充，我国关于如何利用私有资金的法律法规已经得到长足发展，逐步完善起来，这就为 PPP 模式的有效推行创造了良好的法律环境。

（4）试点成功。PPP 模式在国外发达地区已经相当成熟，在我国也进行了试点并取得了不错的效果，这就为稳步推进进而大规模展开 PPP 融资模式奠定了基础，也增强了信心。

四、ABS 模式：恒源电厂项目

1. 案例介绍①

（1）电厂融资背景。成立于 1977 年的恒源电厂有限公司（集团）是由恒

---

① 国家能源部网站。

源电厂发展起来的，并于 1996 年 10 月，恒源电厂集团有限公司注册资本 28500 万元改组成功。集团拥有的控股子公司有包括电厂、水泥等在内的各类公司共 14 个，是一个以电力为龙头多层次多角度综合发展的大型国有集团。其中发电厂的装机容量达到 25.6 千万，煤矿的年产量为 45 万吨，集团经济实力雄厚，该集团仅 1998 年一年的销售收入就高达 5.5 亿元人民币，实现利税收入 1.1 亿元人民币，名列前茅。1995 年恒源电厂向国家计委递交了项目建议书，计划建立一座 2×300 兆瓦的火力发电厂，国家计委于当年予以批准。1997 年 9 月 5~8 日，电力规划设计总院对该项目进行了补充审查，并对该项目的可行性进行了审慎的研究，审查报告肯定了该项目的可行性。恒源电厂计划总投资 382261 亿元，其中资本金投资中外方总投资额为 95565 万元，占恒源电厂项目总投资的 25%，项目融资总投资为 286696 万元，占恒源电厂总投资的 75%。境内融资渠道主要是通过国开行获得，通过国开行融得资金 86009 万元，国外融资主要是通过资产证券化，即设立 SPC 发债。

（2）恒源电厂的融资模式。1997 年 5 月 21 日，恒源集团通过招标的方式邀请世界著名的投行和商业银行为该项目提供具体可行的融资方案建议书，接到邀请的著名投行和商业银行包括美国所罗门兄弟公司、JP 摩根公司、摩根·斯坦利公司、雷曼兄弟公司、香港汇丰投资银行及英国 BZW 银行等。1997 年 7~9 月，通过对项目的澄清、分析、评估，6 家知名的投行和商业银行均提出了 SPC 发债的方案，有两家银行也提出了银团贷款的建议。恒源祥集团经过慎重的考虑，决定由雷曼兄弟公司作为该项目的投资顾问，并选择 ABS 发债方式融资。

首先，国外资本市场发债主要是指在美、日、欧等大型资本市场发债，提起资本市场，毫无疑问的便想起美国，它拥有全世界最大的资本市场，它的交易量不仅仅独霸天下，占据着第一的宝座，而且其期限也是世界上最长的，因而在资本市场发债的灵活性较好，发债规模有保障，竞争性较强，融资能在短时间内完成，期限相对于银团贷款也比较长。最近几年来，世界范围内的许多大型基金和美国的大企业，纷纷选择债券融资的方式在世界资本市场融资。

其次，银团贷款指的是由于企业所带金额较大，单靠一家银行很难满足其资金需求，因而由一家银行作为牵头行，数家银行作为参与行共同向其提供资金的行为。通过银团贷款能给该项目提供资金支持的目前只是一些中小型的商业银行，目的在于扩大自己在世界银行中的市场占有率，因而项目能够取得的融资额度较小。东南亚以及东亚危机之后，使得这些银行对亚洲的商业银行的信心锐减，银团贷款常常伴随着出口信贷，没有出口信贷就很难取得银团贷款。与发债相比，银团贷款对项目的要求较为严格。

再次，由于恒源电厂的条件与取得国际银团贷款的条件格格不入，即该项目采用国产设备、国内总承包商、没有出口信贷等条件，因而不易取得世界银行和亚投行的贷款。

最后，恒源电厂在各投资方的共同努力下，设计出了一个成功率最高、安全性最好、期限最短（6个月）的融资方案。雷曼兄弟公司通过对该项目的深入了解加上自己在发债方面的投资经验，提出了一个现实可行的融资方案。雷曼兄弟的低费用也是它能中标的原因之一。根据恒源电厂的项目特点以及雷曼兄弟提出的融资方案，该公司决定选择雷曼兄弟为融资顾问，通过美国资本市场发行债券进行融资。

2. ABS 模式对我国农村基础设施建设适用性分析

（1）农业基础设施项目有稳定现金流。不可否认的是农业基础设施因为其特有的社会性必然就会对盈利性产生影响，所以效益上的吸引力便相对缺乏，然而，像电力、交通等很多基础设施项目会有很稳定的收入来源，产生稳定的现金流。世界银行统计发现，基建设施的收益率还是比较客观的，有的项目能达到近30%，我国的交通运输业尤其是收费公路项目也具有非常可观的收益。这样就可以通过稳定的收益作为支撑来吸引投资者进行 ABS 的投资。

（2）规范的中介。中介机构在资本市场发挥着非常巨大的作用，所以随着资本市场的发展，中介机构也在不断的向着高信誉、多经验和雄厚的资金实力发展，虽然目前这些中介对于 ABS 接触不多，但还是能够达到进行资产证券化操作的基本要求。

（3）ABS 所需资金充足。我国经济一直处于高速发展阶段，对外贸易也多为顺差，外汇储备逐年增加，国内储蓄也快速扩大，社会资金非常宽松；非国有经济成长迅速。随着市场经济的不断发展，政府对非国有经济的支持力度也不断增大，民营企业的技术、管理等等都得到了极大提高，非国有经济资金非常巨大，这就为利用 ABS 融资打下了夯实的基础；发达的金融市场。

（4）高素质的投资者。近年来，资本市场不断发展趋于完善，大型机构投资者越来越多，这就对投资者的素质有了较高要求，在市场化的推动下整体素质和投资技巧是在不断提高中的，经过多年的发展，对于要推行资产证券化所要达到的要求投资者基本可以满足。当然，在资本市场各类产品还有进步空间，这也使投资者对于 ABS 这一模式产生兴趣而进行尝试。

第四节　我国农业基础设施融资存在问题及原因分析

一、农业基础设施融资财政政策缺陷

我国农业在基础设施方面的投资总量不足导致农村基础设施远不能满足农

村发展的需要，严重影响农业发展的后劲。

1. 财政投入资金不足

农业基础设施的一个最为重要的资金来源渠道是财政投资，其也占据了农业基础设施总投资中可控性最大的部分。在此情况下，为了保证农业在比较利益相对较低的情况下能得到相应的发展，国家应该肩负起农业基础设施建设的责任，并发挥对其他经济、政治主体的引导和示范作用。但是我国地方财政支农资金占财政总支出的比例偏低，并且我们发现支农资金结构不合理，其收入主要用于公用经费的开支和干部工资的发放，用于农村道路规划、水利开发等基础设施建设的资金非常有限。由于政府财政投资不足等原因，致使现有的融资方式难以满足统筹城乡发展中农村公共产品有效供给的融资需要。近年来，中央每年均出台中央一号文件，对当年农业农村工作进行部署，对"三农"投入的总量、增量、比例等提出相关要求。其中，2011 年中央一号文件以加快水利改革发展为主题，提出今后 10 年全社会水利年平均投入比 2010 年高出一倍，从土地出让收益中提取 10% 用于农田水利建设。2011 年，中央财政用于"三农"的支出总量首次超过 1 万亿元，达到 10497.7 亿元；2012 年继续增加到 12387.6 亿元。2008～2012 年支出总量累计 4.47 万亿元，年均增长23.5%。中央财政用于"三农"的支出总量占财政支出的比重从 2003 年的13.7% 提高到目前的 19.2%。2011～2012 年，国家发展改革委负责安排的中央预算内投资用于农业农村的比重超过 50%，每年投资总量达到 2000 亿元左右。① 具体见图 3–6、图 3–7 所示。

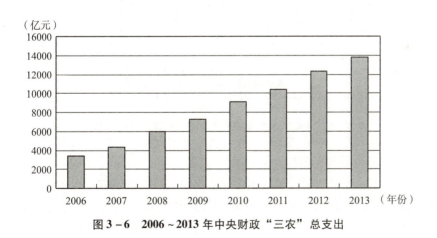

（亿元）

图 3–6　2006～2013 年中央财政"三农"总支出

由图 3–7 可知：我国财政用于农业基础设施的资金虽不断增加，在总的

_____

① 《中国统计年鉴》（2014）。

财政支出中所占的比重也呈现上升的趋势，但是，我国是一个人口大国、一个农业大国，因此农村的发展也成为促进我国经济发展的一个重要的组成部分。通过对我国现状的观察可以发现，近年来农村发展的要求迫切，但政府资金的投入仍存在保留，因此由于政府财政投资不足等原因，致使现有的融资方式难以满足统筹发展中农村公共产品有效供给的融资需要。综上所述，根据我国经济政策发展情况可以得出我国财政融资仍存在以下问题：一是中央与地方中的财权与事权不对等，在分税制改革之后，地方政府担负起许多区域性较强的基础设施建设，而产权和责任不明确的也都大多交给地方政府来完成，但由于地方政府的财政资金有限，并不能承担这么多的建设，造成了地方财政吃紧负债，资源分配更加偏向于投入对资金获取更为便利的城市。二是财政支出往往容易停留在建设上，建设完之后产权归属不明确，并且没有后续资金的支持导致无人管理，整个设施不能高效运行，尤其是具有接近非经营性的中小型基础设施，如义务教育、农村公路，准经营性基础设施如农村饮水、沼气工程、农田水利等也存在一定的"财政"缺位。

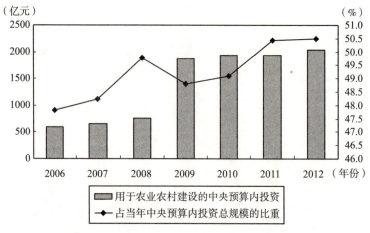

图 3 – 7　2006～2012 年用于农业农村建设中央预算内投资

2. 财政资金管理不善

农业基础设施财政资金管理不善导致低下的政府投资效益，虽然不同的农村基础设施项目的资金交由不同的部门管理，但仍会有一些交叉和重复，一个项目可能会有两个部门来申报，造成重复建设，投资资金的严重浪费，投资效率低下，由于效率低下，"截流""漏报"情况也愈发严重。由于在农业基础设施投入中中央和地方政府之间对职责划分不清，地方政府在一定程度上存在"等、靠、要"的思想，有些地方政府为了自身利益只想作出政绩上交国家审批，往往大搞"形象工程"，使得一些项目在缺乏合理性检验甚至没有进行可行性论证的情况下，就已经进行投入建设，致使许多项目在实际应用中产生许多问题，因此导致项目中断或者为形成政绩而完成项目但其并不能够投入使用，成为名副其实的"摆设"。由于受计划经济体制影响，我国农业基础设施投资一直沿用建设单位申报到政府审批通过，最后进行财政筹资的传统计划管理体制，资金的使用也一直是财政拨款、建设单位用款的"财政出纳式"资金管理模式，没有形成项目建设动态的、全过程的资金管理机制，造成严重的资金浪费与使用效率低下的问题。特别是大型农业基础设施项目的建设，资金拨付环节则更为复杂，资金流失严重。同时，投资的结构性问题日益突出，其中最重要的体现在固定资产投资与维护性投资比例不协调。我国农业基础设施投资主要在于新增项目建设，对存量基础设施的维护性投资存在严重不足的现象。据统计，现阶段我国每年农业基础设施的总投资中，新增设施建设占80%以上，而存量设施的维护性投资仅仅不到20%，多数设施因维护不足导致其长期处于低效率运营状态。[①]

3. 制度外筹资方式不合理

无论是在计划经济时期还是在市场经济时期的体制中，我国基础设施供给都实行两套不同的城乡建设方式。城市的基础设施如电力供给、道路交通、桥梁排水、电信通信，所需的资金几乎全部都由政府财政的预算来安排，属于全民经济。而农业基础设施建设无论是在人民公社时期、从改革开放到税费改革以前还是在税费改革以后，虽采取了不同的供给方式，但主要由乡村集体经济组织和个人承担。许多本应由中央、地方和农民三方共同负担的大型的、跨区域的农业基础设施建设项目，由于这种各方不同的供给方式导致财政投入缺位，得到相应的建设资金支持，导致农业在基础设施建设方面缺乏明显的改善和有效的后期维护，直接限制了农村的可持续发展。长期以来，政府受经济效益目标需求的影响，既投资于非经营性项目，也投资于经营性项目。因为经营项目本身属于全社会投资范畴，应以社会投资为主，因此政府对经营性项目的过度投资，实质上就是一种越位管理的方式。同时，在政府财政支出总量有限的情况下，政府对经营性项目的加大投资必然引起投入非经营性项目资金的不足，从而进一步导致政府对非经营性项目投资的缺位。

4. 投资的市场准入条件不健全

国家在基础设施的市场准入方面存在一定的局限性，表现在其只对小型区域的基础设施开放，大中型的区域依然设置障碍，或者只对某些大型国有企业开放。另外因为民间企业自身的经营状况与信用因素使投资者缺乏投资信心导致其自身完全处于弱势地位，进一步引起民间企业与外资企业和国家企业竞争

---

① 《中国统计年鉴》（2014）。

和招标存在竞争的不公平性。融资渠道不完善，对私人资本的开放性程度不高，在项目融资中，民间资本只能获得短期信贷和大项目的股票融资，在项目基金和债券类市场很难获得较高的私人资本开放度，所以私人资本融资很难获得大量资金。

二、农业基础设施融资受经济现状阻碍

1. 农村集体经济发展失衡

根据对整体农村基础设施建设的资金来源数据分析中可以看出，农村集体经济的发展占重要的组成部分。因此集体经济的资金实力状况很大程度上影响了利用本地区的集体经济资金来建设农村基础设施的发展。从现在数据统计，我国东西部地区的发展不平衡也导致在东西部地区的农村集体经济经营收入悬殊，最高的沿海经济发达城市上海与最低的西部偏远地区新疆可相差数倍。所以，从我国东部沿海地区来看，对农村集体经济的资金投资提供了很大部分的支持，而从西部落后地区来讲，要依靠农村集体经济的资金本身就比较困难，就更加谈不上对农村基础设施建设的投资。

2. 农村基础设施产权模糊

产权模糊不仅是农村基础设施所存在的问题，也是在全国范围的整个基础设施建设所存在的问题。私人资本很难进入项目中对其进行投资的一个主要原因是基础设施项目本身是一种外部性较强的项目，若产权不能明确，那么将导致融资缺陷，失去私人资本的支持。农村基础设施存在普遍的"免费搭便车"现象，排他性不强的产品，很容易将自己的投资经济活动中的成本和代价转嫁到产权界限不清的地方，这样经济收益就会变得模糊和难以衡量，那么从某种层面上将会导致具有趋利性的私人资本征求大规模的减少对农村基础设施的供给。

3. 农村基础设施价格机制不完备

从社会效益角度出发，我国制定了农村基础设施的价格和收费体系，但是我们从公共产品理论和基础设施的可销售性理论出发，可以发现基础设施在价格和收费上的商业属性。经过分析可以得出问题主要表现为四点：一是由于市场上的供需不平衡导致价格普遍偏低。如果价格较低，则会形成消费需求量大，从而导致资源浪费，没有充分地发挥其需求效应。二是在政府财政负担基数本身较大的情况下，仍有大部分农村基础设施靠财政投资建设及运营、扩建等。三是关于农村基础设施建设的财政补贴不明确，补贴不能有效地激发企业的有效管理及减少成本的动力。四是投资收益缺乏很好的调整，因此就会导致投资收益与价格脱轨的现象，就不能有效地吸引私人资本的进入。

三、农业基础设施融资体制不健全

1. 农业信贷缺少商业银行支持

农业信贷是农业基础设施融资的重要来源，也是其他来源的重要补充。农业由于其自身在生产天然的弱质性和双重风险约束的不利条件，导致银行出于回收没有保障的担心，不愿为农业基础设施的建设提供贷款，因此农业基础设施面临"债务融资缺口"。特别是随着金融体制的改革，无论是作为农村金融体系主体的农村信用合作社，还是农业银行都加快了调整的步伐，信贷业务重点转向大中城市，开始从县域经济中撤退。农村信用社也以利润为导向，出现了非农化特征，造成了大量资金从农村撤出流向城市农业银行分支机构，其在农村的机构总数减幅达36.1%。[①] 从信贷服务的品种来看，农业银行以1年期以下的流动资金贷款为主，也无法适应农业基础设施项目对资金的长期需求。另外，农村的金融机构邮政储蓄大量吸收农村资金并转存中国人民银行；农业发展银行的业务范围限于对粮棉油的储备，购销贷款，这样导致农业基础设施建设很难获得银行的信贷支持。

2. 农村金融机构体系与职能缺陷

农村正式金融机构体系与职能上存在缺陷，金融机构设定的针对农业基础设施的贷款的品种少、贷款准入门槛高，同时，由于农村基础设施的投资由于管理不善等原因存在资金外流严重，管理和服务水平较低的现象，因此在给予农业有效的资金支持的水平上存在缺陷。当前，我国与农业相关的金融机构主要有农业银行、农业发展银行、农村信用社和农村邮政储蓄。但是由于农业基础设施建设项目存在周期长、收费较低、风险较大、资金周转慢，许多项目甚至是无偿服务的因素，商业银行不愿为农业基础设施提供大量的资金。同时出于自身稳健经营的要求，农业金融机构均不愿为其提供资金融通，普遍存在"慎贷"和"惜贷"现象。根据统计，在过去8年的时间里，农业贷款在国家贷款所占比重一直保持5%左右。显然用于农业基础设施投资的银行贷款所占的比重更是微乎其微。同时作为一些小型农业基础设施投资主体的农户获得的贷款也为数不多。这为数不多银行贷款主要集中具有收益保证的农业基础设施项目，如农村电网和水利工程等大型基础设施或市场化程度较高的农产品批发市场等领域。农业的政策性金融供给主要由农业发展银行承担，但自1998年3月改制起，农业发展银行的业务范围不断地缩小，仅限于对粮棉油的储备、购销贷款，其他大量的政策性业务，如支持农业产业化和农业基础设施建设等

[①] 农村信用社官方网站。

并没有发展起来，支持农业发展职能名不副实。1996年农业银行开始走商业化道路，将农业资金从以农业为主转为以工商业并举的经营模式，对农业基础设施建设的贷款逐年下降，竞争视角从农村转向城市，同时将乡镇机构降格、撤销、合并，使农村金融市场本来很少的国有资本变得更为稀缺。再者是农村信用社服务于辖区的特点，决定了其作为吸收农村存款和发放农村贷款的主要来源，成为支持"三农"经济发展的主体。但农村信用社产权不清、经营管理不善、"官办"色彩浓厚、缺乏合作性质，每年通过上缴存款准备金、转存中央银行、购买国债和金融债券等方式将部分资金转移出农村，造成农业发展和农民福利改善的严重滞后。最后是农村邮政储蓄只吸收存款，对外并不办理贷款业务来赚取贷款利息仅仅是通过把储蓄资金存入中央银行赚取利润，因此无法满足农户贷款需求，使农村金融供给市场更加恶化。同时带有封建色彩及黑社会性质的"地下金融"屡禁不止、活动猖獗，进一步加剧了农村金融发展的复杂性，非正规金融的分散性、小额性和短期性对农业基础设施建设的信贷支持作用相对较小。

3. 基础设施投融资的环境差

农业投资环境的好坏，直接影响到民间资金对农业基础设施建设的投入，但我国农业基础设施投融资的环境不容乐观，主要体现在以下四个方面：第一，缺乏完善的农业基础设施管理法律，导致农业基础设施投资建设缺乏强有力的制度保障。目前，我国对于农村公共物品供给法、农业基础设施建设公开招标法和农业基础设施投资法等配套的法律法规尚欠缺，农业基础设施供给处于国家"大一统"的模式，各级政府对那些属于自己职责范围内的供给物品没有定位和具体规划，一味依赖上级拨款。第二，政府信用缺失，一些地方政府滥用职权，通过建设资金分配、项目审批、政绩考核审定等权力，向下转移农业基础设施建设的成本与责任，使其最终落到农民头上，加重了农民负担。农业基础设施建设取得政府的特许参与获得民间资本投资，但是政府在这时往往以公共事务管理者的身份违反协议又不受约束，因此到了项目回报的最终阶段，易出现利益纷争，使民间投资者因担心自身利益受损而不愿对其投资，大大降低了投资的积极性。第三，由于农村社会征信系统建设的滞后和征信业发展缓慢，导致农村企业难以获得强有力的资金支持。农业基础设施需求偏好由于政府采取"自上而下"的供需表达机制难以上达，同时对于农民的真实意愿，政府也缺乏了解与倾听。此外，由于农村地广人稀，农户分散经营，使得金融机构难以获取客户的真实信誉状况以便做出正确的信贷决策，农村贷款户由于自身经营生产的限制缺少资金从而造成逃债、躲债和赖债的现象仍比较严重，使得金融机构不愿意继续向其提供信贷支持。第四，投资者对农业基础设施建设的投资由于政策的模糊性和非市场化操作方式使其在农产品流通体制，农业经营、信贷体制之中难以形成稳定的收入预期。并且，我国农村由于地区偏远，经济发展落后的因素使其信息体制不健全，难以迅速了解外界情况，同时农业面临市场的销售经营和自然条件的生产季节性的双重风险在缺乏有效的农业支持保护体系下，投资风险尤为明显。

四、农业基础设施投资方式和融资渠道单一

农业基础设施的投资方式包括投资来源、资本筹措方式和投资管理方式等内容。目前，我国农业基础设施建设的投资方式不灵活、筹资手段单一、流向领域趋同。

1. 中央和地方财政的投融资方式单一

中央和地方财政在对农业基础设施的投资中仍采用直接投资、无偿投资的方式，从而阻碍了引导社会资金投向功能的作用，使财政手段的间接调控作用不能有效的在市场上进行发挥，在一定程度上限制了其他资本对农业基础设施领域的投入，同时导致财政支农资金的利用效率普遍下降。在市场经济体制下，由于投资资金数额大、项目管理运作周期长、收益成果见效慢、项目管理困难的特点，金融机构对农业基础设施的投资缺乏积极性，导致缺乏合理的债券融资渠道，形成较高的内部融资比例。同时，由于其建设业务较为单一，项目融资机制较为死板的局限性，使得私人资本不愿意对农业基础设施的投资或由于资金量的限制无法流入这一领域，从而致使农业基础设施建设融资渠道仅限于政府支持的单一渠道，影响了我国农业基础设施的建设速度和质量。农业企业由于对国外资本市场了解情况的限制，信息获取能力不足，导致其从国内外股票市场上直接融资所占比重小，直接融资规模微弱，农业基础设施建设的外资投入和社会集资所占比重很小，最多只能作为补充，对农业发展无法产生较为有效的促进作用。由于我国债券市场发展长期滞后，特别是对于农村的债券融资渠道限制，加上农村经营面临季节性周期性因素的影响使其缺乏对农村投资的信心，导致农村中小企业融资成本较高。另外，由于国家开发银行对于基础设施建设的投资主要针对城市，发放的贷款一般不涉及农村领域，难以落实对农业基础设施建设的资金支持。同时，由于农民在住房方面的投资要多于生产性投资，体现出农户不愿意对农业固定资产投入。以往"两工"作为农民主要的对于农村水利工程建设、林地规划和病虫害防治等公益性工程筹资筹劳的主要渠道，但是在"两工"政策取消后，农民也失去了其作为投资主体的主要形式，导致对于农民来说急需兴建、修复和管理的农业基础设施变得无人问津。

2. 集体的经济功能弱化，使得集体渴望对农业基础设施进行投资却无能为力

农村集体投资作为农业基础设施投资的重要来源之一，农村集体的经济实

力很大程度上决定了农村集体的投资力度与强度。我国实行改革开放政策以来，农村集体单位固定资产投资占全社会固定资产投资的比重基本稳定在10%左右，根据对农村基础设施情况的了解，10%左右的投资已是农村集体投资的一个上限水平，估计在今后的投融资经济中也将基本上稳定在这个水平。同时在税费改革后，同步取消了由农民进行支付的乡镇预算外收入，以及行政事业费、政府性基金和集资的费用，因此在一定程度上削弱了乡镇在农业基础设施建设中的作用，导致农业基础设施融资渠道逐步走向单一的政府投资模式，使得融资总量再一次缩小。

3. 农民个人投资比例不断减少

由于我国农村经济发展缺少相应的鼓励支持，导致其经济实力还很不发达，使得其通过经济发展获得的财政收入有限，但是农村对于财政的支出用途却比较广泛，比如需要对农村的社会保障、经济投资等各方面的发展导致最终能用于农业基础设施建设的资金十分有限。为此，只有通过农民自身筹资，采取以工代资，即用工作获取资本收入的一种方式也就随之成为农业基础设施建设的一种重要的资金来源。然而，近年来，农民的收益不断减少，收入增长缓慢，通过种植农业获得收入在不断减少，最终导致农民投资农业基础设施建设的资金十分有限。当然还有其他资金来源，其包括民营企业和外商投资、中外合资、个人投资以及社会捐赠等。但是，就目前的情况来看，由于这部分资金投资因为自身地域的限制和投资者对经济效益的考虑通常具有一定的局限性和地区的特殊性，难以广泛地投资于各个地区的农村中，而且规模相对较少，所以在我国，其他资金对于农业基础设施建设的投入所占的比重还比较低。又因为农民自身经济能力有限且由于长期的储蓄习惯导致缺少投资热情，因此力求通过农民个人投资获得对农业基础设施的投入就显得越发困难。农业基础设施的建设，所需资金不仅数额大，且投资回报的期限长，相当部分的投资要经过几年甚至几十年才能得到回收补偿，因此投资主体必须具有较大的经济实力与投资观念。对单个农户来讲，大多数经营规模小，资金积累能力弱，很难胜任这类投资。

五、农业基础设施投资效益低下

1. 经济效益低下

我国由于投资项目效率低下，项目工程费用大大超过预算，导致农业基础设施效益在这三方面并未实现有效的体现。根据对我国农村经济发展情况分析可以得出其主要原因在于：一是农业基础设施自身投资缺陷，在制度管理方面缺乏统一规划和统一安排，出现各部门在农业基础设施投入上各自为政，不考虑综合利益与效益，政府管理层次和环节繁多，致使出现重复投资、投资建设期因施工部门的懈怠与政府的松管导致无故拉长的现象，又因为政府的管理权责不清、交叉监管，影响了统一监督、管理和协调的作用，降低了农业基础设施的投资效益。

2. 社会效益不明显

不尊重实际，一些部门在安排农业基础设施建设资金上浪费，投资于多余项目，造成项目数量多、实际有效利用资金少。因为项目的无故增多，导致一些重要的项目无法获得资金支持，使一些重要项目因缺乏资金供应拉长了建设周期，甚至有的为尽快了事，不按设计施工，成了豆腐渣工程，最后无法实现效益。不尊重科学，导致公共投资效率低下。可批性代替可行性是农业基础设施项目的重要审批举措，投资项目缺乏可行性研究和合理性规划，投资决策主观化严重，造成投资项目失误和重大损失。

3. 生态效益不足

农业基础设施建设投资本应遵循"谁受益越大，谁投资越多"这一基本原则，但是，从目前农村经济情况来看，对于超出基础设施服务范围和服务对象的非受益地区和非受益者随意征调人力、财力、物力，不利于非受益区基础设施建设和发展。免费供给政策导致农民需求无度，不讲节约，不讲使用效率。农业基础设施投资效果差、投资效益低下，使农业固定资产投资和基础建设投资没有形成有效的生产和服务能力，造成大量的资金浪费，加剧了农业基础设施的短缺程度。

六、农业基础设施融资监管体系缺失

1. 农业基础设施融资的激励机制不健全

农业基础设施融资的激励机制不健全，缺乏合理的监管维护。在政府部门或国有企业垄断经营的情况下的农业基础设施产业，缺乏盈利动机的激励与外在竞争压力的形成。因此将会出现提供农业基础设施服务的企业缺乏经验和财务的自主权，在国家投资的背景下，无法自主决定价格与生产，同时也不用自觉地承担责任，使其后期的经营管理松懈，导致最后的亏损，倘若出现亏损，项目本身便由国家增加财政预算拨款来解决，因而难免是企业投资者疏于管理，造成效率低下、服务质量差、不能很好适应大众需要的情况出现。从我国农业基础设施经营管理的外在表现和内部特征的分析可见，我国行业的行政垄断和缺乏市场竞争使得农业基础设施经营管理呈现低效率状态。因此，为了改善这种状态，必须从改革现有经营管理体制入手，进一步引入市场的积极竞争机制，来建立市场化的经营管理体系，从源头上改进农村行政激励机制缺乏的现状。

2. 政府监管主体职能定位不够清晰

我国政府监管主体在行政处理上存在着政事不分、决策与监管混淆、监管机构与利益群体不明确等情况，还未真正形成市场化运作所需要的独立而公正的监管主体。然而我国目前的政府管理现状为监管机构，既肩负政府监管的职能又承担宏观调控和微观管理的经济作用。行政机构在履行其监管职能时，往往受到宏观调控和微观管理政策的干扰，从而使政府监管偏离其自身的政策目标。目前的监管还是以政府行政管理、行业自律管理为主，缺少必要的社会化、市场化的多渠道的辅助监管组织。

3. 监管目标模糊，目标取向不够明确

我国目前在农业基础设施中推进市场化，主要还是以解决农业基础设施建设资金不足为主要目标，减轻财政的公用事业补贴的负担。在农业基础设施建设中大量吸引资金的同时，其经营管理的效率却没得到明显的提高，这种重建设轻管理的现象表现得较为严重，因此导致政府监管的目标比较模糊，目标取向不够明确。

4. 监管内容越位和缺位

其一是监管内容不明确。对监管内容的划分缺乏明确的界限，从而导致对理应监管的内容疏于管理，对于可自行发展的部分严加监管，造成监管效率低下、监管方向错误，其中，较为主要的表现在，对于有利可图的方面表现过甚，而对于没有利益可获得的方面缺乏有效的监管。其二是企业的利润缺少有效的监管机制加以分配。在我国利率水平不断走低的情况下，曾经通过固定回报率的模式来吸引外资进入农业基础设施建设的措施已不再有效，同时利用这种形式吸引外资的问题也不断地暴露出来。目前虽然对于投资不再保证固定回报，而是根据项目建设实际总成本或运营服务收益计算投资回报率，但对投资商通过提高建设和维修养护成本或降低服务质量，压低运营支出，获取额外利润缺少有效的监督，对经营期内因自然垄断使收益大幅增加、利润增多的情形，合同中一般也没有明确规定。其三是对经营管理安全的监管不够。由于农业基础设施涉及农民的切身利益和日常生产、生活，其运营安全事关农民的切身利益，在这方面的监管还较为薄弱。特别是在这方面的监管标准或技术规范较为欠缺。其四是更侧重于经济监管，对环境监管不够重视。经济监管仍然是监管的重点，主要反映在准入方面。农业基础设施大多具有自然垄断的特征。为了防止经营者牟取暴利，监管者一方面在其进入时从招标过程中加强监管；另一方面，从提供产品或服务的价格进行监管。但是，在加强经济监管的同时，对农村环境的监管却重视的不够。

第五节　拓展优化农业基础设施融资渠道的对策建议

一、重视农业基础设施融资，优化财政资金运作模式

首先，政府要加强财政预算内固定资产投资优先向农业基础设施，继续增加并保持对农业经济发展的财政支持，调整农业基础设施融资占农村财政总投资的比重。"工业反哺农业"政策提出后，我国固定总资产投资中农村投资比重正在逐年下降，农业基础设施作为农业发展的基础保障，理应获得政府的足够重视和支持，政府可以根据每年财政收入的增速按稳定的比例逐年增加对农业基础设施的投资，并且设定财政投资中给予农业基础设施支持比率的下限，避免因国家政策的变动产生对农业基础设施融资较大影响，同时土地出让收益要优先用于农业基础设施建设。财政支农要足额且及时拨付到位，对于农业基础设施落后的贫困地区，则其专项用于农业基础设施建设的资金要高于财政收入增长率的 5~7 个百分点，而对于农业基础设施相对完善的经济发达地区，则适当地削弱农业基础设施建设占用财政支农的比例，将财政支农运用于更高效的农业经济发展项目中，总之，财政投资农业基础设施需要根据实地情况施以相应的投资策略。

其次，优化财政资金支农运作模式。除了提高财政直接拨款投资农业基础设施建设外，建立长效的农业基础设施资金运作模式将更有利于农业基础设施建设，提高财政支农资金使用效率，缓解农业基础设施融资困境。第一，财政支农资金既可能来源于中央政府，也可能来源于地方政府，为此不同政府级别的拨款，需要格外明确每笔资金在农业基础设施建设的侧重点，尤其要根据农村基础设施建设规模和影响范围进行详细的调研分析后进行明确的划分。第二，各级政府要明确规定各自的职责定位和权限，将使用农业基础设施建设的资金交给农业部门管理，并由其承担对应的法律责任和接受监管部门的监督，从而提高财政支农效益，杜绝滥用资金，重复建设。第三，财政支农资金有限，为此要分项目分顺序对农业不同基础设施按其所能创造的社会效益、经济效益和农民增收能力三个层面以及农村的实际情况和项目性质，最终决定项目资金投入的比例。借鉴国外成功经验，一般应以科研、通信、水利等惠农便民的基础设施作为投资的优先考虑对象。第四，建立专项监督管理农业基础设施资金运作项目的监管部门，对财政直接拨款支助农业基础设施建设的资金，进行资金划拨、到位率、利用率以及项目建成后的维修和改扩建费用监督，严格

追究各违纪部门以及相关人员的法律责任。第五，要适当给予各级城镇财政支配自主权，合理划分乡镇财政的收支范围，按照"一级政权、一级财权、一级事权、一级税基"的原则，匹配乡镇一级的事权和财权关系，确保农村基础设施的供给力度。

最后，政府财政资金应以直接投资为主，间接融资为辅，两者相互结合推动我国农业基础设施建设。政府可通过财政拨款直接将资金款项拨入专门机构然后投资于农业基础设施建设，投资的重点应放在投资量大、周期长、外部效益明显的纯公共品性质的农业基础设施项目，并建立严格的事前审批、事中监督、事后审查机制。同时，部分财政支出应以有偿形式间接投资农业基础设施建设，比如可以将资金注入专业的政策性金融机构，以低于其他同业金融机构的贷款利率或对金融机构设立专项利率补贴、税收减免的优惠方式，推动金融机构主动为农业基础设施项目提供贷款，满足农业基础设施融资需求。

二、积极创新融资模式，建设多元化融资渠道

农业基础设施包括农田水利设施、运输、能源和通信等，对于运输、能源和通信等具有较大盈利空间的基础设施，可以通过弱化财政融资模式，以政府相关部门作为发起人，采取股份合作制，吸引民间资本参与农村基础设施建设。同时，还可以通过发行债券，将社会资本较快地转化为农业基础设施投资，目前，最快捷便利又具有营利性的融资模式，就是以地方或中央政府为主发行债券的融资渠道。此外，"一带一路"沿边的农村，可以充分利用资源，借助"丝绸之路"经济建设，引入外资融入农村基础设施建设，并运用类似于债券发行模式，给予外国投资者一定的必要报酬。还有，便是改进传统银行融资渠道，引导农业政策性导向较强的银行，重新回归为"三农"服务的实质性建设上。最后，政府可以通过发行彩票、利用互联网进行众筹等新型融资模式向群众进行资金募集。

第一，债券融资模式。首先，以中央政府为基础设施建设的主导者，同时地方政府结合地方财政的实力给予相应配合，通过金融机构适当地发行农村基础设施建设债券，筹集资金，为地方农业基础设施建设融资。其次，可由地方政府向企业"借壳"，通过发行城投企业债券筹集农业基础设施建设资金，政府在企业发行债券过程中给予政策倾斜，如提供担保、土地或资源许可、税收优惠等政策。

第二，民间融资。自我国改革开放以来，民间资本容量已相对充裕，无论是城乡居民的储蓄存款，还是债券、外汇、现金等，其规模和投资能力都相当可观，而农业基础设施作为准公共产品，在一定程度上具有私人产品属性，可

以通过市场交换获得价值补偿，是推动民间融资的一大诱因，可以满足融资者对报酬率的要求。因此，民间资本存量的相对充裕必然会产生一些通过非正常程序化进行私人借贷、高利贷等不合法规的民间融资方式。政府部门应对非正规化的民间融资加以正确引导，秉着以"政府主导、市场运行"为原则，通过发行信贷产品、建立投资基金、项目融资等方式，将更多的民间资本引入到农村基础设施的建设中来，规范民间融资方式，推动其合法发展，从而补足正规金融所无法涉及的资金融资，填补空白。

第三，引入外资。"一带一路"经济走廊的建设为我国融资渠道扩宽了道路，其中来源于世界银行、国际农业发展基金组织等机构提供的无偿援助以及中长期优惠贷款、赠与，以及"一带一路"相关专项基金等，已成为我国农业基础设施建设项目的重要资金来源。其贷款所涉及领域多为建设周期长、资金消耗量大、对地区经济起明显促进作用的重点领域，例如农村通信、水网路网，且大部分分布在我国中西部地区。引入国外资本参与农村基础设施建设是解决基础设施短缺、财政投入困难的有效途径，也是积极发展农业基础设施建设的必要手段。首先要明确外商投资的重点，结合外商投资的特点以及我国农村经济发展的实际情况，需要引导外商在农产品出口创汇项目、农产品深加工项目、地方企业的改造重组项目等领域进行投资。积极利用外资，建立优质的农产品基地、生态农业项目、农业废弃物资源化产业项目等，并将外商的资金和技术广泛应用于农村基础设施建设中，改善我国农业生产环境，提高劳动生产率。其次，要通过与外商积极合作，培养我国农业企业集团的管理运营能力。通过与外商合作交流，不仅可以补充我国企业资金，又能够学习国外先进管理和技术经验，实现自身实力的提升和效益的创造。中国的农村企业多为乡镇企业，自身实力的差距使得难以同国外资本进行规模较大项目的有效合作，必须通过提升自身实力，积极吸引外资进入，才能有机会拓宽市场、开阔眼界，完成从村镇企业到国际化大企业的有力转变。最后，要为外资企业提供适当的政策优惠。目前我国鼓励外商投资的主要措施是针对税收方面的优惠，如免征外商投资企业销售的资产农产品的增值税，免征外商投资的农业机耕、农牧保险及相关技术培训业务等的营业税，对从事农林牧业的外商投资企业所得税进行减免等。这些措施在很大程度上促进了农村利用外资的发展。

第四，银行借贷融资模式。基础设施项目建设周期和资金回收期较长，产品和服务的价格与收费体系市场化程度不高，其经营受政策性因素影响较大，而政策性银行作为政府弥补市场机制缺陷的重要手段，其运行机制主要是通过面向商业银行或其他金融机构发行金融债券筹得资金，转而向基础设施建设项目发放政策性长期贷款。这种机制有效地将短期、零散商业资金，整合成符合基础设施建设特征的长期、巨额融资支持。更重要的是，该机制对社会资金有良好的引导效应，尤其在基础设施项目建设中后期，对商业资金形成巨大吸引力，加速项目建设良性循环。因此，首先要强化农业政策性金融的服务导向，扩大业务范围，将资金从流通领域转向生产领域，为中型水库、中小河流治理、农田改造和更新农机化设备提供 10 年以上的长期贷款；为农村道路、种子工程、供电供水等基础设施建设提供 5~10 年的中期贷款；为投资小、见效快的小型机械、节水设备和通信设施提供 5 年以下的短期贷款。重构农业政策性金融组织体系和运行模式，设立中央级、省级、县级和乡镇级四级机构，各司其职，满足农业发展和农业基础设施建设的需要。完善融资利益补偿机制，对政策性金融对农业基础设施支持造成的政策性亏损，通过建立利差拨付、提高坏账准备率等措施，及时给予弥补，实现政策性金融的保本经营。其次，作为社会融资主渠道的商业银行，在基础设施融资市场上应该发挥主要作用。通过创新融资模式，商业银行可为商业资金支持基础设施建设牵线搭桥。例如，通过银团贷款、联合贷款等方式，弥补单家商业银行资金实力的有限性，避免资金过度集中投放引发的风险集中，整合资金、共担风险，放大对基础设施建设的支持力量。或者通过健全担保机制，便利商业资金对基础设施建设的介入。此外，可通过推动捆绑开发，将低收益项目与高收益项目绑定成资产组合，平衡收益，激发社会资金投资基础设施的动机。

第五，彩票、互联网众筹等新型融资模式。国家财政部批准发行设立彩票的初衷是通过国家相关部门专项发行机构，募集社会闲散资金，运用于为民谋福利的专项事业建设，为此，农业基础设施建设可以借鉴福利彩票和体育彩票的成功经验，发行相关的农村基础设施彩票，将所筹集资金用于基础设施的建设。同时，随着互联网金融迅速发展，互联网众筹也成为目前新型的融资模式，主要是项目发起人通过互联网等网络媒介向群众发起资金募集，并承诺在一定时间内给予资金或者实物等报酬，其中众筹融资模式又分为股权众筹、奖励型众筹、捐赠性众筹等不同形式，相关部门可以根据不同项目的经济效益决定众筹的模式，并巧用善用众筹融资模式。

三、完善农村金融法律体系，优化基础设施融资环境

制度和环境决定着投资外部利润存在的空间，并能将外部利润内部化，对于农业基础设施的投资与融资至关重要。首先，健全的法律法规是增强农业基础设施投融资的重要保证。在强化农业投资的法律体系的同时，应针对现阶段我国农村的现实情况制定符合实际、可操作的法律法规，如《项目融资法》，正确处理各类资本投入农业基础设施建设中后，如何按投入要素进

行补偿、分配，保证资本收益的合法化，为农业基础设施投融资提供保障机制。其次，完善配套的支农政策，鼓励各个主体投资农业基础设施建设。加快制度创新，支持、鼓励和引导民间资本，营造宽松的投融资环境，支持非公有制经济从事农业基础设施开发和建设，鼓励各种形式的联合投资，平等对待国有、民营和外商的投资行为，运用市场机制引导民间资本。制定合理的产业政策，大力支持农业基础设施建设，扶持农业产业化经营，引导龙头企业增加农业投入。完善农村基本政策，保持土地承包的长期性和稳定性，建立土地流转和有偿转让机制，合理使用土地资源。最后，为农业基础设施投融资提供舆论支持。通过电视、广播、报纸和网络等媒体介绍农业基础设施投融资的情况，宣传为农业基础设施建设服务的观念。农业基础设施是社会经济结构中的重要综合部门，测算评价时要综合评价它的直接经济效益和对社会的间接作用。通过明晰产权、清晰归属、明确权责，引导民间资金和社会资本投资农业基础设施建设，保护投资者的合法权益，营造和谐、稳定、公平的农业基础设施投资环境。

四、创新农村金融产品，弥补农业基础设施资金缺口

要抓紧农业金融改革与金融服务、金融产品的设计，尤其要积极创新开发多种农村金融产品，推动农村金融服务多元化。持续发挥政策性金融机构银行信贷支持的作用，加强农业基础设施建设的融资渠道的安全性和可靠性。首先，注重发挥农业银行县域金融主渠道作用，有效动员商业性金融对农业基础设施的投入。要发挥自身传统优势，以农村"水、电、路、气"建设为突破口，对"龙头企业＋基地＋农户"经济体给予重点支持，鼓励其为一些经营性的农业基础设施提供金融服务。农业银行要按照自身分工拓展金融服务业务，扩大服务范围，在农村开办银行卡、代理、租赁、担保、保管和理财等新产品，满足农业多元化的金融需求。通过相关的优惠政策来鼓励商业性金融机构对农业基础设施建设的投入，中国人民银行可以对商业银行发放农业贷款的数额达到一定规模的给予资金支持，缓解财政和政策性金融的资金压力。其次，充分发挥农村信用社农村金融主力军作用。农村信用社要不断适应农村改革的实际，坚持为"三农"服务的办社宗旨，发挥比较优势，完善法人治理结构，强化内部管理和自我约束，创新工作方法，强化服务意识，提高支农服务质量和水平。农村信用社要按照一人一票、民主管理、合作互助和社区化服务为原则，改进信用社结算手段，扩大信贷服务领域，加大对农村中小型农业基础设施建设的投入。适当降低邮政储蓄在中央银行的转存利率，使邮政储蓄在农村筹集的资金返还农村，以弥补农业基础设施建设资金的缺口。

五、发展村级集体经济，提高农村集体增收能力

发展村级集体经济，提高农村集体增收能力，从而增强农村集体投资农业基础设施的能力。为此，发展村级集体经济时，应将全村所有土地、池塘和山林等收归集体所有，让全体村民以土地入股或参股，实行年终分红。同时，村集体投资一定比例，建立起综合市场、沿街店铺等，收取土地征用费，增加村级集体收入，为农业基础建设打下良好的基础。把原来由集体所有的荒滩、荒地、林地和自留地等，出租给私人发展，集体利用其对土地或资产的所有权收取地租，形成可靠有效的收入来源。当农民拥有更多的资金，便能够激发农民投资生产性固定资产的积极性。同时，政府给予适当的资金支持，或由国家政策性金融机构直接贷放，也可通过政府优惠政策鼓励商业银行进行资金融通，提高农户自我积累能力。积极发展优质高效的绿色农业、循环农业，以提高农业的比较利益，促使农民增加对农业基础设施投资，最终达到农民增收的目的。塑造新的农民自主自愿投工投劳机制，开展农业基础设施建设，从而调动农民投工投劳的积极性和主动性，引导农民自愿投工投劳，要突出投工投劳的重点，建立新的运营管理模式，推动农业基础设施建设稳步发展。

六、防范政府性债务风险，建立投融资监督机制

防范政府性债务风险的最佳方法是构建有效的债务风险监控和预警机制。利用计算机、网络等现代化工具和各种技术手段，收集各类与债务风险相关的数据，构建评估地方政府债务风险的指标体系，并建立地方政府债务风险预警模型，从而评估预警地方政府债务风险程度，最终为各级政府监控地方政府债务运行和制定化解风险对策提供科学依据。

同时，建立投融资监督机制严格监控农业基础设施项目。首先，在一个项目拟建之前，应结合该项目市场、资源、技术、社会等多方面的因素，进行比较完全的分析和评价，从而得出此项目是否可行的结论以及该如何运营的方案。对于农村基础设施项目的选择，一方面要适用于特定的农村环境，同时要注意不能破坏当地的生态环境。一方面要满足农村地区生产生活的要求，另一方面也要具备一定的收益性，为当地的经济发展做出贡献。其次，成立专门的项目管理部门，可以对全国范围内的基础设施项目实行相对集中的管理。为了彰显公正，该部门不属政府机构，不设经营实体，具体职责包括：参与或负责编制政府投入的农村基建项目发展规划与年度计划，参与或负责开展项目前期

运作，负责施工图纸的编辑与审批，绘制预算表，并分别报有关部门审批，负责项目的施工报建、招投标、委托监理、签订合同、质监登记、质监登记等施工准备工作，负责项目施工全过程的细条和监管，负责编制竣工决策并送审，组织有关单位进行工程竣工验收，办理产权登记和资产移交手续。项目管理局成立后，针对独立的农村基础设施项目，还成立了独立的项目管理团队，这是一个临时的组织，项目完成以后即解散。这个团队由项目经理、技术员、营销人员等组成，职责划分明确。项目经理作为团队核心，保证在预算范围内保质保量地完成任务，团队其他成员在经理的领导下，共同完成目标的实现。再次，在农村基础设施的项目中，资金的使用和管理是项目管理的核心内容。一旦资金使用出现问题，就会出现盲目甚至负债建设等现象，严重时会导致停工，影响项目建设速度，造成极大的资源浪费。各基建项目管理局的主要工作，就是核算出项目管理的经费，积极采取措施，保证项目的顺利展开。强化项目资金管控，应从以下几方面入手：一是制订详细的资金使用计划，农村基础设施的项目，关系到农村局部地区的经济发展，必须从实际出发，科学地分析和预测整个项目的资金使用情况，有计划，管控才能有的放矢；二是强化过程管理，一个基建项目是一个繁杂的建设过程，在整个建设过程中，要合理控制工程建设的每一个环节，强化过程管控；三是对项目实施动态跟踪调整，农村基础设施的项目，建设周期长，在整个建设过程中，很容易出现一些无法预见的变化，这些因素都将对工程建设产生影响，如人员的变更、设备的变更等，如何加强动态的资金管理，根据变动及时做出调整，考验了一个项目团队的资金管理能力；四是加强审计工作，为了避免项目实施过程中的失误、错误甚至腐败现象，必须提高资金的管控水平，实行严格的审计措施，保证将每一分钱都花在项目工程当中，避免造成资金的浪费，保证工程高效地运转。同时，为了避免损失，必须对项目实行有效的风险控制，为此要对项目的风险采取识别、评估、应对、控制等一系列措施，以确保项目的顺利进行。最后，要对项目的目标、运行过程、效用、作用和影响系统进行客观分析。

下篇
农村公路投资绩效评价及建设管理研究

第四章

农村公路投资绩效评价研究

在社会经济发展的历程中，农村公路起着至关重要的作用。它是加快农村城镇化、现代化建设的根本；为农村社会经济的发展、农村社会公共服务的建设提供了重要的推动力；并且通过农村公路的投资建设，还能在一定程度上缓解农村就业压力，增加农民收入，从而促进我国经济发展和社会稳定。2004年，福建省交通厅设立了旨在援助改善农村地区公路网道路条件的"年万里农村路网工程"。福建省农村公路迅速发展，因此有必要对福建省农村公路投资绩效进行系统的总结和评价。在这样的背景下，本章以福建省为例实证分析农村公路投资绩效评价问题，可以为海西地区乃至发达地区农村公路投资绩效评价问题研究提供理论与经验启示。

第一节 引 言

一、研究问题的提出

（一）研究背景

在农村经济社会发展的历程中，农村公路起着至关重要的作用。它是加快农业产业化、乡村工业化和农村城镇化，促进我国现代化建设的关键；它为农村经济社会的发展、农村社会公共服务的建设提供了重要的推动力；通过农村公路的投资建设，还能在较大程度上缓解我国农村的就业压力，增加农民收入，从而促进我国经济发展和社会稳定。

在我国，农村公路作为我国公路网的基础，是我国广大农村地区采取的最主要的运输方式，涉及地域广，规模也较为庞大，在解决农民出行、减小城乡二元分化方面发挥着十分重要的作用。因此，国家历来都十分注重农村公路的投资建设。从目前投资情况来看，我国逐步加大投资力度，农村公路进入了大规模建设时期，也取得了阶段性成果。农村公路的发展使得我国广大农民得到了很大的实惠，因此广大老百姓形象地把农村公路建设工程称为"德政工程""民心工程"。

（二）研究问题的提出

福建省位于我国东南沿海区域，土地面积大约为12.14万平方公里，全省包含9个设区市、85个县（市、区）、1025个乡（镇）以及15123个行政村，人口大约有3500万。[①] 从地理条件来看，福建省的部分县市属于山区地段，地理条件不佳，资金也有限；而已有的山区农村公路抗灾能力不强、技术等级较低，且大部分行政村的公路路面都尚未硬化，因此福建省农村公路发展速度缓慢。

鉴于此，福建省积极响应国家提出的"修好农村路，服务城镇化，让农民兄弟走上油路和水泥路"号召，从2004年开始在全省实施"年万里农村路网工程"；福建省政府从2004年开始投资140亿元人民币，大约建设4万公里的乡村硬化公路，力求6年后全省的各乡镇、建制村能够基本实现通达路面的硬化。

然而，农村公路投资并不同于高等级公路投资项目的建设。相比而言，农村公路整体投资规模不大，投资项目数量较多并且分散在各地，而从技术层面来看，其所需技术水平及建设标准均相对较低。这些不同点导致了用于高等级公路投资项目的评价体系并不适用于农村公路投资项目。因此，农村公路建成后，很难采用适当的评价指标来确切得出其整体资金的投入效果，且公路建成后将产生的社会经济绩效也难以细致分析。而从目前实际来看，我国农村公路建设主要由政府负责进行，资金大部分来源于政府财政支出的一部分。因此，要确保这部分财政支出得到合理利用，提高项目建设程序的规范化及运行效率，以及有效管理投资项目建设情况，就必然需要一套科学、实用、合理的指标体系来评价农村公路的投资绩效。

基于此，本章主要探讨农村公路投资绩效评价方面的理论与方法，并结合福建省农村公路重点项目——"年万里农村路网工程"来进行综合评价，从中发现问题、分析问题和解决问题，以期能够对今后农村公路建设项目的投资与评价工作有所借鉴。因此，研究农村公路投资绩效评价具有深刻的理论价值及深远的实践意义。

从上述研究背景出发，本章希望能够解决下列问题：

第一，福建省的农村公路建设投资是否具有绩效？具有哪些绩效？

[①] 福建省民政厅：《福建省政区概览》（2010），福建省地图出版社2010年版。

这是本章需要解决的首要问题。相关研究认为，农村公路投资所带来的绩效与影响表现形式较为多元，涉及经济、社会、生态环境等多个领域。具体而言，既表现为有形的、可见的绩效，也包括无形的、不可见的绩效；既有直接的绩效，也有间接的绩效；既可能对各领域产生正面影响，也可能产生负面影响。因此，要想全面考察农村公路投资对消除贫困、促进社会主义新农村建设所造成的影响，就必须对农村公路投资绩效生成机理进行深入细致的研究，从中明晰农村公路投资绩效带来的绩效类型与评价特点，并据此梳理出一套合理、有效的评价体系所包含的指标、因素等，以此来评价农村公路投资情况，从而更好地指导农村公路投资建设活动。

第二，福建省农村公路投资（"年万里农村路网工程"）绩效如何？

国内外有关研究表明，国际组织的项目考察视角与我国存在较大的差异。国际组织的项目影响评价多是从维护人权的单一角度出发，目标在于评价项目的贫困消除效果，其目标群体是贫困人口、弱势群体（妇女、儿童、少数民族）等。由于西方发达国家社会经济发展的重点早已不在农村地区，加之其城镇化水平较高、农村人口数量较少，所以农村地区的整体经济社会发展情况未能成为其贷款项目的影响评价重点；这与我国把"农民、农业、农村"定为社会经济发展"重中之重"的国情不适应。因此本章将从社会主义新农村建设视角出发，通过典型项目评价模式，在回答上述问题的基础上，考察福建省"年万里农村路网工程"所取得的各项绩效的结果，全面综合地反映农村公路投资项目所产生的影响。

二、研究思路与研究内容

（一）研究思路

本章紧紧围绕农村公路投资绩效评价问题开展研究，通过对现有文献的梳理，阐述了农村公路投资的状况，分析了农村公路投资的经济绩效、社会绩效、生态环境绩效，同时，通过层次分析法、综合模糊评价法，实证研究农村公路投资绩效，并找到目前影响我国农村公路投资绩效的主要问题。从理论分析和实证研究两个方面，以福建省为例，通过定性分析和定量分析相结合，试图比较客观了解农村公路投资绩效评价的状况。在此基础上，有针对性地提出今后提高农村公路投资绩效的政策建议，力求多维综合、针对有效，以提高农村公路投资的有效性，促进农村经济发展，增加农民收入。

（二）研究内容

本章以福建省农村公路投资状况为例，通过对相关资料数据的分析，从福建省农村公路投资发展现状和存在问题入手，系统地研究分析农村公路投资绩效，从而得出一套具有较强操作性的评价农村公路投资绩效的指标体系，并进行实证研究。

（三）技术研究路线

结合本章研究的思路和目标，具体文章框架如图4-1所示。

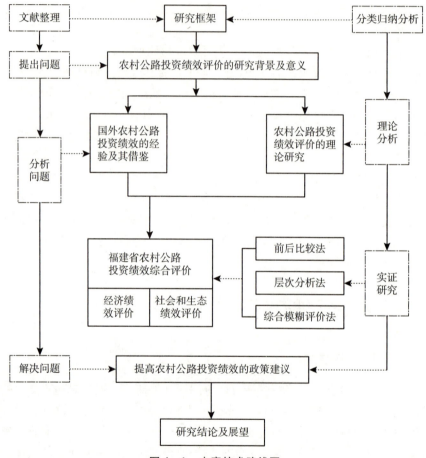

图4-1　本章技术路线图

（四）数据来源、调查方案及实证研究方法

1. 数据来源

研究所涉及的数据主要来源于各类统计年鉴数据、交通机构业务数据、农户问卷调查的数据。

一是各类统计年鉴数据，包括《福建公路统计年鉴》《中国统计年鉴》

《中国交通年鉴》以及由国家统计局农村社会经济调查总队汇总出版的《中国农村住户调查年鉴》和《中国县（市）社会经济统计年鉴》。

二是交通、金融机构业务数据，包括福建省交通厅农村公路建设成效资料收集与监测数据库、福建省公路局农村公路信息库、福建省交通厅世界银行贷款项目办公室、央行福州中心支行、中国银行业监督管理委员会福建监管局、中国农业发展银行福建省分行的相关数据。

三是农户公众问卷调查的数据。其中，调查资料涉及了农户的收入、支出、消费和资产等几方面。为了反映福建省农村公路投资情况，于 2009 年 9 月 ~2010 年底对 1600 户福建省农户公众进行了问卷调查。为了使样本具有代表性，本研究将样本按当地经济发展水平分为"发达地区"与"不发达地区"两个层次。据 2010 年《福建统计年鉴》统计，2009 年泉州市生产总值为 3069.5 亿元，摘下全省十一连冠，为全省贡献了超过 1/4 的份额，因此以泉州市代表福建省经济发达地区；2009 年龙岩市生产总值仅为 824.88 亿元，占全省生产总值 12236.53 亿元总额中不及 10%，因此以龙岩市代表福建省经济不发达地区。被调查者均为户主，均是具有完全行为能力，他们对于问卷调查的理解和接受能力较强，因而调查所获得的数据具有较高的真实性和可靠性。

2. 调查方案

对福建省农村公路投资绩效问题开展专题调研，调研内容具体包括：农村公路投资情况，农户对农村公路投资在经济绩效、社会绩效、生态环境绩效等方面的基本情况。本章的调研是将问卷调查与访谈调查相结合，采取的具体步骤如下：（1）设计调查问卷；（2）问卷发放与访谈调查；（3）问卷回收、整理、分析及调研报告撰写。

3. 实证研究方法

本章以实证研究为主贯穿全文，研究方法既采用统计学、前后比较方法、层次分析方法、综合模糊评价方法等定量的研究理论与方法，还包括实地调查与个案访谈相结合、问卷设计或表格设计与资料分析相结合等定性技术；既使用演绎法、分析法研究农村公路投资绩效的机理，又利用归纳法、综合法构建农村公路投资绩效评价指标体系；既对农村公路投资绩效评价进行理论研究，同时还对其进行实证分析。

（1）运用公众评判法，对于那些用直接指标不能判定其绩效的项目，可以由相关专家来评估，同时结合公众问卷调查结果，以判定其最终绩效。

（2）运用层次分析法，建立符合福建省现状的农村公路投资绩效评价体系。选取有代表性的单项指标，然后比较分析各个单项指标与投资绩效的关系，寻求有效结论。

（3）运用 2003 年、2009 年福建省的数据资料，选取模糊数学建立评价模型，对全省以及选择两个地区，即发达地区与不发达地区的代表（泉州市与龙岩市），对农村公路投资的经济绩效、社会绩效以及生态环境绩效等进行综合评价，力求将那些不清晰的、无法判定其模糊关系的各指标进行多层次综合评价计算，最终用于农村公路投资绩效的综合定量研究。

总之，本章研究的理论方法具有一定的可操作性，旨在为政府相关管理部门制定有关的方针、政策提供借鉴，为投资领域的发挥提供合理科学的依据和理论指导作用。同时，也为相关部门和相关研究工作者提供参考。

第二节　农村公路投资绩效评价的相关文献综述及启示

一、农村公路投资文献综述

对于广大农村地区而言，基础设施是否完善深刻影响着其发展情况。农村要发展，特别是贫困地区的农村要发展，需要拥有一系列完善的硬件设施。"要致富，先修路"，农村公路作为农村"血液"的"输送带"，长期以来一直有着"输送不畅"的问题，从而制约了农村地区尤其是贫困地区农村经济的发展。因此，只有先解决农村公路投资建设问题，才能促进农村经济的发展。当前，我国农村公路发展还存在很多困难和问题，对此国内外的专家学者从不同角度研究了农村公路投资建设中所存在的问题，并针对性地提出了一些建议。这些研究根据其视角不同，大体可归结为两种：一是基于农村公路的投资主体视角，二是基于农村公路的资金渠道视角。下面本文从这两个角度出发，对这些专家学者的研究成果进行评述。

1. 农村公路投资主体方面的研究

农村公路一般具有显著的公益性、非竞争性、非排他性与不可分割性，符合经济学理论中"公共物品"的定义，属于典型的公共产品，归政府公共服务范畴。因此，农村公路主要的投融资主体是政府部门，包括中央政府和地方政府两者。

李玉（1999）以射阳县为例开展研究，指出除一级路由县建设外，其余二级、三级油路即县乡公路均由以乡镇为主体自筹资金建设。

王洪昌（2000）认为，相对于国干线、省干线而言，农村公路基础性较强，公益性也较突出，因此政府能否保障对农村公路的资金投入对农村公路的发展至关重要，各级政府都必须推动农村公路建设投资。

缪之湘、钟锋雨（2006）明确指出现实中农村公路主要由政府进行投资，具有公共产品的经济学属性，因此，要保证农村公路的投资建设，我国应致力于构建一个主体多元化的资源动员机制，该机制的参与者包括政府、民间组织、企业和其他机构，其中，政府应起主导作用。

刘勇、张庆（2007）认为根据流量的不同，农村公路的公共产品性质也有所区别，但大部分农村公路接近于纯公共产品。农村公路具有的公共产品属性决定了政府应主要负责解决农村公路建设的资金问题。但是县乡级政府财政收入毕竟有限，因此在具体的农村公路建设活动中，必须结合情况具体分析，而不是一味地强调政府必须承担起投资的主要责任。

鉴于上述观点可知，政府应承担起农村公路投融资责任，但各级政府的权责范围不同，因此，其对农村公路供给所应承担的责任也应有所不同。但不管如何，农村公路的公共产品属性决定其资金投入主要由政府进行，为确保资金能完全投入到位，就必须扩大政府尤其是地方政府的财政自主权。

2. 农村公路资金来源方面的研究

当今农村公路建设面临着严峻的资金问题。是否筹措到足够的建设资金，直接影响到农村公路的建设情况，然而目前我国大部分农村地区均面临着建设资金不足问题，从而大大制约了农村公路发展速度。从上文分析可知，农村公路具有诸多公共产品的特性，因此其资金的筹集应多元化，可能的资金来源主体包括政府、民间组织、企业等。对此，学者们从不同的角度提出了不同的多元化筹资模式。

刘红志（1996）认为，要改善贫困地区农村交通落后的状况，最大的问题就是要解决资金投入问题，他认为各地政府可以借助某些优惠的政策招商、引资，也可以向银行等金融机构贷款，此外各地还可结合实际情况，通过捐资等形式来筹集资金。

万荃贞（1997）认为，县乡公路的建设和养护必须建立在足够的资金基础上，筹集足够的建设养护资金，必须借助于政策手段，包括"车辆建勤、民工建勤"政策、向公路沿线受益单位集资政策、自愿捐赠政策以及其他一些地方性的调节政策。

罗春雄、吴作飞（1998）根据广西交通基础设施建设情况，提出了实行多方位、多渠道地为农村公路筹集资金的办法，比如实施"三个一点"政策，由上级政府、地方政府及地方企业、个人三个主体共同提供一点资金，从而达到聚少成多的作用；实施引资贷款修路政策，引进外商资金或向一些国际性组织如世界银行申请贷款等；此外各地还可充分利用当地资源，如采取"以木换路""以蔗换路"等方式筹集资金。

仇国华（2000）认为发展农村公路必须依靠国家的支持，国家应在扶贫资金和藏区专项资金中建立发展农村公路的专项资金，实行"以工代赈"政策，并扩大用于农村建设规模，还可实行"以粮代赈"政策建设农村公路。

王洪昌（2000）认为，对于贫困、边远地区的农村公路建设，由于当地政府财政收入较少，因此不能仅依靠于当地政府去投资，更大程度上应由交通厅通过设立专项资金来保障其农村公路正常发展。具体而言，各级财政都需发挥作用，省财政在其财政预算中单列一块农村公路补助资金，地（市）县财政每年留存一定的农村公路建设资金，乡统筹费则足额落实资金到位情况。此外，有条件的地方还可借助于征税、以工代赈、建勤捐赠等政策。

李颜娟（2003）认为可建立县乡公路发展专项基金。巩莉莉（2005）、刘伟成（2005）、程洪、李秀翠（2007）分别探讨了当前农村公路建设资金的筹集方式，其共同点归纳起来主要有：政府投资、国债筹资、银行信贷支持、企业和个人自愿捐资。这些方式和很多学者的观点一样。但马永新（2007）认为还可利用政策性融资（如各种优惠政策）、市场化运作（如拍卖道路冠名权）、资产证券化（发挥公路养路费收入效能）来进行融资，这是一种比较新的思路。

刘峰涛（2008）从外部性和产权市场角度出发，基于新制度经济学理论，认为可以从依靠出售外部性产权角度来解决资金不足的问题。他从外部性的角度，提出了农村公路新的投融资模式，即外部性产权证券（EPS），他界定了公共物品（农村公路）的外部性，将其中的部分外部性产权化，之后再将其转换成证券，在金融市场上出售和流通，从而以这种方式进行融资活动。

程兴新、王选仓（2009）通过运用农村公路融资模式后认为，传统的主要依靠国家财政收入和建勤、捐赠、贷款等方式的融资模式已逐渐不适用，他根据我国的具体国情及各地农村公路建设情况，提出目前我国可通过实施优惠政策、建立专项基金、发行建设债券及市场化运作等方式来拓宽农村公路融资渠道。

李玉岗（2010）通过分析无棣县公路的建设现状，指出目前我国县乡公路建设所存在的问题。他认为在不增加各级财政和农民负担的条件下借助市场化运作手段筹集公路建设资金是解决资金问题的良策。

国外研究县乡公路资金筹集问题的文章虽然不多，但一些发达国家在其公路建设中所采取的投融资方式、政策等，对我国公路投资建设依然具有一定的借鉴意义。比如有的学者以一些发达国家公路建设为研究对象，通过详细分析，认为美国主要以国家投资来解决公路建设的资金问题，其中，国家筹集资金的渠道包括：（1）依据相关法律，利用燃油税等税收收入建立公路信托基金；（2）由国家或各州政府信用作为担保，发行公路建设债券；（3）设立直接用于支持高速公路建设的共同基金等。而法国在筹集公路建设资金中采取的方式与美国类似，也是以国家投资为主，以社会经济发展基金、道路通行费用等方式为辅助，通过各种税收收入、规费收入来解决各种公路的建设资金问题。日本的公路建设资金，主要由中央资金、地方资金和财政资金三部分构成，包括了政府投入金、政府补助补贴金、基础设施经营收入、建设债券、民间贷款和通行费等业务收入。

可见，发达国家在公路建设投融资过程中有着共同的资金政策，如主要由国家负责提供资金，配以一定的辅助政策，如向公路使用者征税等，其中中央及地方政府应根据公路属性分担资金责任，属性不同，则每级政府承担的相应资金筹措责任也不一样，这是各国公路资金筹集的一个基本特点。

综上所述，我们可以看出学者们对于农村公路的投资主体有较一致的观点，大部分学者均认为农村公路存在公共产品属性，所以投资主体应以各级政府为主，而不应完全依靠农民或者企业。在农村公路投资的资金渠道方面，我国学者的观点有一个比较大的转变。初期的学者认为乡一级的政府组织机构就可以筹集得农村公路的投资资金。但随着经济形势的发展以及农村公路投资建设标准的提高，大部分学者倾向于更高一级的政府负担起筹集农村公路的投资，最好是结合实际情况进行统筹安排。

二、农村公路投资绩效评价文献综述

在我国，农村公路作为我国公路网的基础，是我国广大农村地区采取的最主要运输方式，涉及地域广，规模也较为庞大，在解决农民出行、减小城乡二元分化方面发挥着十分重要的作用。因此，国家历来都十分注重农村公路的投资建设。从目前投资情况来看，我国逐步加大投资力度，农村公路进入了大规模建设时期，也取得了阶段性成果。然而，农村公路投资并不同于高等级公路投资项目的建设。相比较而言，农村公路整体投资规模不大，投资项目数量较多并且分散在各地，而从技术层面来看，其所需技术水平及建设标准均相对较低。这些不同点导致了适用于高等级公路投资项目的评价体系并不适用于农村公路投资项目。因此，农村公路建成后，很难采用适当的评价指标来确切得出其整体资金的投入效果，且公路建成后将产生的社会经济绩效也难以细致分析。而从目前实际来看，我国农村公路建设主要由政府负责进行，资金大部分来源于政府的财政拨款，属于财政支出的一部分。要确保这部分财政支出得到合理利用，提高项目建设程序的规范化及运行率，就必然需要研究农村公路投资绩效。

1. 研究的角度与内容

农村道路等基础设施对缓解贫困的影响方面的研究，可以从很多不同的角度如经济学、福利经济学、史学、人口学、社会学等切入，这取决于研究者所在研究领域和兴趣点。由于贫困最直接的原因为经济收入低下，因此，有关农村基础设施——农村公路与缓解贫困的研究大部分都是从经济学角度进行分析的。

亚洲发展银行（2001）主要围绕公路投资的成本效益进行分析，关注的是投资后的经济效益。其理由主要是基于农村道路是经济增长不可缺少的条件之一的认识；以世界银行为首的各国际机构和政府援助组织向发展中国家提供公路项目贷款时，成本效益分析是一个基本前提条件。但目前的农村公路建设过于侧重以经济效益为中心，这就促使农业生产潜力较高地区的农村公路建设较易受投资者青睐，最终导致贫富悬殊越来越大，因此受到研究者的广泛批评。之后，人们开始注意到农村公路投资同时会带来旅客运输量的上升和非农产品量的增加，具有一定的社会绩效。于是，人们将农村公路看作是改善农民福利的一个前提，故将其列入农村综合发展项目。这样，在进行农村公路投资时，开始引入既考虑经济效益又考虑社会效益的多重标准分析（Multi-Criteria Analysis）。

但如何确定农村公路建设能够让更多贫困人口受益？在多数情况下，由于在数据获得等条件不完善，不能够准确地测量农村公路建设对贫困人口产生的经济和社会收益。因为农村贫困人口在农村公共建设包括农村公路建设上分享到的大份额利益不能通过货币术语来衡量。于是，针对贫困地区实施的扶贫项目，很多学者进行了多方面的专门研究。例如，Hanan G. Jacoby（1998）通过对尼泊尔道路建设项目进行研究，得出该项目对农户效益的具体影响；而Jocelyn A. Songco（2002）则研究了越南农村基础设施投资对贫困人口的效应情况。

近年来，国内学者借鉴国外较先进成熟的绩效评价方法，结合国内实际，对农村公路投资绩效等方面做了大量的研究。概括起来，主要有以下几个方面：

第一，关于农村公路的经济学特性的界定。马书红、方健红（2007）认为，农村公路属于市场失灵的投资领域，具有较大的外部效应（包括开发效益、波及效益和潜在效益等）；刘峰涛（2008）也指出，农村公路属于纯粹公共物品，不能期待项目本身的回报方式，而应从其社会效益之一的公共物品外部性入手，运用外部性作为项目的回报与保证，其中的一种体现是农村企业产量、收入、利润的增加和农民收入的提高，进而带来税收的增加。

第二，关于农村公路绩效评价的概念界定。鉴于农村公路项目数量众多，单个项目小而分散，投入与收益构成复杂等特点，马书红（2008）对农村公路绩效评价的基本概念进行了定义，即"以农村公路建设项目为评价对象，对其成绩、效益、效率和效果进行综合分析"，密切关注农村公路规划、建设和管理的各个环节，确保资金管理和使用的合规性、公路建设程序的合理性、规划与执行的一致性及各项管理的有效性。

第三，关于农村公路绩效评价的内容。对此，梁国华、杨琦（2007）认为农村公路绩效评价应包含资金管理评价、工程效果评价、规划与执行一致性评价、社会经济效益评价四个基本评价领域；马荣国（2007）也认为，在农村公路绩效评价内容上，除了注重分析直接投资效益外，还要分析其间接效益（包括波及效益、潜在效益和开发效益等），尤其注重对社会效益、环境影响的分析，同时，作为彻底的非营利性项目，农村公路绩效评价时需重视公众反映，并强调农村公路服务的品质及可持续性；马书红、王元庆（2007）则指出，作为特殊的公共产品，农村公路属于以财政性资金（包括各级财政）投资为主的经营性项目，在对其绩效进行评价时应按照财政支出绩效评价的基本要求，注重分析农村公路外部效应。针对农村公路社会经济绩效评价，罗京、王峰、王元庆（2007）认为农村收入收益中有较大的社会效益，而且有些很重要的效益难以用货币来衡量，从而削弱了项目支出与回报之间的内在联系，因此，农村公路社会经济绩效评价不能限于通常意义上的成本—效益分析；马书红等（2007，2008）则采用三维视域内（对象维、时间维、效益维）的全景分析法，分析农村公路社会经济绩效评价内容，对农村公路规划与执行绩效进行了应用分析。

2. 绩效评价的研究方法

在分析道路项目的经济效益或道路项目对经济增长、农民收入、减缓贫困等的影响时，建立计量经济学模型，定量地进行分析是经济学界常用的研究工具。它的优点在于，能较为准确地测量和更为直观地了解农村公路等基础设施项目对当地经济增长、农民收入、减缓贫困等的影响。

目前，世界银行重点推广的研究方法之一是双差异比较法（double difference）。所谓双差异比较法是一种时间和空间的双重比较方法。首先选出项目组和对照组，在选定的时间内观察它们各自随时间发生的变化。同时将这种随时间发生的变化在项目组和对照组之间进行比较，通过这种纵向与横向的双差异比较，对项目的影响进行评估。为了保证可比性，要求对照组在所有或大多方面与项目组类似，它们之间的唯一或主要差别只在于项目的实施与否。这一方法的好处在于：首先，可以对项目产生的经济方面和非经济方面的影响进行评估，不仅可以清楚地了解项目实施后给农户收入、消费等经济方面带来的变化，同时还可以考察与农户有关的人类发展及社会效益方面指标的变化。其次，这种方法利用选定时间内的跟踪数据，可以动态地、全方位地考察项目实施前后的变化。最后，这一方法最大的特点是可以将影响项目成效的其他因素过滤掉。因为通过实地调查和计算分析得到的结果往往是项目和其他因素或事件共同产生的，而这种双差异比较法可以完成过滤工作。

在农村公路的绩效评价方法方面，一方面，西方财政支出的绩效评价方法是国内学者的借鉴基础，主流方法总体上可以概括为以下10种：（1）成本—效益法，是将一定时期内项目的总成本与总效益进行对比分析，以社会效益为主的项目不宜采用此法；（2）最低成本法，也称最低费用选择法，适用于成本易于计算而效益不易计量的项目，如社会保障项目；（3）综合指数法，是在多种经济效益指标计算的基础上，根据一定的权数计算出综合经济效益指数，该方法目前在我国应用较多，但评价标准和权数的确定需进行深入研究；（4）因素分析法，是将影响投入（财政支出）和产出（效益）的各项因素罗列出来进行分析，计算投入产出比进行评价的一种方法；（5）生产函数法是通过明确产出与投入之间的函数关系借以说明投入产出水平即经济效益水平；（6）模糊数学法是通过模糊数学建立模型对经济效益进行综合评价的方法，主要适用于部门的绩效评价；（7）方案比较法，主要用于财政项目资金管理，通过评价各方案有无经济、社会效益及效益大小的估算来进行方案选择；（8）历史动态比较法，是将某一类支出或项目的历史数据进行对比分析，了解其历史上的变化及效益波动情况；（9）目标评价法，是将当期经济效益或社会效益水平与其预先目标标准进行对比分析的方法；（10）公众评判法，适用于无法直接用指标计量其效益的支出项目，多用于对公共管理部门和财政投资兴建的公共设施进行评价。

另一方面，国内学者结合我国相关法规和实际情况，对评价方法进行了筛选、修正和提炼：（1）在国内外绩效评价方法的现状和适用性方面。方健红等（2007）认为，西方财政支出绩效评价的主流方法有一定的适用条件和范围，不具有普适性，其中，历史动态比较法、目标评价法、公众评价法和综合指数法可以予以应用，而成本—效益分析法、最低成本法、模糊数学法等不适用；而梁国华等（2007）提出，国内现有指标体系的缺陷在于，部分指标只针对单一一条公路设计，无普遍适用性；个别指标评价内容与农村公路实际运行状况不符；可操作性不强；不足以覆盖广泛的绩效范围。（2）在评价方法的总体把握方面。马书红（2008）认为，由于我国农村公路项目规模小、数量众多且分散，对单个项目分别评价意义不大，应将区域在一定时期规划的全部或部分项目作为一个整体，采用系统分析与综合法对多个农村公路建设项目的资金投入情况、效率、效益和效果总体上同时进行评价。（3）在评价指标体系的建立方面。马荣国（2005）认为应基于历史动态评价法，采用逻辑推演法，首先建立价值逻辑体系，汇总当前社会主流价值观，其次全面分析农村公路建设项目绩效的设计范围，确定绩效评价的研究领域，再次根据系统分析，确定在农村公路实施中与各个价值对应的目标，最后根据具体目标推演出需要用哪些指标反映；王元庆（2007）则基于目标评价和综合指数法构建了"愿景分析—SWOT 分析—KPI 体系"的基本思路。（4）在评价方法的具体设计方面。马书红（2008）运用雷达图分析法来描述农村公路规划与执行的一致性，从而将规划与执行绩效评价的效益维集中在一起进行直观比较，同时结合浙江省"乡村康庄工程"进行分析验证，取得了较好的效果。

3. 主要研究结论

国外关于农村公路投资的研究基本都集中在投资效果方面，即对社会经济等的影响。研究的内容主要集中在公路建设是否促进地方经济发展、是否消除地区差异、是否解决贫困问题等方面。而我国对农村公路投资效果的研究起步较晚，大约在 20 世纪 80 年代后才开始有学者进行研究。

Leinbach，T. R. 在其 1983 年发表的文章《农村运输发展评估：印度尼西亚案例研究》[32] 及其世界银行（2000）均认为，在家庭层面上，发展道路建设有助于提高生产率和增加对劳动力的需求，同时，Bryceson，D. F. 和 J. Howe 在 1993 年发表的文章《非洲农村公路运输：能否减轻妇女的负担？》认为，发展农村公路建设还能够帮助妇女和女孩改善教育和保健方面。孟加拉国发展研究所（BIDS）的研究报告及 Fan. S. 、Hazell，P. 和 S. Thorat 在 2000 年时发表的文章《政府支出、经济增长与印度农村贫困问题研究》中道路相关的研究表明，道路建设能够增加家庭收入从而减少贫困。Xiaobo Zhang 和 Shenggen Fan（2004）选取印度的相关截面数据，利用一般矩估计法（GMM）得出基础设施建设对农业生产力的定量影响程度，指出道路与农业生产力存在着长期的因果关系，改善道路会引发农民交通和运输成本下降，以及非农活动和人口迁移的进行，进而增加农民收入、减少贫困。

Khandker（1989）选取 1961～1981 年印度 85 个地区的数据，并对模式加以简化，通过分析后认为政府加强对道路的投资，可促进农产品的产出及农民收入的增加。

Ahmed 和 Hossain（1990）选取孟加拉国的 129 个村庄，并对这些地区的农村基础设施影响进行实证估计，指出基础设施条件较好的村庄经济发展程度及整体农民收入均有所提高。总的来说，好的基础设施与更高的农业产出、更高的农民收入以及更好的卫生服务等相联系。

宾斯万格、康德科和鲁森威格（1990）通过建立虚拟场景对农村交通基础设施对农业发展的影响进行了研究。他们通过前后对比的方法先后对印度 13 个邦的 85 个辖区样本信息进行了排序，结果表明公路投资项目投资促进了农业的发展，包括促进农产品产量增长、提高农业生产中化肥使用率等。

Khandker、Levy 和 Filmer（1994）针对评估特定道路项目的影响进行了研究。他们以摩洛哥道路建设项目为对象，详细考察了农业现代化程度及农业产业结构受农村公路的影响，指出道路建设与农业产量的提高、农业投入的增加、农业推广服务的改善及农业生产方式的转变等相联系。

McKinnon（1995）研究认为，作为交通基础设施的农村公路项目，其产生效应包括五类：即生产力效应、运输成本效应、交通服务效应、可达性效应以及环境效应。其中，生产力效应与运输成本效应分别从宏观与微观层面讨论了交通基础设施对经济增长的影响机理以及产生的效果；交通基础设施的交通服务效应，考察的是其直接产生的效果；交通基础设施的可达性效应，侧重考察社会影响机理以及产生的效果；而交通基础设施的环境效应，主要评价其对生态环境与居住环境可能产生的正面影响与负面影响。

美国交通运输研究委员会（Transportation Research Board，TRB）（1997）回顾美国的实证分析后得出两点结论：一是实践总体表明基础设施投资对国家民营经济活动的正面影响并不十分显著；二是考虑到基础设施的机会成本，可能其他形式的私营部门的基本积累或将更多的资源投入教育或培训可能带来更多的回报。虽然如此，但交通基础设施所产生的生产力效应仍然是其是否具有经济重要性价值评估的关键。

世行专家 Gannon 和 Liu（1997）的研究表明：农村公路项目通过提高道路服务质量以及道路使用者与公共服务设施的可达性，从而对农民的出行时间、出行安全、收入、消费、就业、教育、医疗卫生、应急服务产生影响。

Jacoby（2000）利用家庭调查数据，提倡了一种用以估计道路项目家庭获益的方法，通过分析农村道路的分配效果，发现如果能保证通往市场道路的便利，就能产生较丰厚的利润，且绝大部分的利润将归贫困家庭所有；但是该收益也难以解决此前就存在的收入不平等问题。

Escobal（2001）针对秘鲁农村家庭从事非农活动的决定因素进行详细分析，指出道路以及电力、教育等其他公共资产是决定收入多样化的重要因素，并且这些因素还可提高农业和非农活动的利润。

Kwon（2001）选取印度尼西亚 25 个省份 1976～1996 年的相关数据，通过研究后认为一个省份的道路设施越完善，其所能获得的灌溉服务越好，从而促进当地的粮食生产，同时，处于这些地区的居民将有较多的机会进入劳动力市场或者从事非农工作，从而增加其收入。此外她的结论表明了道路所起的作用与其道路条件成正比。

英国国际发展部（2001）采用综合各个研究的方法，通过研究多个案例，对基础设施建设与农村发展之间的关系进行了分析。结论说明要提高农业生产率，促进农村工业增长，就必须加强道路建设；而通过对居民生活标准进行调查也发现农村新道路的出现使得单位货币的消费水平有所提高，有效缓解贫困问题。

Jocelyn A. Songco（2002）通过研究近50年来的相关文献，指出目前普遍运用定量指标来评估绩效的方法是不全面的，当评估涉及非经济方面的绩效时，定量的评估方式难以准确说明其变化情况。

孟加拉国发展研究所（BIDS）在2004年的研究报告《Poverty Impact of Rural Roads and Markets Improvement and Maintenance Project of Bangladesh》中指出，可以通过建立一系列机制来改善农村公路及其基础设施的建设，以创造经济增长和减少贫困的机会，且公路建设能够减低交通运输成本、消耗成本及商品和服务的生产成本。

Lokshin M. 和 R. Yemtsov 在2005年发表的《佐治亚州的农村基础设施建设能否帮助改善贫困？》，指出为了能够更加便捷地获得市场和技术，可以通过增加相关的投入和降低投入成本来改善道路，以便能够扩大农业和非农业产出。

从国内来看，樊胜根、张林秀等（2002）研究了区域经济增长、地区差距缩小及缓解贫困等受农业科研、灌溉、教育、基础设施建设等国家公共投资的影响效果，研究表明，我国政府的道路投资可以增加非农就业机会、增加农民收入、提高非农经济回报率，并且还能积极缓解贫困问题。

彭代彦（2002）选取了乡村公路、农业科研、农村医疗卫生设施等因素进行计量研究，通过实证分析指出，乡镇公路和农村医疗卫生设施的建设可显著减少农业生产支出，增加农民收入，因此政府需加大对这些设施的投资力度。

李锐（2003）构建了测算农村公共基础设施投资效益的计量模型，采用C－D生产函数模型对农业基础设施的贡献率进行测算。

谭清香（2003）采用考虑了贫困原因的计量模型进行估计，认为加强对农村公路等基础设施的建设可有效增加农民收入，让农户摆脱贫困，从而缓解贫困问题。

郎永建、张尚民（2004）以重庆市万州区为例论证了农业基础设施建设对农业生产条件的改善作用，政府加强对农村基础设施的投入，可提高当地整体生产能力，增加农民收入，从而促进农业和农村经济的发展。

岳军（2004）认为，就农村而言，增加农村道路、电力设施、水利设施、医疗卫生设施等公共产品的投入，将有效促进农村经济的增长和发展。

樊胜根、张林秀等（2002）通过分析得出，相对于高等级道路，低等级道路对GDP的增长效益较大，每增加1元的低等级道路投资，就能产生1.57元农业GDP以及5元的非农GDP。此外，根据各项公共投资效益测算证明了政府增加各项公共服务投资可有效提高农业生产率，推动扶贫工作进行。

鞠晴江、庞敏（2005）凭借生产函数模型推得，农村公路、电力、通信和教育等各项基础设施建设水平可显著影响到我国农业生产、非农生产以及农民收入，其中，教育的作用最为显著，而道路、电力和通信的作用侧重点不同。因此，各地尤其是西北地区要拉动经济增长和发展，必须根据实际情况有重点、分阶段地推进各项农村基础设施的建设。

国际粮食政策研究所（IFPRI，2005）在题为《中国的公路建设、经济增长与扶贫》的研究报告中指出相比高等级公路而言，低等级公路投资的社会效益较高。

刘伦武（2006）以借助 VEC 模型，对中国农业基础设施与农村经济发展进行脉冲响应函数分析及方差分解，分析结果说明农业基础设施的落后对农村经济增长具有阻碍作用，一国如果要实现农村经济持续增长，必须把农业基础设施建设完善，从而达到两者的协调发展。

辛毅（2006）在市场经济背景中借助相关理论和实证方法来全面探析农业基础设施及农业生产成本之间定性、定量关系及绩效。

李文（2007）结合重庆市的具体情况，利用格兰杰因果分析方法对农村公路对贫困的缓解作用进行分析，结果表明低等级公路（如砂石路）可在较大程度上增高农户收入，减贫效果显著。

三、若干启示

在农村公路的投资绩效方面，学者们集中研究的是农村公路的投资绩效如何量化评价。由于农村公路本身的外部性问题，要精确评价农村公路的投资绩效，还需要进一步展开研究。

经过大量文献检索的分析和研究，我们发现当前我国投资绩效评价研究和应用的重点主要在于具有投资绩效的项目，如收费的公路、铁路、竞争性工业项目等，评价工作强调对成本超支、工期延长、投资回收期、投资内部报酬率等指标分析，评价重点在于投资项目的绩效，评价内容仅限于经济绩效，对生态环境绩效和社会绩效评价内容涉及很少，且评价方法也相对简单。随着我国投融资体制改革的进一步发展，非竞争领域和公益性、基础性公共项目的投资额将越来越多，诸如投资到农村公路投资项目上，因此，现行的评价理论、评价内容及评价技术等方面，都已经不能满足社会经济发展的需求，因此必须深入研究、发展和完善。这主要表现在：

（1）项目绩效评价理论、内容和方法由单一向多样发展。农村公路投资绩效评价，必须与时俱进，在评价内容、指标设计、评价标准和评价方法上考虑到投资的可持续性以及投资项目实施与发展过程中经济资本、自然资本、人力资本、社会资本等方面的可持续协调发展。发展中的农村公路投资项目绩效评价研究工作将是一个多层次、多目标、多指标、多因素构成的复杂系统工程，涉及财政、经济、社会、环境等诸多领域，在国内还处于起步阶段，需要不断地吸收其他理论的成果，以充实、发展和完善自身的理论基础、内容和方法以及应用实践，这也是本文研究的意义所在。

（2）我国农村公路投资的评价管理体系尚有待完善。主要表现在：①还没有一个全国性的统一评价机构，往往是同一个机构既负责项目的组织、实施工作，又负责绩效评价；而现有的机构在独立性和权威性上有所不足，投资绩效评价不够客观、科学和全面。②我国目前的绩效评价信息的反馈机制也很不完善，如何将评价的结果和投资项目决策、规划设计、实施、运营管理等步骤有效地联系起来，是一个值得探讨的问题。

结合目前已经完成的农村公路绩效评价工作来看，目前我国的绩效评价工作与前期可行性研究联系紧密，尚无法突破前期评价的局限；而现有的可用于评价的项目在总体评价这一内容上做得都比较简单，普遍缺乏综合定量评价报告。可见，目前我国对农村公路投资绩效评价的研究尚存在一些问题，主要包括：

（1）农村公路投资绩效评价的内容界定不清，评价指标体系不适用于众多农村公路投资项目的整体评价，不足以全面反映农村公路投资绩效，评价指标的测度量化模型和方法不规范，农村公路投资成本效益数据比较匮乏等。

（2）从目前的文献看，农村公路投资绩效缺乏定量评价，评价结论较偏重于定性描述，而所谓的绩效评价结论没有考虑各因素之间的相互关系，只是将各结果进行简单堆积，实用性不强。对农村公路投资绩效评价的研究成果缺乏系统性，全面的研究成果还有限，成果质量上也缺乏操作性。

（3）目前对农村公路投资绩效评价的研究基本上是就农村公路投资的某一侧面来展开的，诸如有的是从经济绩效，有的是从社会绩效，有的侧重于生态环境绩效，将三者结合起来进行研究的较为少见，适用于综合评价项目各类绩效指标的多目标分析方法在评价实践中应用的还比较少，使其对农村公路投资绩效评价的实践指导意义受到局限。

（4）现有的国内外研究中还少有以福建省农村公路投资绩效评价为研究对象进行系统研究的。本研究将结合福建省的实际，试图从全省、发达地区（以泉州市为代表）与不发达地区（以龙岩市为代表）的视角，探索一条提高福建省农村公路投资的经济绩效、社会绩效和生态环境绩效的有效途径。

第三节　国外农村公路投资绩效评价的经验及其借鉴

一、国外农村公路投资的经验及其借鉴

（一）国外农村公路投资的经验及其借鉴

在国外，由于农村公路运输量较少，因此也被称为低运输量公路或地方公路。然而，农村公路数量众多，贯穿全国各地，因此其投资建设情况直接制约了农村经济的发展，并进一步对整个国民经济造成影响。鉴于此，不管是发达国家还是发展中国家，均十分重视对农村公路的投资建设，政府每年都从财政资金中拨出一大块资金用于农村公路建设，同时还借助于税收、发债、捐资等辅助手段筹集资金。目前，各个国家在建设农村公路时基本都结合本国具体情况，采取适宜的筹资方式。但从整体来看，各国政府所采取的融资模式有两个基本点是相似的：

1. 以政府公共财政为主体，以社会、市场和私人资金为辅助的投资方式

总体而言，国外一些发达国家经济发展程度高，具有较强的经济实力，因此农村公路建设投资大、成效好；而相比之下发展中国家由于经济实力弱而缺乏足够的资金来进行大量的农村公路投资建设。然而，建设水平不同并不影响其筹资方式，不管是发达国家还是发展中国家，其对农村公路建设资金主要还是来源于政府公共财政，同时还有一部分来源于社会、市场和私人资金等。

在各国的实际操作中，"政府公共财政为主体"具有不同的表现形式，这主要受制于该国农村和农业发展的需求情况、社会状况、财政状况以及政府职能的定位。例如：美国国际化水平高，因此，美国政府在农村公路建设中的作用主要体现在法律法规、政策体系和公共信息等方面，而实际的操作则依靠各种各样的企业来进行。20 世纪，韩国政府在农村公路建设方面提出很多相关的工程项目，并组织村民进行民主讨论，之后再由政府付费提供农村建设所需要的钢筋、水泥等建材，如果项目建设得好，政府会继续将资金投入到农村公路中。欧盟各国的农村公路发展水平普遍较高，这主要受益于欧盟各国政府对农村发展的重视，欧盟颁布的各种支持农村发展的条例都涉及农村基础设施包括农村公路，这奠定了农村发展在国家政策中的重要地位，欧盟对农村公共设施的建设有所偏重，这就包括了对农村公路建设的投入等。日本在农村基础设施建设的过程中，农民的自治组织——农协起到了非常重要的作用。而印度由

于其自身的经济发展水平整体不高，政府无法全面满足农村发展的需求，只能针对某些重点需求重点建设一些比较基础的设施。

2. 各种税收的共同使用

国外农村公路投资建设的资金一般来源于税收收入和政府的财政拨款，而绝大多数国家的公路筹资体制是将国家的普通税收与公路使用税共同使用。

公路用户税是根据"用路者负担"原理，向道路的用户征收的道路使用的税费。目前，世界各国的公路税费一般包括燃油税、零配件税、车辆购买税、车辆使用税等。在公路用户税中，具体的税目、税率烦琐复杂，在各个国家的各个时期，公路用户税的税目、税率也不尽相同，但都有一个共同点，即在公路用户的税收体系中，燃油税所占的比重最大，会占到60%～80%。在欧美等发达国家，燃油税相对其燃油价格的比重较高，平均约为60%，而发展中国家燃油税所占比重较低，平均为25%～35%。各个国家公路用户税的税率有所差别，且会随着时间的推移而进行相应的调整。各种税费的合理征收以及共同的分配，保证了各个国家农村公路建设资金的稳定而可靠的来源和有效的使用。

从国外的发展经历来看，大部分国家都比较注重农村基础设施尤其是农村公路的建设，以实现城乡协调发展。各个国家的政府部门都承担了农村公路投资建设的主要角色，社会、市场和私人的资金起到了辅助作用，而各种税收的共同使用为政府财政的投资提供了有力的保障。有效利用国外农村公路投资建设的已有经验，对推进我国农村公路投资建设的发展具有重大的意义。

（二）国外农村公路投资建设的启示

农村基础设施的投资建设，特别是对农村公路的投资建设，将为一个国家农村经济的腾飞奠定坚实的基础。因此，在制定农村发展规划和公路发展规划时，农村公路必将作为重要的内容纳入战略考虑，而上述国外的经验对我国农村公路投资建设的发展起到了非常好的启示作用，值得我国学习和借鉴。

1. 重视农村公路建设，加大农村公路投资力度

各个国家，尤其是发达国家，对农村基础设施的投资建设都非常重视，投入了大量的人力、物力、财力。农村公路作为联系城乡的纽带，会在很大程度上影响农村的经济、文化和人民的生活水平。在我国，农村地区占了大半个中国，农村工作便成了政府最重要的工作之一。农村公路的建设，不仅会影响到广大农民的生活水平，也会影响到城市和农村科技文化物资的交流。因此，农村公路必须能适应甚至超过农村经济水平的发展脚步。政府需要改变传统交通建设的倾向城市、偏重高速公路和主干道、忽视农村公路的做法，各级政府的财政支出应有规划地向农村公路建设倾斜，增加农村公路投资建设所占的财政支出比例；政府应对城乡交通基础设施建设投融资作协调合理的统一规划，并且将农村公路建设作为投资重点，以实现城乡经济一体化共同发展的目标。

2. 根据当地的实际情况制定合适的农村公路投资政策

由以上国内外的经验可以看出，各个国家对发展农村公路建设，政府都起到了主导的作用。并且各个国家的投资政策都不尽相同，均对各国的经济发展水平、政府财政情况、农村地形地貌特征、公路建设成本以及建设资金融资难度等各种因素进行综合分析，制定出适应本国的投资政策。即使在同一个国家的不同地区，由于各个地区自身情况的不同，也需要采取不同的投建政策。对于我国来说，不同地区的实际情况相差甚大，因此，在国家政策的大前提下，应该更大程度地允许各个地区根据自身情况灵活采取适合当地农村经济发展建设水平和投资环境的投资政策，以使政策的效果达到最大化。

3. 以政府投资为农村公路建设资金的主要来源，发展多种投资方式

由于农村公路投入后没有直接经济盈利，所以农村公路投资资金主要源于政府投资。由于我国县级及以下的政府普遍存在财政困难问题，中央政府和省市政府的财政投资便成了农村公路投资建设资金的主要来源。因此，加强农村公路投资建设应该考虑到国家财政的现实状况，在体制上应明确中央政府和省级政府为主要的投资主体，从而为农村公路投资建设的资金来源提供可靠的保证。

与此同时，也应因地制宜地发展其他的投资方式，以缓解政府的财政压力。各地可以根据不同的优势招商引资用于公路建设，在投资方式上可以适当采取具有农村自身特色的 BOT、BT 等融资方式，农村公路投资建设应逐步探索建立新的融资平台，实行政府资本为主，农村资本为辅，社会各方共同参与的融资机制。

4. 合理征收和利用税收，保证资金来源

农村公路投资的资金来源应本着谁使用谁承担的原则，并且同时充分考虑到现实中的需求、管理、公平性等问题，结合各方面实际的实际情况，合理做好农村公路投资资金的设置。农村公路由于其特殊性，投资建设和养护没有专项的税种予以支持，因此农村公路通常发展较为缓慢。但是，在当今全面建设小康社会发展目标的要求下，有必要征收一定的农村公路发展专项税。征收的税费专款专用，主要用于农村公路的投资建设和养护工作，取之于民而用之于民，保证了农村公路投资建设的可靠来源。

二、国外农村投资绩效评价的经验及其借鉴

农村公路投资绩效评价，是基于特定的价值取向，运用科学的标准、方法

和程序对使用财政性资金投资的农村公路建设项目建设的必要性、合理性及产出绩效进行科学分析和比较，以综合评价财政支出投资项目的经济性、效率性和效果性的一个系统过程。绩效评价是为了了解社会对农村公路的满意程度和当前需求，使其产生的社会效益最大化，其本质是为了建立以"效用、效率、公平、合理"为核心考核因素的农村公路投资绩效评价体系。本章通过借鉴国外一些国家发展农村公路投资绩效评价及研究现状，为我国农村公路投资绩效评价提供有益经验。

（一）亚洲国家农村公路投资建设对我国的启示

1. 孟加拉国农村公路投资绩效评价

孟加拉国农村公路投资绩效评价的研究，是利用孟加拉国发展研究所搜集的（Bangladesh Institute of Development Studies，BIDS）面板数据，对农村公路建设可能带来影响的各个因素进行实证分析。因为根据其他国家的经验，投资公路和基础设施可以创造经济增长的机会，改善贫困地区的教育，减少交通运输成本及产品服务等一些消费成本，提高道路发展水平还可以增加农业和非农业产出。但是由于方法和数据的限制，所以很难精确地量化农村公路投资建设带来的好处。然而交通运输投资一直占世界银行贷款组合的15%~20%[1]。但是传统的收益估计结果（如内部收益率法）一般很低，被认为是投资不可行。虽然这种估计项目回报率的方法（所谓的内部收益率）是一种标准的做法，但公路是一项很重要的公共投资，它有短期和长期的影响。这个评估方法低估了一些农村公路的影响因素，即影响公路短期和长期建设的还有就业、收入、生产力和人力资本投资等。因此这些方法也受到了一些批评，认为不能把真正的利益分配到目标人群中，尤其是贫困地区。现在比较新的估计农村公路投资绩效评价的方法是基于得分匹配的双差异法，很多学者（如 Lokshin，Yemtsov，van de Walle and Cratty）都使用了这种方法估计了农村公路发展的影响。

对影响孟加拉国农村公路的经济因素采取的是一种经验估计，根据不同收入组采用固定收益量化估计方法，使用 BIDS 面板数据，通过控制家庭和社区水平异质性来估计农村公路投资带来的收入消费好处。传统对农村公路绩效评价的研究是采取成本—收益法，该法评价的重点放在农村的道路改善工程，包括道路长度、受惠人数、减少旅行时间、意外的危险、运输成本和直接造成的环境后果等。这些方法往往基的假设是农村公路项目的建设导致降低农业投入成本，由此所带来的交通需求的增加，进一步带来农业生产的增加。当然，

---

[1]　The Poverty Impact of Rural Roads：Evidence from Bangladesh. Shahidur R. Khandker-World Bank；Zaid Bakht-Bangladesh Institute of Development Studies；Gayatri B. Koolwal-National Economic Research Associates.

更广泛的评价还包括了引致家庭产出和消费结构以及社会和政治参与的变化（收入渠道的多元化、财富积累方式的转变、各政府政策的相互作用）。

对孟加拉国农村公路绩效评价的分析，通过计量经济学的分析方法，估计农村公路投资对贫困家庭和其他农村家庭的影响，且允许这些影响结果包括气候和其他社会捐赠以及一些观察到和没观察到的影响市场输出入和公共基础设施投资的特征，如道路、政府定价、利息和公共支出。当然，很多因素之间是相互影响的，很难精确地识别农村道路投资对收入、产出、人力资本投资的作用。研究所使用的数据是由孟加拉国发展研究所（BIDS）基于家庭和社区调查、两个世界银行资助项目获得的。这些数据用来计算农村公路建设带来的经济效益和对贫困的影响，并且所采用的评价方法克服了以往评价方法的一些缺陷，即在农村公路投资建设过程中，不仅要考虑投资方的经济利益，更要考虑社会各方的利益。数据不仅覆盖了标准农村公路项目的产出，也包括了一些关键成果和广泛的市场作用。该方法主要是通过估计 $\Delta \ln Y_{ij} = \alpha \Delta H_{ij} + \beta \Delta V_j + \gamma \Delta R_j + \Delta \varepsilon_{ij}$ 这个等式来分析主要的农村公路建设相互影响的因素。式中：Y_{ij} 表示的是居住在 j 村的 i 家庭户的人均收入或消费；H 表示的是观察到的一系列的家庭特征集；R 表示的是一级农村公路发展项目的指标；V 表示的是观察到的非农村公路级的特点。利用收集到的数据，对农村公路投资回报率进行分析估计，讨论农村公路建设对不同人均消费家庭的利益分配，以及农村公路发展对贫困地区的影响和不同类型的贫困家庭对农村公路投资的相互影响。

对孟加拉国农村公路绩效评价的结果表明，农村公路建设对家庭交通费的节省是相当可观的，平均是农村发展项目中（Rural Development Project，RDP）村庄的 36% 和农村公路市场改善与维修工程项目（Rural Roads and Markets Improvement and Maintenance Project，RRMIMP）中村庄的 38%，道路改善也使村民的农业收入有所增加（增加了 RDP 项目中村庄的 27%），肥料价格也因公路建设而有所下降（下降的幅度大约为 RDP 和 RRMIMP 项目中村庄的 5%），也增加了总收成，产品的输出指数也增加了（大约增加了 RDP 项目中村庄的 38% 和 RRMIMP 项目中村庄的 30%），也影响了劳动力供应和儿童入学率。在 RDP 项目中的村庄，因农村公路的改善而致使贫困率下跌大约 5% 的幅度，RRMIMP 中下降了 6% ~ 7% 的幅度。[①] 总之，农村公路投资建设对改善整体贫困的影响是显著的。因此，孟加拉国给我国农村公路建设的启示在于，选择合适恰当的绩效评价方法，对农村公路建设带来的各方的影响进行合理的评价，以找出适合我国农村公路投资绩效评价的方法。

---

① The Poverty Impact of Rural Roads：Evidence from Bangladesh. Shahidur R. Khandker-World Bank；Zaid Bakht-Bangladesh Institute of Development Studies；Gayatri B. Koolwal-National Economic Research Associates.

2. 韩国农村公路投资绩效评价

韩国农村建设的一个重要内容是农村基础设施的建设，通过基础设施的新建改建扩建来改善农民生活环境，缩小城乡之间的环境设施差距。从 20 世纪七八十年代开始，韩国政府就开始注重农村公路建设的开展，并用了 10 多年的时间改建了 60000 多公里，新建了 6000 多公里的农村公路。到 90 年代，韩国政府先前的农村公路建设使命已经基本完成，不再全力全面支持和推进农村公路建设运动，但是政府仍然十分重视农村基础设施的投资建设，并积极地出台相关的政策支持措施。1994 年 6 月，由当时的金泳三总统主持召开的"推动农渔村及农政改革会议"研究制定了有关促进农渔村发展的 14 项 40 条政策措施，其中就包括对农村公路投资建设的政策措施，提出对当时 3.4 万千米农渔村公路中的 2.7 万千米重新铺修，将铺修比率从当时的 26% 提高到 85%，为了修建农渔村公路，提出了提高地方养路费所占比率的措施。①

韩国农村公路投资建设取得的成效，对我国农村公路投资建设的开展有一定的经验启示作用。首先，农村公路投资建设在投入方面需要国家法律法规提供法制化的环境保障的同时，还需要持续的国家战略和鼓励优惠政策加以支持。因此我国可以根据自身实际情况，建立一套以"三农"利益为基础、符合时代发展要求的政府扶持政策，从投资融资、建设经营、征税补贴等各个方面来支持农村公路建设，通过各方力量的共同作用，为农业发展、农村建设和农民生活水平的提高提供全方位的保障。只有法制化的农村公路建设环境，才能保障资金提供方的利益，保障农村公路建设资金来源的稳定。其次，中央财政在农村公路建设中仍应承担主要责任，发挥主导作用。虽然，目前我国农村公路投资建设的职责已经从中央政府下放到地方，农村公路的建设和维护都主要由县级政府来承担，但是，县级政府常以财力不足为由，不尽职责，任由农村公路残破不堪。因此，中央政府就需要起到主导作用，引导各地政府在当地进行必要的农村公路投资建设，再参照其他国家筹资的方法筹集资金，并在必要的时候给予支持。最后，要充分调动农村公路投资建设各方的积极性。

（二）西方发达国家农村公路投资建设对我国的启示

在西方发达国家中，美国的交通运输业极为发达，它在全国已经建立起庞大的铁路、公路等运输网，农产品的运输十分便利。美国政府很重视公共基础设施的建设，联邦政府每年大约支出 300 亿美元用于公路、水利等公共基础设施建设。② 而我国农村公路投资建设中，投资主体、资金来源、偿债方式、风

---

① 刘连环：《韩国农村建设经验及其对我国农村公路建设的启示》，载于《河北农业科学》2009 年第 6 期。

② 孙昌华、阴以雯：《农村公路基础设施发展模式的中外比较》，载于《科技信息》2009 年第 9 期。

险承担以及政府的政策法规等方面与国外存在较大的差异，为了实现农村公路投资建设的投融资模式从计划经济时代的传统单一模式转变为市场经济时代的新型多元化模式，有效开发利用现有的资源，吸收采纳更多更优质的建设资源，以促进我国农村公路在质、量和效三方面的全面进步。为此，我们应该开阔眼界，积极主动地借鉴国外已有的经验，扬长避短，完善农村公路投资建设。下面以美国为例，从以下几个方面给予我国农村公路投资建设一些启示。

1. 政府支持

从经济属性上看，由于农村公路具有非排他性和非竞争性，属于典型的公共物品，应进一步加大政府投入，其建设发展应以政府为主调控者，通过优惠鼓励政策来促进农村交通基础设施的建设。在美国，绝大多数的公路（包括农村公路）是由政府投资建设的，对于纳入联邦公路法案的公路（如 2005 年的 SAFETEA‑LU），由联邦政府提供 80% 的建设资金，其余由州或县政府投资；对于未纳入联邦公路法案的公路，则主要由州或县等地方政府投资建设。[①] 美国交通基础设施建设的投资主体是法人单位，建设资金大多来自于民间，政府在民间资金的基础上，再配上一定的贷款和担保政策如贴息、减免税等来支持基础设施建设。而在我国，虽然近几年国家发改委和交通部对农村公路的投资力度有明显的加大，但相对建设需求而言仍然远远不够。而且地方政府投资农村公路的资金也十分有限，因此可以根据我国的国情，适当借鉴其他国家发展公路基础设施的经验，更好地发展我国农村公路投资建设。

2. 资金来源

从资金来源看，以美国为代表的西方国家农村公路建设的融资模式，大多都以直接融资为主，以证券市场作为重要的资金来源。另外，美国建立了 IF（Impact Fee）、SAD（Special Assessment District）和 TIF（Tax Increment Financing）三个收费系统和 BOT（Build Operate Transfer）融资形式来解决政府在筹措公路交通等基础设施的建设资金的问题。IF 收费系统中，当地政府划出某一块区域作为发展区域之后，要求进军该区的开发商们一次性支付相关的交通影响费用；SAD 系统中，当地政府向被划定为持续发展地区中的企业，征收公共设施改善费用；TIF 系统通过发行证券，获得改善公共设施的资金，然后依靠资产增长税进行偿还。BOT 是私人资金参与基础设施建设的一种方式，当地政府通过征收财产税、一般基金、地方公路使用税等渠道筹集公路建设维护资金。[②] 美国筹措公路交通基础设施的建设资金的一些做法值得我国借鉴，且我国目前尚处于市场经济的初级阶段，一些交通基础设施的建设主要依靠政府拨

---

① 刘连环：《韩国农村建设经验及其对我国农村公路建设的启示》，载于《河北农业科学》2009年第6期。

② 孙昌华、阴以雯：《农村公路基础设施发展模式的中外比较》，载于《科技信息》2009年第9期。

款和银行贷款，这样政府负担过大，且融资筹资渠道较单一。这就需要我国进一步完善法律法规体系和企业治理结构、规范证券市场、明晰产权，以降低我国交通基础设施建设的融资难度。

3. 技术支持和建设标准

注重科学技术研是美国公路得以可持续发展的重要基础。在联邦公路 TURNER – FAIRBANK 公路研究中心的实验场地，可以看到适合农村公路的小型、经济桥梁；在美国州公路与交通办公协会（AASHTO），可以看到指导小交通量的农村公路建设标准（Guidelines For Geometric Design of Very Low-Volume Local Roads）（ADT < 400）。且美国公路设计总体上按照 AASHTO 的技术标准和设计规范进行，AASHTO 的技术标准和设计规范是属于联邦统一的标准规范，但是各州也相应制定自己的设计规定和设计手册。作为主要的技术标准，实行全国范围的统一，有利于公路网技术指标的协调一致。其原则是主要技术标准不能低于国家标准，其他指标灵活机动。因此我国可以参考美国农村公路投资建设的技术支持和建设标准，寻找适合我国农村公路投资建设的一些方法和标准。

（三）撒哈拉以南一些非洲国家农村公路建设对我国的启示

我们主要从肯尼亚、哥伦比亚等具有较丰富的农村公路投资建设经验的国家中获取经验。

肯尼亚农村公路项目的成功规划为农村公路建设提供了很重要的经验。地区发展委员会（DDC）在 1980 年之前开始了农村公路的道路选择过程，它选择了其中 150 ~ 200 公里的道路，根据农村公路分支部门制定的一系列准则进行改善。初选是由各地区提交道路信息，内罗毕的交通部（MOTC）根据其内部收益率（IRR）的计算进行的。如果获得批准，将会制订计划并提交给投资机构和建设单位。三个主要问题影响选择过程的结果：（1）缺乏可靠的农业生产数据，导致数据的伪造，最终导致高估内部收益率；（2）畜牧生产的变化不明晰，无法被解释；（3）在内罗毕内部收益率是作为一个整体来分析各组公路的信息，这也包括了不符合经济和农村道路条件的公路。然而，地区发展委员会（DDC）作为一个规划机构，它在地区层面上具有很重要的规划能力。1980 年后肯尼亚的农村公路项目基于对评估数据的分析重新制定了道路选择程序，这意味着影响可行性的重要因素是地区规模的大小和人口。这个遴选过程是由交通部的一个现场工程师提出的，这种遴选方式保证了选择过程能包括足够的当地情况，这些改变显示了项目方法的灵活性。

肯尼迪农村公路项目获得成功的使用标准包括：道路长度（如 5 ~ 10 公里）、目前状态（如非机动车道）、连接道路的类型和状况、市场和社会服务连接度、人口密度、耕地面积的扩张对道路的影响度，大量影响区的相关开发方案，道路建设劳动力成本的可行性，妨碍道路发展的制约因素，道路成本和技术的可行性。修改后的道路遴选过程着重强调生产导向的方法和扩展后的准则，包括社会和政治变量。

哥伦比亚在农村公路建设上的成功之一在于把农村公路管理职责的权力从中央下放到地方。世界银行自 1950 年以来就开始关注公路交通问题，但是真正关注农村公路却是从 1980 年开始的。1989 年，世界银行对于哥伦比亚农村公路项目的评估意见是"项目的发展前景是好的"。20 世纪 60 年代初期，该国成立了农村公路管理局（Fondo Nacional de Caminos Vecinales，FNCV），但把它作为农村公路的独立管理机构则是在 1972 年以后。多年来，FNCV 逐渐从中央移至地方，大约 90% 的 FNCV 的工作人员转移至地方进行工作，中央仅留下制定政策和整体规划功能。另外，哥伦比亚农村公路的成功发展除了上述的原因外，FNCV 还有和当地资金流通匹配的税收政策。当然，还需要制定计划来确保维持农村公路项目后续发展的资金需求。

通过对以上一些国家农村公路投资绩效评价经验进行分析，我国可以借鉴其成功经验，根据我国的实际情况，制定农村公路投资绩效的评价原则和目标，并搜集相关的数据和文献资料，选择适合我国农村公路投资情况的绩效评价方法，以保障我国农村公路的建设进程，促进农村公路投资绩效的进一步提高。

第四节　农村公路投资概述

一、相关概念的界定

1. 国外对农村公路概念的认识

一般而言，一个国家的公路都是联通形成一个公路网，为了能有效地管理好整个公路网运行情况，客观上需要对公路网进行分级，对不同级别的公路采取不同的管理措施，使用不同的维护办法。世界各国都有各自的分级标准对公路网进行分级。美国的分级标准主要是依据行政等级，具体可以分为联邦、州、地方三个等级的公路系统。在按照行政等级划分的基础上，结合公路的主要功能又将公路分为干线公路、集散公路、地方公路。其他国家的公路网划分与美国类似，主要是按照行政等级的不同进行划分。除了一部分第三世界国家有专门使用农村公路这一术语外，国外公路网中与我国农村公路概念相对应的部分一般为县乡公路、地方公路、乡村公路或者叫作低交通量公路（Low Volume Road）。它们的平均日交通量，一般在 200 辆/日以下。它的主要功能是提供基本通达性（Basis Access），以保障农村地区基本生产生活的进行，支持当地的社会经济发展。

2. 我国农村公路概念

农村公路按照通行的概念一般是指农村地区的，主要服务于农业方面的生产和农村地区经济的发展的公路。农村公路包括了县道、乡道及村道三个部分，这些道路沟通连接了农村地区的政治中心，促进了农业生产基地与市场中心之间的物资流通，方便了对各种资源的开发利用。农村公路基本达到一定的技术标准，能满足一般机动车辆的行驶要求。

《全国农村公路统计标准》中指出："农村公路是全国公路网的有机组成部分，是农村重要的公益性基础设施，包括县道、乡道和村道"。县道一般是指以省交通主管部门或省公路管理部门批准的公路档案资料中在册登记具有一定县道线路编号的公路，一般包括连接县城、乡镇、主要商品生产基地、工矿企业、旅游区、重要客源集散区、乡镇与乡镇之间的公路，以及不属于国、省级干线公路的县际间运量较大，具有较高经济效益的公路。乡道是指主要为乡（镇）内部经济、行政服务的公路，以及不属于县道及以上公路的乡与乡之间和乡与外部联络的公路。经省交通主管部门或省公路管理部门批准、核定、登记在册的镇通行政村公路，是主要为乡（镇）内部经济、文化、行政服务的公路。村道是指直接为农民群众生产、生活服务，不属于乡道及以上公路的建制村与建制村之间和建制村与外部联络的主要公路。

除了按照行政分类可以把农村公路分为县道、乡道、村道三个部分外，还可以按照农村公路的通达标准将农村公路分为乡镇公路、通建制村公路。此外从技术等级角度来看，农村公路主要技术等级为三级和四级以及达不到四级标准的等级外简易公路。

本章对农村公路投资绩效评价的研究，就是根据《全国农村公路统计标准》中的农村公路的含义，基于对县道、乡道、村道以及三级、四级和等级外简易公路展开的。

二、农村公路投资的特点

1. 具有政府投资的特点

从经济学的视角分析，农村公路属于比较特殊的准公共产品，是对社会生产与人民生活具有重要基础作用的公共基础设施之一，属于非营利性项目，这是因为通过市场基本上不能解决其资金问题，由此决定它的资金投入必须以政府为主导，具有政府投资的特点。

2. 绩效构成复杂，投资绩效评价以社会评价为主

农村公路投资所带来的影响主要有经济、社会、生态环境等几个方面，其投资绩效构成比较复杂。农村公路的建设能极大促进农业经济的发展、方便沟通农村地区与其他经济中心之间的信息和物资的交流，提高农村居民的生活水平，为新农村的建设打下坚实的物质基础。但由于农村公路建设项目的工程规模都偏小，不具有高等级公路的后向效应，因此通常的财务评价并不是农村公路投资绩效评价的关键。它的最大绩效在于其社会绩效，而这些绩效难以用货币来衡量，因此，农村公路投资绩效评价是以社会绩效评价为重点。

3. 项目数量庞大，单个项目规模小，资金投入量少，技术等级低

我国的大部分人口主要分布于广大农村，因此农村公路涉及的人口是非常多的。它沟通着数量巨大的村庄与城市、村庄与村庄之间的人员和物资流动。它是众多公路运输的起点和终点，是公路网体系中的"毛细血管"，整个农村公路体系规模十分庞大。但从单个农村公路项目的角度看，每个农村公路项目的投资规模很小，资金的投入也不多，技术等级偏低。

以福建省"年万里农村路网工程"为例，近年对福建省9个地市的2704个农村公路新建改建项目的统计结果如表4-1、图4-2、图4-3所示。从表4-1、图4-2中可以看出，单个农村公路项目平均建设里程约为5公里。所有项目中，单项建设里程在5公里以下（包括5公里）的有5184个，占总量的69%；单项建设里程在10公里以上的项目有552个，仅占总量的7%。[①] 按技术等级划分，农村公路绝大多数分为三级、四级，技术等级低，无法满足当地村民的出行要求。

表4-1　　　　　　　　福建省部分农村公路项目规模分布情况

项目情况	项目数量（个）		项目里程（公里）		平均长度（公里/个）
	数量	比例（%）	数量	比例（%）	
按规模	7475	100	34868	100	4.66
小于5公里	5184	69	14316	41	2.77
小于3公里	3400	45	6788	19	1.99
5~10公里	1739	23	12485	36	7.18
10~15公里	401	5	5020	14	12.51
大于15公里	151	2	3017	9	19.98
按技术等级	7475	100	34868	100	4.66
三级公路	7003	94	31567	91	4.51
四级公路	472	6	3301	9	6.99

---

① 福建省交通厅：福建省农村公路建设成效资料收集与监测数据库。

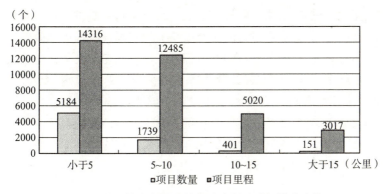

图 4 - 2　按规模大小划分的部分农村公路规模分布情况

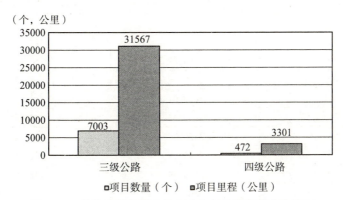

图 4 - 3　按技术等级划分的部分农村公路规模分布情况

4. 数量众多，分布广泛

农村公路的日交通量一般在 200MTE 以下，设计速度小于 40 公里/小时，其具有低流量、车速低的特点。而国内外的农村公路运输统计表明，尽管农村公路上的运输强度与高等级道路相比很低，但是农村公路的里程数在任何国家和地区中都是最多的，体现了农村公路的"毛细血管"作用。据统计，截止到 2009 年底，我国农村公路连接的基层乡镇个数超过 37 万个，连接的基层建制村个数超过 51 万个。[①]

三、农村公路投资现状

（一）我国农村公路建设现状

我国农村公路经过 60 多年的投资建设，取得了巨大成就。无论在规模上

---

① 《福建公路统计年鉴》（2003～2009）。

还是在通达深度上都有了明显的提高。农村公路网体系越发完善，对农村经济的促进作用也十分明显。农村公路惠及了广大农村居民，极大地改善了农村居民的生产生活条件，改变了农村的基本面貌。"十一五"以来，全国新增农村公路52.7万公里，新改建农村公路186.8万公里，总里程达345万公里；到2009年底，全国通车里程3860823公里，公路密度40.22公里/百平方公里，等级公路里程3056265公里，占总里程的比例为79.16%；水泥沥青路面铺装里程2252492公里，占总里程的比例为58.34%；有铺装路面里程1719960公里，占总里程的比例为44.55%。① 具体如表4-2所示。

表4-2　　　　　　　2000~2009年中国通车里程、公路密度情况表

年份	通车里程（公里）	公路密度（公里/百平方公里）
2000	1402698	14.68
2001	1698012	17.78
2002	1765222	18.49
2003	1809828	18.85
2004	1870661	19.49
2005	1930543	19.49
2006	3456999	36.01
2007	3583715	37.33
2008	3730164	38.86
2009	3860823	40.22

资料来源：《中国交通年鉴》（2010年）。

从整体发展趋势来看，农村公路的等级提高显著，等级公路里程占农村公路总量的比例有了很大的提高。2000年，等级公路里程仅为1216013公里，到2009年，达到3056265公里；等级公路里程比例从2002年的78.34%，上升到79.16%。具体如表4-3所示。

表4-3　　　　2000~2009年中国等级公路里程、等级公路里程比例情况表

年份	等级公路里程（公里）	等级公路里程比例（%）
2000	1216013.0	—
2001	1336044.0	—
2002	1382926.0	78.34
2003	1438738.0	79.50
2004	1491001.0	79.70

① 《中国交通年鉴》（2010）。

续表

年份	等级公路里程（公里）	等级公路里程比例（%）
2005	1591791.0	82.45
2006	2282871.6	66.04
2007	2535383.0	71.00
2008	2778521.0	74.49
2009	3056265.0	79.16

资料来源：《中国交通年鉴》（2010 年）。

总之，我国农村公路在"十一五"期间发展十分迅速，到 2009 年底，农村公路总里程达到 333.56 万公里，乡镇通达率、通畅率分别达到 99.4%、92.7%。东、中部地区建制村的通畅率分别达到 95.6% 和 88.5%，西部地区则落后些，建制村通达率达到 90.1%。

（二）福建农村公路投资的发展成就

"十一五"以来，福建省累计完成约 4 万公里的农村公路水泥路面硬化任务，总投资 176 亿元，2003 年行政村通硬化公路率不足 53%，到 2008 年底提高到 96%。在"路通"基础上，全省大力推进"车通"，农村客运发展迅速，截至 2008 年底，福建省已有 99.8% 的乡镇和 80% 符合通车条件的行政村实现了通班车。

2003～2009 年，投资增长迅速，福建省农村公路项目共投入总投资 1736487 万元，其中 2003 年达 172722 万元；2004 年达 287450 万元；2005 年达 266788 万元；2006 年达 252823 万元；2007 年达 240400 万元；2008 年达 164304 万元；2009 年达 352000 万元。投资额增长较快，与 2003 年相比，2009 年增长了 104%。具体如图 4-4 所示。

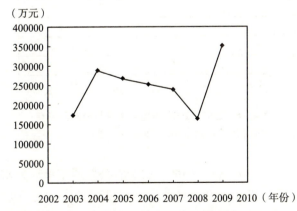

（万元）

图 4-4 2003～2009 年福建省农村公路项目总投资情况

资料来源：根据《福建公路统计年鉴》（2003～2009）整理。

福建省农村公路投资数额较大。2009 年，全省普通公路建设完成投资 145.6 亿元；其中农村公路全年完成投资 33.82 亿元，占总投资的 23.2%，如图 4 - 5 所示。

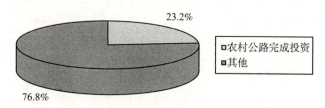

图 4 - 5 2009 年福建省普通公路投资与农村公路投资的比例

资料来源：《福建公路统计年鉴》（2009 年）。

截止到 2009 年底，福建省农村公路总里程已达到 79084 公里，比 2003 年增加了近 4 万公里，其中：2003 年达 40570 公里；2004 年达 41513 公里；2005 年达 43392 公里；2006 年达 76716 公里；2007 年达 77495 公里；2008 年达 78395 公里。面积密度达到 64 公里/百平方公里，约为全国面积密度的 2 倍，其中所有的乡镇、建制村农村公路通达率全部达 100%，乡镇、建制村通水泥路率分别为 100% 和 97%，如图 4 - 6 所示。

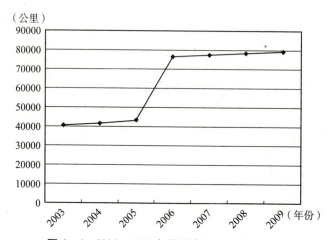

图 4 - 6 2003 ~ 2009 年福建省农村公路总里程

资料来源：根据《福建公路统计年鉴》（2003 ~ 2009 年）整理。

福建省公路建设发展良好。2009 年底全省公路通车里程为 89504 公里，其中，国道 3996 公里，省道 5929 公里，县道 13477 公里，乡道 35604 公里，专用公路 494 公里，村道 30003 公里；公路密度 73.73 公里/百平方公里。全省等级公路 67512 公里，占总里程的 75.4%；二级以上高等级公路里程 9852 公里，比上年增加 588 公里，高等级公路比例为 11%；高速公路里程 1961 公里，增加 194 公里。2009 年全省新增公路通车里程 897 公里。其中，高速公路新增里程 194 公里，省道新增里程 50 公里，其余 653 公里为农村公路，如图 4 - 7 所示。

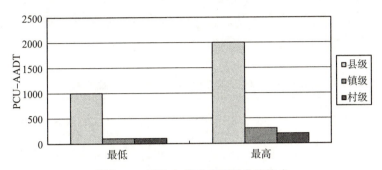

图 4 - 7　2009 年福建省新增公路构成

资料来源：《福建公路统计年鉴》（2009 年）。

总之，自 2004 年开始实施"年万里农村路网工程"后，福建省农村公路投资建设得到长足的发展。

第五节　农村公路投资建设存在的主要问题

经过多年的发展，特别是"十一五"规划开展以来，政府极大地加强了对农村公路的投资建设，农村公路建设取得了巨大的成效，改善了农村地区的交通状况，对推动农村经济的发展起了重大的推动作用，农村居民的生产生活条件也随之有了明显提高。但首先由于我国农村地区广阔，各地的地理气候条件变化巨大，各村的情况不尽相同，特别是在广大的中西部地区的农村生产力水平比较低，整体经济水平不发达，这使农村公路建设投资的资金来源面临着许多困难。其次我国的地理条件比较复杂，不少农村地区的地势陡峭，这使得农村公路的施工难度增大。再加上之前由于经济实力等多种原因，国家对农村公路的投资建设力度不足，历史欠账太多。因此我国农村公路虽然经过了这几年的大力发展，但总的来说还只是基本上解决了"通车为主"的问题，农村公路投资仍然存在着不少的困境需要解决。这些问题的存在使得现有的农村公路不能完全适应我国社会主义新农村建设的需要，极大地制约了农村经济的进一步发展。

一、地区发展的不均衡

从上海、山东、江苏等东部经济发达地区来看，虽然基本上解决了农村公路有无的问题，但仍存在着水泥沥青路面铺装里程比例不高、有铺装路面里程比例也不高的状况。相对于东部地区发达的经济以及民众的需求，农村公路的网络还不够密集，福建省居于全国的中等偏下水平。而对于中西地区而言，不少中西部地区村庄的农村公路还没有得到解决，农村经济的发展受到严重约束。除了东部一些经济较为发达的省市外，其他地区的农村公路等级、公路密度都存在着不小的差距，具体情况如表4-4所示。

表4-4　　　　　　2009年全国部分地区公路密度及铺装里程基本情况

地区	公路密度		水泥沥青路面铺装里程	水泥沥青路面铺装里程比例（%）	有铺装路面里程	有铺装路面里程比例（%）
	公里/百平方公里	位次				
上海	185.26	1	11630	99.64	11548	98.95
山东	144.67	3	201975	89.10	121678	53.68
江苏	140.16	4	123668	86.00	120247	83.62
北京	126.56	6	18981	91.45	17235	83.04
天津	120.30	7	13759	96.12	13738	95.96
浙江	105.06	10	100429	93.90	93108	87.06
福建	73.73	17	67180	75.06	61624	68.85
广西	42.46	24	46676	46.45	26442	26.31
黑龙江	33.36	25	80265	62.99	78729	51.98
宁夏	32.84	26	13312	61.05	5360	24.58
内蒙古	12.74	28	50000	33.17	32693	21.69
新疆	9.08	29	67684	44.92	16520	10.96
青海	8.34	30	18959	31.53	13704	22.79
西藏	4.38	31	5205	9.67	3279	6.09

资料来源：《中国交通年鉴》（1986~2009）。

二、通达深度不够，仍面临艰巨的建设任务

到2009年底，建制村的通畅率差异大，特别是中西部偏低，在表4-5中可以看到，全国建制村通畅率及位次，占据第一位的有北京、天津、上海、江苏、辽宁等省市，福建省排在第10位，居于中上水平。现在仍不能解决农村公路通车问题的乡镇大多处于中西部偏远地区，这些地区公路的通达深度不够，修建难度很大，要进一步修建完善，还需要花费大量的人力和物力。但这些地区往往也是经济不发达地区，要完善地区农村公路的通达任务，还必须依靠各级政府的大力扶持。

表 4 - 5　　　　　2009 年全国部分地区建制村通畅率及位次情况

地区	建制村通畅率	
	%	位次
全国	70.38	—
北京	100.00	1
天津	100.00	1
上海	100.00	1
江苏	100.00	1
辽宁	100.00	1
广东	99.94	6
福建	97.01	10
广西	52.36	23
四川	39.77	24
重庆	27.93	29
甘肃	34.18	25
青海	30.78	26
贵州	30.48	27
内蒙古	28.38	28
西藏	9.90	31

三、从技术等级的角度考察，我国农村公路等级偏低、路况较差

（1）我国公路主要分为四个等级，而农村公路的等级主要以三级、四级及四级以下的等外公路为主。统计资料表明，到 2009 年底，我国县乡农村公路中，二级及以上公路里程约 42.52 万公里，占通车里程的比例为 11.01%；水泥沥青路面铺装里程 225.25 万公里，占通车里程的比例为 58.34%；等外路里程约 80.46 多万公里，占 20.84%；在农村公路总量中，四级及等外公路占比约有 80%。

（2）路面状况。由于前一阶段农村公路的建设主要是为了解决农村公路的有无问题，因此不少地区的农村公路的路面质量都不高。到 2009 年底，未铺装路面公路里程达到 214.09 万公里，路面状况欠佳。许多乡（镇）、建制村未实现路面硬化，晴通雨阻现象在农村公路中时有发生。

（3）配套设施落后。以福建省的农村公路投资建设为例，从 2004 年开始实施的"年万里农村路网工程"极大地改善了全省农村公路的面貌。但是技术等级低、路面硬化率低、抗灾能力弱等问题仍然十分突出。尤其是在山区，县道、乡道、村道等级较低，自然村间无路相连，具体如表 4 - 6 所示。

表 4 - 6　　　　　　　　　2009 年福建省山区县公路里程及其技术状况

城市	通车里程	三级、四级公路占等级公路的比例	等级公路					
			小计	高速	一级	二级	三级	四级
	公里	%	公里	公里	公里	公里	公里	公里
三明	1836.3	96.295	1703.9	9.27	—	53.9	409.7	1231.1
南平	1537.8	94.461	1506.2	3.85	—	79.6	582.8	840.0
龙岩	1746.6	95.170	1735.7	—	—	83.8	1025.6	626.2
宁德	1681.1	96.980	1524.9	—	—	46.1	199.4	1279.4

资料来源：根据《中国交通年鉴》（1986～2009）数据整理而成。

①从县道来看，在图 4 - 8 中，我们可以看到，福建省三明、南平、龙岩、宁德四山区县公路里程中三级、四级公路占等级公路的比例分别高达 96.295%、94.461%、95.170%、96.980%。山区修建的县公路里程中一级、二级公路少，有些地区根本没有，极大地制约了当地经济的发展。

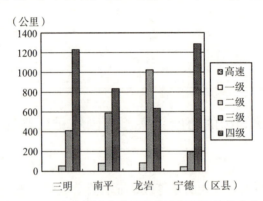

图 4 - 8　2009 年福建省山区县公路里程及其技术状况

资料来源：根据《福建公路统计年鉴》（2009）数据整理而成。

②从乡道来考察，同样地在表 4 - 7、图 4 - 9 中我们可以看到，福建省四个山区三明市、南平市、龙岩市、宁德市乡公路里程中三级、四级公路占等级公路的比例更是分别高达 97.357%、99.770%、99.390%、99.543%，而高等级公路的占比偏低。

表 4 - 7　　　　　　　　　2009 年福建省山区乡公路里程及其技术状况

城市	通车里程	三级、四级公路占等级公路的比例	等级公路					
			小计	高速	一级	二级	三级	四级
	公里	%	公里	公里	公里	公里	公里	公里
三明	6559.3	97.357	4315	—	—	48.1	66.98	4200
南平	6600.6	99.770	6267	—	—	14.4	64.54	6188

续表

城市	通车里程	三级、四级公路占等级公路的比例	等级公路					
			小计	高速	一级	二级	三级	四级
	公里	%	公里	公里	公里	公里	公里	公里
龙岩	6708.9	99.390	5592	—	7.85	26.3	73.84	5484
宁德	1876.0	99.543	1633	—	—	7.46	14.26	1611

资料来源：根据《福建公路统计年鉴》（2009）数据整理而成。

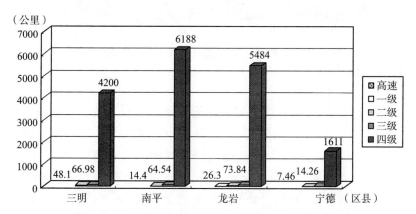

图4-9　2009年福建省山区乡公路里程及其技术状况

资料来源：根据《福建公路统计年鉴》（2009）数据整理而成。

③从福建省山区村道里程的情况来看，农村公路的技术等级更为低下，四个山区99%以上的村道里程均为三级、四级及等外级公路，无法满足村民们的出行需求。具体如表4-8、图4-10所示。

表4-8　　　　　　　2009年福建省山区村道里程及其技术状况

城市	通车里程	三级、四级公路占等级公路的比例	等级公路					
			小计	高速	一级	二级	三级	四级
	公里	%	公里	公里	公里	公里	公里	公里
三明	3392.130	99.993	1125.408	—	—	0.08	1.152	1124.172
南平	3562.292	99.699	2071.749	—	—	6.23	2.259	2063.259
龙岩	1755.698	99.573	972.533	—	—	4.15	3.047	965.336
宁德	4616.861	100.000	3772.387	—	—	—	15.231	3757.156

资料来源：根据《福建公路统计年鉴》（2009）数据整理而成。

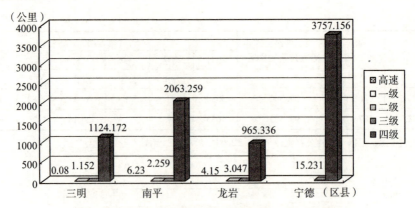

图 4 - 10　2009 年福建省山区村道里程及其技术状况

资料来源：根据《福建公路统计年鉴》（2009）数据整理而成。

　　总之，从整个福建省总体来看，近几年来县级和（乡）镇级公路的交通量正在高速增长。但是，村级公路交通量仍相对缓慢，根据 2010 年开展的一项交通量调查，县级公路的平均交通量约为 1000 ~ 2000 PCU - AADT（PCU = 小客车单位；AADT = 年平均日交通量）；乡（镇）级公路的平均交通量约为 100 ~ 300PCU - AADT；村级公路的平均交通量约为 100 ~ 200PCU - AADT。具体情况如图 4 - 11 所示。

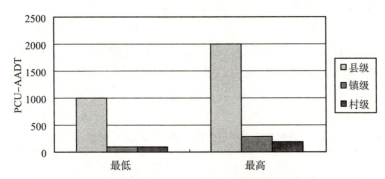

图 4 - 11　福建省县级、（乡）镇级、村级公路的平均交通量

资料来源：《福建省农村公路建设成效资料收集与监测数据库》。

　　（4）交通安全设施不完善，交通管理力度相对不足。在我国农村公路投资建设的初期，偏重路面建设，忽视附属设施的修建，由此造成有些农村公路没有设置路肩、边沟及安全标志等设施，有些农村公路或实施不到位。目前福建省约有 2.7 万公里农村水泥路存在问题，防灾抗灾能力弱，行驶安全有隐患。从福建省农村公路的整体来看，大多数农村公路缺乏相应的配套设施，特别是交通安全设施，在险要的路段，缺乏防护栏、反光示警桩等。有些地方虽然设置了相关配套设施，但放置的位置不尽合理，盲目地、随意地设置交通安全设施等不合理的现象较为普遍。

（5）管理养护工作仍未落实到位。农村公路的养护一直是个难题，农村公路一般技术等级不高，再加上福建的天气变化比较大，这都使得农村公路养护的必要性更加突出。虽然福建省近年来对农村公路的养护加大了力度，对农村公路的养护体制也进行了较大幅度的改革，但由于资金以及人员等一系列原因，致使农村公路的养护仍不能到位。从整体看，离"有路必养、养必到位"的目标还有较大的距离。

道路条件的不便阻碍了福建省农村地区的社会经济发展。为了加速福建省经济发展、减少贫困，省政府计划在未来 5 年（2011～2015 年）加大力度发展农村公路、危桥改造、300 人自然村建设通村公路。所有县道按三级及以上公路建设，其余基本按四级公路建设。

目前，为了切实发挥农村公路作为百姓"幸福路"的绩效，使其投资建设成果进一步惠及广大的村民，福建省开始推进农村公路网络化，进一步完善附属设施，提升通畅水平。这一轮着眼于以行政村为节点的农村公路网络化建设，计划到 2012 年再完成约 2.5 万公里农村公路，预计总投资约 155 亿元。

另外，福建省农村公路投资补助的力度也很大。2008 年 4 月 22 日福建省政府下发了一份关于农村路网项目省补标准的通知，更新了原下拨资金的标准，省补标准按照道路等级及所在地区划分，等于或高于原有福建省公路部门投资项目采用的标准，具体的标准如表 4-9 所示。

表 4-9　　　　　福建省公路部门投资项目采用的补助标准

序号	地区		里程（公里）	乡通乡/县、县通县及通省级旅游区公路路面改造项目（元/平方米）		村通村/乡公路项目（万元/公里）
				路面宽≥5.5 米（22cm＞水泥厚度≥20cm）	路面宽≥5.5 米（水泥厚度≥22cm）	路面宽≥4.5 米（水泥厚度≥18cm）
1	欠发达地区	贫困地区（18 个）	1027	50	55	160000
2		转移支付（25 个）	1856	45	50	150000
3	其他地区	山区（8 个）	541	40	45	130000
4		沿海（10 个）	334	35	40	90000
	合计	61	3758			

从表4-10、图4-12中可以看到，在福建省公路部门对投资项目实施补助时，将全省各地分为四类地区，其中贫困地区的县/区达18个，欠发达地区的县/区25个，山区的县/区占8个，沿海地区的县/区占10个。实施补助的覆盖面广，且向贫困、山区等欠发达地区倾斜。全省85个县/区中，获得省级公路部门投资项目补助的县/区就有61个，占比为71.76%，其中贫困地区、山区、欠发达地区共有51个，占省级公路部门投资项目补助的县/区的比例高达83.61%。

表4-10　　　　　　　　福建省公路部门投资项目补助分类

分类	县/区										
贫困地区	永泰 光泽	仙游 政和	平和 屏南	华安 寿宁	长汀 周宁	连城 平潭	上杭 松溪	武平 (18个)	大田	建宁	宁化
欠发达地区	闽清 明溪 霞浦	长泰 清流 (25个)	东山 泰宁	龙海 尤溪	南靖 建瓯	云霄 建阳	常山 浦城	漳浦 邵武	诏安 顺昌	永定 福安	漳平 福鼎	将乐 古田
山区	新罗	永安	延平	德化	永春	梅列	三元	沙县 (8个)			
沿海地区	晋安	连江	闽侯	长乐	福清	罗源	南安	泉港	秀屿	涵江 (10个)	

资料来源：福建省政府：《关于农村路网项目省补标准的通知》，2008年4月22日。

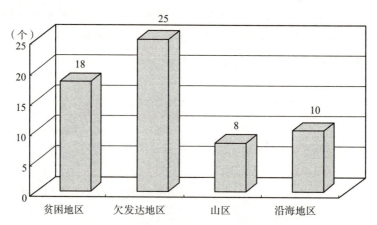

图4-12　福建省公路部门投资项目补助分类

资料来源：福建省政府：《关于农村路网项目省补标准的通知》，2008年4月22日。

第六节　农村公路投资绩效的类型与评价的特点

一、农村公路投资绩效的类型

所谓农村公路的投资绩效，是指农村公路建设项目在其建设期间及竣工之后对当地经济、社会、生态环境等方面产生的影响和作用。不管此影响和作用是直接的还是间接的。按其扩散途径与产生阶段不同，可划分为以下几种：

（1）直接投入绩效。直接投入绩效是指在农村公路投资过程中，区域内的其他关联产业及部门受项目刺激所引致的规模扩大、经济增长效应。这种绩效是由交通投资来刺激需求，再通过市场配置机制转化为需求产业的再投资，最终带来区域经济的发展。

（2）产出绩效。产出绩效是指农村公路项目通车后，周边交通状况的改善使得运输成本下降、客货运量增长，从而导致有关部门净产值上升，这种绩效是由交通状况便利所引发的产出增长效应。

（3）开发绩效。开发绩效是指农村公路建设带动沿路资源开发所产生的经济绩效，比如自然资源的开发、旅游产业、区域内的地产增值等。这种绩效的产生必须以公路建设为前提和契机，带动并支撑周边相关资源开发，并促进相应产业持续发展。

（4）传递绩效。传递绩效是一种表现不明显的绩效，其受益对象与交通线相关性不大，但受到其他与交通线密切相关产业的影响，从而使得那些不相关的产业间接从公路建设活动中获得效益，鉴于该绩效存在一种传递机制，因此称之为传递绩效。

（5）潜在绩效。潜在绩效是一种无形的绩效，是指交通条件便利后对人们信息的交流、市场的占据、思想观念的转变以及竞争开发意识的增强等产生的积极的促进效应。

二、农村公路投资绩效评价的类型与特点

农村公路投资的绩效评价是指分析农村公路投资项目对经济、社会及生态环境所产生的影响，通常利用项目竣工后实际调查的资料和数据来衡量和评价其投资绩效，一般涵盖经济绩效评价、社会绩效评价和生态环境绩效评价三个方面内容。

其中农村公路投资的经济绩效评价是指在农村公路投资建设竣工后，根据其具体运营情形，对农村公路投资的经济绩效进行的评价；农村公路投资的社会绩效评价是指通过农村公路项目投资的建设与实施，对区域社会发展所做的贡献；农村公路投资的生态环境绩效评价，是指在一定区域范围内农村公路投资建设的项目竣工，且投入正常使用后，依据相关法律、标准和办法，对照有关部门颁布的环境影响报告书等资料，分析已竣工运营项目对该区域范围内生态环境的实际影响。

农村公路投资绩效表现形式多样，而且某些绩效是潜在的、无形的，因

此，很难对其进行全面的评价。而结合前述内容可知，我国农村公路绩效评价有着以下几个特点：

第一，评价内容较广，具有一定的动态性、复杂性。目前，大部分的评价都从单方面入手，涉及内容较为单一；而农村公路投资绩效评价涉及经济社会的方方面面，需考虑的因素较多，评价较复杂。此外，由于人们受各种条件制约，不可能掌握农村公路的全部影响因素，因此具体的绩效评价应该随着时间推移而不断完善和校验，具有一定的动态性。

第二，评价工作量较大，具有一定的难度。鉴于农村公路投资绩效评价所涉及内容较多、范围较广，因此调查、分析等环节所要进行的工作较多，尤其是涉及到社会绩效、生态环境绩效评价方面的资料，都只能通过深入的社会调查才能获得，具有一定的工作强度及难度。

第三，评价指标具有多样性。农村公路投资绩效评价指标是多样的，有反映社会绩效的指标，有反映经济绩效的指标，还有反映生态环境绩效的指标。总体来看，这些指标中有的是定量指标，有的是定性指标；对于定量指标而言，不同的指标有不同的数量标准，有的指标要求数据越大越好，有的指标要求数据越小越好，有的指标只有在某数据区间范围内才算标准。可见，指标体系较为复杂，必须根据具体指标，具体分析其含义，不能一概而论。

第七节　农村公路投资绩效评价指标体系的构建

一、农村公路绩效评价体系构建的原则

由于投资绩效评价所涉及的范围和内容广而杂，许多绩效具有隐形、长期性且难以用市场价格或货币来衡量。这就要求我们在调研的基础上，建立一套科学、系统、有效的评价方法，使得已建项目能够得到客观、如实、有效的评价，从而充分反馈信息，以便得到有效的管理和改善。

（1）客观、全面的原则。根据政府所制定的经济、社会发展总体目标，结合农村公路投资影响所涉及的时间、空间和对象，客观地评价各种影响，无论此影响是有利的还是不利的，从而力求得到一个能全面说明农村公路投资所产生的投资绩效的评价报告。客观，是指农村公路投资绩效评价中所依据的数据来源客观。我们在全省范围内制定了福建省农村公路投资绩效的调查内容及其范围、抽样方法和调查方案。通过对全省范围县级交通主管部门的"年万里

农村路网工程"实施情况进行普查，收集相关资料。通过对全省9个设区市1600个农户的抽样调查，收集农村经济、社会、生态环境影响等相关方面的评价指标的绩效资料及数据，样本量足以能够反映"年万里农村路网工程"在全省范围内的农村公路投资绩效的考察需求。

（2）实用性原则。对农村公路投资绩效所做的评价应当不仅停留在报告层面，而且必须具有一定的反馈性，能让相关部门据此报告对整体农村公路投资重新规划，甚至对新项目的立项和评估作出更准确的判断。

（3）可操作性原则。农村公路投资绩效评价所涉及的评价应当具有确切的含义及外在表达形式，可以通过具体计算或者观测而得到，具有可操作性。

（4）定量与定性相结合的原则。农村公路投资绩效评价所涉及的范围及内容较广，其表现出来的绩效形式多样化，且某些指标难以量化；而某些可以量化的指标在量化后缺乏实质含义，不能说明问题。鉴于此，对农村公路投资绩效进行评价的过程中必须进行适当的定性描述，定性定量分析相结合，以便更好地测度和评价。

综上所述，农村公路投资绩效评价首先必须建立一套量化系统要素及影响因素的指标体系，以此指标体系为依据和基础，对农村公路进行实地调查、监测，采集基础数据，形成投资绩效评价报告，从中发现存在问题、分析问题并提出相应解决对策。

在建立农村公路投资绩效综合评价指标体系时，最关键的就是要确定选取哪些指标以及这些指标之间存在何种结构关系，不仅要求构建者掌握全面、系统的专业知识及评价理论，也要求构建者具备一定的实际运用经验。因此，必须从定性和定量两个角度出发去构建。定性角度主要基于评价的目的与原则，考虑选取指标的全面、独立、针对及协调等因素；而定量角度则借助于一系列的实证检验，不断增强农村公路投资绩效评价指标体系的科学性、合理性及适用性。

二、农村公路投资绩效评价指标体系的总体框架

在构建农村公路投资绩效评价指标体系时，应当全面、准确地区分投资绩效中不同性质的类型，根据我国具体的情况，我国农村公路的投资绩效可分为经济绩效、社会绩效、生态环境绩效三大类。因此，我们就可以根据不同的绩效来设置评价指标，在指标体系的设计中，通过借鉴国内外相关理论的研究成果，依据农村公路投资绩效评价指标体系构建的原则，笔者结合农村公路投资的特点分别从经济绩效与社会和生态绩效两大方面来建立农村公路投资的绩效评价指标体系。由于一些指标本身并不具有可测性，可进一步

将这些指标分解成若干子指标，从而形成结构合理的指标体系。指标的第一层指标即一级指标，也即目标层指标，为综合指标；第二层即二级指标，也即因素层指标，为分类评价指标；第三层即三级指标，也即具体指标层，为单项评价指标。一般来说，单项评价指标具有清晰、简要、容易测量等特点，其框架如图 4 - 13 所示。

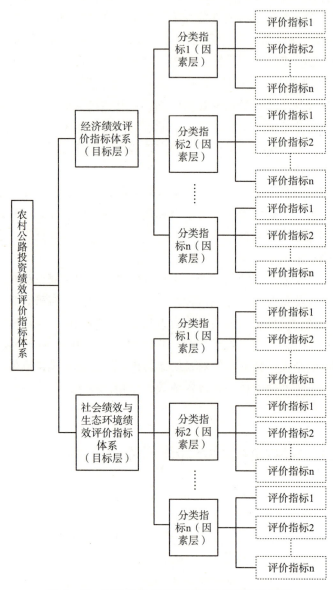

图 4 - 13　农村公路投资绩效评价指标体系框架

第八节　农村公路投资绩效评价指标体系的基本内容

在确立农村公路投资绩效评价指标体系框架的基础上，为达到务实可行、符合有效、实际操作的需要，仍然需要进一步明确农村公路投资绩效分类评价指标和单项评价指标的具体内容。为此，本书设计了专家意见咨询问卷（见附录1），采用专家访谈法与专家问卷调查法对专家进行意见咨询，借由农村公路投资专家的专业知识与丰富的实务经验，予以意见指导，在专家意见咨询问卷中，设立了涵盖经济绩效、社会绩效、生态环境绩效的若干指标，对每项初步确立的指标内容设置"适合""不适合""修正意见"三项选择答案。本次研究对15位农村公路投资专家发放了调查问卷（其中：农村公路主管、业务、研究部门人员10名，高校从事农村公路教学与科研工作的教授2名，政府相关部门主管农村公路投资的专家3名）。根据国内外抽样调查的惯例，结合本次调查的特点，对收回的问卷采用以下的甄别标准：对填答"适合"的专家人数达80%以上的指标，予以采用；对填答"适合"的专家人数达60%~70%，且专家有修正意见的指标，修正后予以采用；对填答"适合"的专家人数未达到60%的指标，不予采用，据此建立实际合理、科学有效的农村公路投资绩效评价指标体系。

在设计指标体系过程中，我们特别注意以下两个方面。第一，对指标体系的重要性和完备性进行分析。其中，重要性是指根据评价指标的重要程度，保留那些重要指标，剔除对评价结果无关紧要的指标。完备性是指评价指标是否全面地反映和衡量农村公路的主要特征以及农村公路投资绩效的各个方面，一般通过定性分析来进行判断。第二，测量每个指标的计算方法、计算范围以及计算内容的正确性。

综上所述，农村公路投资绩效评价指标体系是由农村公路投资的经济绩效评价指标体系与农村公路投资的社会与生态环境绩效评价指标体系两大部分构成。

一、农村公路投资的经济绩效评价指标体系的构成

在我国广大农村，农业仍然是主要产业，是农村地区居民生存和生活的主要手段。借鉴世界银行及国内外农村公路投资专家的经验，从反映农村区域经济发展总水平的角度出发，本书认为，农村公路投资的经济绩效指标可分为农村生产力；农村就业、收入和支出；农村交通运输、邮递；农村投资、产业状

况四大类 15 项指标，具体指标内容如下：

第一类，反映农村生产力的指标有两项，即一是农村社会总产值增长率，二是社会消费品零售总额增长率。

①农村社会总产值增长率。农村社会总产值是指按市场价格计算的农村在一定时期内生产活动的最终成果。其增长率是考察期（2009 年）农村社会总产值与基期（2003 年）农村社会总产值的比较，反映农村公路投资与建设对农村社会的产值的影响作用。

②社会消费品零售总额增长率。社会消费品零售总额是指批发和零售业、餐饮业、新闻出版业、邮政业和其他服务业等，售予城乡居民用于生活消费的商品和社会集团用于公共消费的商品之总量。其增长率是考察期（2009 年）社会消费品零售总额与基期（2003 年）社会消费品零售总额的比较，反映农村公路投资与建设对社会消费品零售总额的影响作用。

第二类，反映农村就业、收入和支出的指标有四项，即：

①每户外出就业人口比重。每户外出就业人口比重是指平均每户外出打工就业的人口占每户总人口的比率。主要将考察期（2009 年）每户外出就业人口比重与基期（2003 年）每户外出就业人口比重进行比较，用以反映农村公路投资与建设对外出就业人口的影响作用。

$$WJ_0 = \frac{\sum_i \left(\frac{wj_{01}}{wj_i} \right)}{N_h} \times 100\% \tag{4-1}$$

式中：WJ_0——每户外出就业人口比重，%；

　　　wj_{01}——第 i 个抽样农户当年外出打工人数，人；

　　　wj_i——第 i 个抽样农户当年就业人数，人；

　　　N_h——抽样农户数量，户。

②农民人均工资收入增长率。农民人均工资收入是指农民以工资形式获得的现金收入。其增长率是考察期（2009 年）农民人均工资收入与基期（2003 年）农民人均工资收入的比较，反映农村公路投资与建设对农民人均工资收入的影响作用。

③农村人均家庭经营纯收入增长率。农村人均家庭经营纯收入是指农村住户以家庭为生产经营单位进行生产筹划和管理而获得的收入。农村住户家庭经营活动按行业划分为农业、林业、牧业、渔业、工业、建筑业、交通运输业、邮电业、批发和零售贸易餐饮业、社会服务业、文教卫生业和其他家庭经营。其增长率是考察期（2009 年）农村人均家庭经营纯收入与基期（2003 年）农村人均家庭经营纯收入的比较，用以反映农村公路投资与建设对农村人均家庭经营纯收入的影响作用。

$$JS = \frac{\sum_i \left(\dfrac{DS_i}{CR_i} \right)}{N_h} \times 100\% \qquad (4-2)$$

式中：JS——农民人均家庭经营纯收入，元/人；

　　　DS_i——第 i 个抽样农户当年纯收入，元；

　　　CR_i——第 i 个抽样农户当年户籍人口，人；

　　　N_h——抽样农户数量，户。

④农民人均生活消费支出增长率（农村居民交通消费支出）。在这里，为了反映农村公路投资的绩效，我们特别考察了农民人均生活消费支出增长率，尤其是农村家庭用于交通消费的日常支出，即农村居民交通消费支出的情况，其增长率是考察期（2009 年）农村居民交通消费支出与基期（2003 年）农村居民交通消费支出的比较，反映农村公路投资与建设对农民人均生活消费支出，特别是对农村居民交通消费支出的影响作用。

$$JX = \frac{\sum_i \left(\dfrac{jx_i}{CR_i} \right)}{N_h} \times 100\% \qquad (4-3)$$

式中：JX——农民人均交通消费支出，元/人。

　　　jx_i——第 i 个抽样农户当年交通消费支出，元；

　　　CR_i——第 i 个抽样农户当年户籍人口，人；

　　　N_h——抽样农户数量，户。

第三类，反映农村交通运输、邮递的指标有四项，即：

①客运量。客运量是指在一定时期内，各种运输工具实际运送的旅客数量。该指标是反映运输业为国民经济和人民生活服务的数量指标，也是制定和检查运输生产计划、研究运输发展规模和速度的重要指标。客运按人计算。旅客不论行程远近或票价多少，均按一人一次客运量统计；半价票、小孩票也按一人统计。选取客运量指标，是考察农村公路投资建设所带来的客运量的影响作用。

②货运量。货运量是指在一定时期内，各种运输工具实际运送的货物数量。该指标是反映运输业为国民经济和人民生活服务的数量指标，也是制定和检查运输生产计划、研究运输发展规模和速度的重要指标。货运按吨计算，货物不论运输距离长短、货物类别，均按实际重量统计，考察农村公路投资建设所带来的货运量的影响作用。

③农村等级公路里程率。我们知道，公路里程是指在一定时期内实际达到《公路工程技术标准（JTJ01-88）》规定的等级公路，并经公路主管部门正式验收交付使用的公路里程数。包括大中城市的郊区公路以及通过小城镇街道部分的公路里程和桥梁、渡口的长度，不包括大中城市的街道、厂矿、林区生产

用道和农业生产用道的里程。两条或多条公路共同经由同一路段，只计算一次，不得重复计算里程长度。该指标可以反映公路建设的发展规模，也是计算运输网密度等指标的基础资料。

农村等级公路里程率是指农村等级公路里程占总公路里程的比率。通过农村公路投资建设，将考察期（2009 年）农村等级公路里程率与基期（2003 年）农村等级公路里程率进行比较，反映农村公路投资与建设对农村等级公路里程的影响作用。

④农村投递路线长度。农村投递路线长度是指一定时期内（一年）县（市）局至农村邮政支局和农村邮政支局所相互之间交换邮件的邮路，含农村投递报刊、邮件的路线长度，反映农村公路的投资与建设对农村投递路线的影响作用。

第四类，反映农村投资、产业状况的指标有五项，即：

①农村固定资产投资变化情况。农村固定资产投资是指包括在农村区域范围内进行固定资产投资活动的企业、事业、行政单位及农村个人投资。其变化情况是指考察期（2009 年）农村固定资产投资与基期（2003 年）农村固定资产投资的比较，反映农村公路的投资与建设对农村固定资产投资的影响作用。

②农作物播种面积变化情况。农作物播种面积是指实际播种或种植有农作物的面积。凡是实际种植农作物的面积，不论种植在耕地上还是种植在非耕地上，均包括在农作物播种面积中。在播种季节基本结束后，因遭灾而重新改种和补种的农作物面积，也包括在内。该指标可以反映我国耕地面积的利用情况。目前，农作物播种面积主要包括粮食、棉花、油料、糖料、麻类、烟叶、蔬菜和瓜类、药材和其他农作物九大类。农作物播种面积变化情况是指考察期（2009 年）农作物播种面积与基期（2003 年）农作物播种面积的比较，反映农村公路的投资与建设对农作物播种面积的影响作用。

③粮食总产量变化情况。粮食总产量是指稻谷、小麦、玉米、高粱等谷物及薯类和豆类的全社会产量。包括国有经济经营的、集体统一经营的和农民家庭经营的粮食产量，还包括工矿企业办的农场和其他生产单位的产量。1989 年以前全国粮食产量数据的取得主要是靠全面报表取得，1989 年以后开始使用抽样调查数据。粮食总产量变化情况主要是指考察期（2009 年）粮食总产量与基期（2003 年）粮食总产量的比较，反映农村公路的投资与建设对粮食总产量的影响作用。

④平均每百户农民经营土地情况。平均每百户农民经营土地情况是指全省各地平均每百户农民经营的耕地、山地、园地、水面以及牧草地面积之和。通过农村公路投资建设，将考察期（2009 年）平均每百户农民经营土地面积与基期（2003 年）平均每百户农民经营土地面积进行比较，用以反映农村公路

的投资与建设对农民经营土地的影响作用。

⑤第三产业对地区经济发展的贡献。三次产业的划分是世界上较为常用的产业结构分类，但各国的划分不尽一致。我国的三次产业划分是：第一产业是指农、林、牧、渔业；第二产业是指采矿业，制造业，电力、煤气及水的生产和供应业，建筑业；第三产业是指除第一、第二产业以外的其他行业。第三产业对地区经济发展的贡献是将考察期（2009 年）第三产业对地区经济发展的贡献与基期（2003 年）第三产业对地区经济发展的贡献进行比较，反映通过农村公路的投资与建设，引起第三产业对地区经济发展的贡献的影响作用。

$$SC_{IS} = \frac{\sum_i \left(\frac{sc_{is}}{TC_i} \right)}{N_h} \times 100\% \qquad (4-4)$$

式中：SC_{IS}——从事第三产业占农民家庭总收入比重，%。

　　　　sc_{is}——第 i 个抽样农户从事第三产业所得收入，元/年；

　　　　TC_i——第 i 个抽样农户当年总收入，元/年；

　　　　N_h——抽样农户数量，户。

二、农村公路投资的社会和生态环境绩效评价指标体系的构成

在本书中，从农村公路投资对农村地区、社会、生态环境发展产生作用的途径不同，切实维护农民利益，保障农村地区社会生态环境可持续发展的角度，可将农村公路投资所体现出来的衡量社会绩效、生态环境绩效的指标分为社会公共服务、交通服务、公众反应与参与、生态与环境影响四大类 16 项指标，具体指标内容如下：

第一类，反映社会公共服务的指标有四项，即

①学龄儿童入学率变化情况。学龄儿童入学率是指调查评估地区范围内已进入小学学习的学龄儿童占校内外学龄儿童总数（包括弱智儿童，不包括盲聋哑儿童）的比重。计算公式为：

$$学龄儿童入学率 = 已入小学学习的学龄儿童数 / 按内外学龄儿童总数 \times 100\% \qquad (4-5)$$

观测点：学龄儿童入学率 ET（%）。

数据来源：福建省农村公路投资绩效评价公众调查问卷。

对比方式：前后对比。

量化方法：由抽样调查农户学龄入学儿童的数量与学龄儿童总人数之比计算每个抽样农户学龄儿童入学率，则学龄儿童入学率可通过各抽样农户学龄儿

童入学率的平均值来反映,即:

$$ET = \frac{\sum_i \left(\frac{et_{si}}{et_{ci}} \right)}{N_h} \times 100\%$$ (4-6)

式中:ET——学龄儿童入学率,%;

　　　et_{si}——第 i 个抽样农户学龄儿童入学人数,人;

　　　et_{ci}——第 i 个抽样农户学龄儿童人数,人;

　　　N_h——抽样农户数量,户。

②贫困率变化情况。贫困率是指一定时期内(一般是一年)各个地区生活在当地贫困线标准以下的人口数量占总人口的比重。其变化情况是指考察期(2009 年)与基期(2003 年)的比较。

观测点:贫困率 PK(%)。

数据来源:福建省农村公路投资绩效评价公众调查问卷。

对比方式:前后对比。

量化方法:2009 年我国贫困线标准为 1196 元/年,人均年收入在此标准之下的人口即为贫困人口。根据抽样调查建制村当年的贫困人数与本村总人数之比得到每个建制村的贫困率,则贫困率可通过各建制村当年贫困率的平均值来反映,即:

$$PK = \frac{\sum_i \left(\frac{PK_{ci}}{CR_i} \right)}{N_c} \times 100\%$$ (4-7)

式中:PK——贫困率,%;

　　　PK_{ci}——第 i 个抽样建制村的贫困人口数,人;

　　　CR_i——第 i 个抽样农户当年户籍人口,人;

　　　N_c——抽样建制村数量,个。

③村民出行时间变化情况。出行是指人、车、货发生位移的全过程,主要表现为出行距离、次数即所需时间变化等。一般而言,出行情况可用于测度一个地区生活环境的变化情况,在一定程度上衡量了区域社会发展受投资项目影响程度,同时也反映出社会发展水平等。

村民出行时间是指农村地区的村民前往当地的生产劳动(或工作)场所、集贸市场以及最近的医院所需的平均时间。其变化情况是指考察期(2009 年)村民出行时间与基期(2003 年)村民出行时间的比较。

观测点 1:农村居民至乡(镇)中心的时间。

数据来源:福建省农村公路投资绩效评价公众调查问卷。

对比方式:前后对比。

量化方法:调查建制村农户从居住地到乡镇的平均时间。

$$T_x = \frac{\sum_i t_{ti}}{N_h} \times 100\% \qquad (4-8)$$

式中：T_x——农村居民至乡（镇）中心的时间，分；

　　　t_{ti}——第 i 个抽样农民由居住地到达乡（镇）中心所需的时间，分；

　　　N_h——抽样农民数量，人。

观测点 2：农村居民至生产劳动（或工作）场所所需的时间（分钟）。

数据来源：福建省农村公路投资绩效评价公众调查问卷。

对比方式：前后对比。

量化方法：调查建制村农户从居住地到生产劳动（或工作）场所的平均时间。

$$T_s = \frac{\sum_i t_{si}}{N_h} \times 100\% \qquad (4-9)$$

式中：T_s——农村居民至学校时间，分；

　　　t_{si}——第 i 个抽样农民由居住地到达学校所需时间，分；

　　　N_h——抽样农民数量，人。

观测点 3：农村居民至集贸市场的时间。

数据来源：福建省农村公路投资绩效评价公众调查问卷。

对比方式：前后对比。

量化方法：调查建制村农户从居住地到集贸市场的平均时间。

$$T_j = \frac{\sum_i t_{ji}}{N_h} \times 100\% \qquad (4-10)$$

式中：T_J——农村居民至集贸市场时间，分；

　　　t_{ji}——第 i 个抽样农民由居住地到达集贸市场所需时间，分；

　　　N_h——抽样农民数量，人。

观测点 4：农村居民至医院时间。

数据来源：福建省农村公路投资绩效评价公众调查问卷。

对比方式：前后对比。

量化方法：调查建制村农户从居住地到医院的平均时间。

$$T_y = \frac{\sum_i t_{yi}}{N_h} \times 100\% \qquad (4-11)$$

式中：T_y——农村居民至医院时间，分；

　　　t_{yi}——第 i 个抽样农民由居住地到达医院所需时间，分；

　　　N_h——抽样农民数量，人。

④村容整洁情况。村容整洁是指村庄整体布局规划、硬软件设施、生态环境

等均适宜人类生存和发展的人居环境，即指村庄布局合理、基础设施建设完善、服务设施齐全、生态环境良好，实现村庄布局优化、道路硬化、路灯亮化、饮水净化、庭院美化、环境绿化，构建人与自然和谐的适于人类生存与发展的人居环境。

数据来源：福建省农村公路投资绩效评价公众调查问卷。

对比方式：前后对比。

量化方法：通过调查建制村抽样农户对本村村容整洁与卫生状况各等级评价（最好、较好、中等、次差、最差）的百分率情况来反映。

$$TC_j = \frac{\sum ad_j}{N_h} \times 100\% \qquad (4-12)$$

式中：TC——村容整洁情况，%；

　　　ad_j——抽样调查中持第 j（j = 最好，较好，中等，次差，最差）种态度的农户数量，人；

　　　N_h——抽样农户数量，户。

第二类，反映交通服务的指标有三项，即：

①农村公路机动车交通量变化情况。农村公路机动车交通量是指在农村县道、乡道和村道上行使的机动车（主要是农用运输车）数量。其变化情况是指考察期（2009 年）农村公路机动车交通量与基期（2003 年）农村公路机动车交通量的比较。

观测点：农村公路机动车交通量 V_N（PCU/D）。

数据来源：县（市、区）农村公路里程与建设情况统计表。

考察方式：前后对比 + 有无对比。

量化方法：通过观测抽样建制村农村公路当日路段上的车辆数，折算成当量小客车交通量；再通过各调查路段交通量的里程加权平均值来计算，即：

$$V_N = \sum_i v_i p_i = \sum_i v_i \frac{l_i}{L_N} \qquad (4-13)$$

式中：V_N——机动车交通量，PCU/D；

　　　v_i——第 i 个路段上的机动车交通量，PCU/D；

　　　l_i——第 i 个调查路段上的农村公路改建项目里程，km；

　　　L_N——实施调查的农村公路改建项目总里程，$L_N = \sum_i l_i$，km；

　　　p_i——里程权，$p_i = l_i/L_N$。

②建制村客运班线开通变化情况。建制村客运班线开通情况是指农村建制村开通的通往其他地区的客运班线数量。其变化情况是指考察期（2009 年）建制村客运班线开通情况与基期（2003 年）建制村客运班线开通情况的比较。

观测点：建制村客运班线通达率 B_N（%）。

数据来源：县（市、区）农村公路里程与建设情况统计表。

考察方式：前后对比 + 有无对比。

量化方法：建制村客运班线通达率是指全省范围内当年已开通客运班线的建制村数量占全省建制村总数的百分率，即：

$$B_N = \frac{\sum_i BC_i}{\sum_i C_i} \times 100\% \qquad (4-14)$$

式中：B_N——建制村客运班线通达率，%；

　　　BC_i——某年第 i 个县（市、区）开通客运班线的建制村数量，个；

　　　C_i——某年第 i 个县（市、区）建制村数量，个。

③建制村客运班线日均服务班次变化情况。建制村客运班线日均服务班次是指农村建制村开通的通往其他地区的客运班线平均每日服务班次。其变化情况是指考察期（2009 年）建制村客运班线日均服务班次与基期（2003 年）建制村客运班线日均服务班次的比较。

观测点：建制村客运班线日均服务班次 F_B（班次/日）。

数据来源：县（市、区）农村公路里程与建设情况统计表。

考察方式：前后对比 + 有无对比。

量化方法：建制村客运班线日均服务班次指的是已开通客运班线的建制村，客运班线平均每天经过的班次数，即：

$$F_B = \frac{\sum_i f_{Bi}}{\sum_i BC_i} \qquad (4-15)$$

式中：F_B——建制村客运班线日均服务班次，次/日；

　　　f_{Bi}——某年已开通客运班线的第 i 个建制村客运班线日经过班次，次/日；

　　　BC_i——某年第 i 个县（市、区）已开通客运班线的建制村数量，个。

第三类，反映公众反应与参与的指标有四项，即：

①公众项目参与度变化情况。公众项目参与度是指农村地区居民参与当地农村公路规划、决策、投资以及建设的情况。其变化情况是指考察期（2009年）公众项目参与和基期（2003 年）公众项目参与的比较。

观测点：公众项目参与度 CP（%）。

数据来源：福建省农村公路投资绩效评价公众调查问卷。

考察方法：公众项目参与度可通过抽样调查农户参与当地农村公路规划、决策、投资以及建设的情况进行考察，即：

$$CY_j = \frac{\sum_j ad_j}{N_h} \times 100\% \qquad (4-16)$$

式中：CY——公众项目参与度，%；

    ad_j——抽样调查中持第 j（j = 最大，较大，中等，次小，最小）种态度的农户数量，人；

    N_h——抽样农户数量，户。

②农村公路建设满意度。农村公路建设满意度是指农村地区居民对当地农村公路改建、扩建等的满意情况。

观测点：农村公路建设满意度 CS（%）。

数据来源：福建省农村公路投资绩效评价公众调查问卷。

考察方法：农村公路建设满意度可通过抽样调查农户对农村公路改建或扩建项目的满意率来反映，即：

$$CS_j = \frac{\sum_j cs_j}{N_h} \times 100\% \qquad (4-17)$$

式中：CS——农村公路建设满意度，%；

    cs_j——抽样调查中持第 j（j = 最好，较好，中等，次差，最差）种态度的农户数量，人；

    N_h——抽样农户数量，户。

③当地干群关系变化情况。当地干群关系是指农村地区中共和政府机关干部特别是各级领导干部和当地人民群众的关系。其变化情况是指通过农村公路投资建设，考察期（2009 年）当地干群关系与基期（2003 年）当地干群关系的比较。

$$GQ_j = \frac{\sum_j gq_j}{N_h} \times 100\% \qquad (4-18)$$

式中：GQ_j——当地干群关系情况，%；

    gq_j——抽样调查中持第 j（j = 最大，较大，中等，次小，最小）种感受的农户数量，户；

    N_h——抽样农户数量，户。

④当地政府威信变化情况。当地政府威信情况是指农村地区人民对当地中共和政府机关工作的支持情况。其变化情况是指通过农村公路投资建设，考察期（2009 年）当地政府威信与基期（2003 年）当地政府威信的比较。

$$ZW_j = \frac{\sum_j zw_j}{N_h} \times 100\% \qquad (4-19)$$

式中：ZW_j——政府威信变化情况，%；

    zw_j——抽样调查中持第 j（j = 最好，较好，中等，次差，最差）种感受的农户数量，户；

    N_h——抽样农户数量，户。

第四类，反映生态与环境影响的指标有五项，即：

①公众空气质量满意度。公众空气质量满意度是指农村地区公众对当地空气中污染物浓度高低的满意情况。通过农村公路投资建设，比较考察期（2009年）公众空气质量满意度与基期（2003年）公众空气质量满意度。

$$KZ_j = \frac{\sum\limits_j KZ_j}{N_K} \times 100\% \qquad (4-20)$$

式中：KZ——公众空气质量满意度，%；

$\quad\quad$ kz_j——抽样调查中持第 j(j = 最好，较好，中等，次差，最差) 种

$\quad\quad\quad$ 感受的农户数量，人；

$\quad\quad$ N_h——抽样农户数量，户。

②噪声影响情况。噪声影响情况是指各种干扰人们休息、学习和工作的声音出现的频率。主要是考察通过农村公路投资建设，是否对村民造成噪声，影响村民的身体健康。

$$ZY_j = \frac{\sum\limits_j zy_j}{N_h} \times 100\% \qquad (4-21)$$

式中：ZY——噪声影响情况，%；

$\quad\quad$ zy_j——抽样调查中持第 j(j = 最好，较好，中等，次差，最差) 种

$\quad\quad\quad$ 感受的农户数量，人；

$\quad\quad$ N_h——抽样农户数量，户。

③水污染影响情况。水污染影响情况是指水体因某种物质的介入，而导致其化学、物理、生物或者放射性等方面特征的改变，从而影响水的有效利用，危害人体健康或者破坏生态环境，造成水质恶化的现象。主要是考察通过农村公路投资建设，是否对村民造成水污染，影响村民的身体健康。

$$SY_j = \frac{\sum\limits_j sy_j}{N_h} \times 100\% \qquad (4-22)$$

式中：SY——水污染影响情况，%；

$\quad\quad$ sy_j——抽样调查中持第 j(j = 最多，较多，中等，次少，最少) 种

$\quad\quad\quad$ 感受的农户数量，人；

$\quad\quad$ N_h——抽样农户数量，户。

④项目耕地占用情况。项目耕地占用情况是指由于农村公路改扩建而占用的农村耕地面积。主要是考察通过农村公路投资建设，是否有农村公路项目占用耕地的情况发生。

$$GI_j = \frac{\sum\limits_j gi_j}{N_h} \times 100\% \qquad (4-23)$$

式中：GI——项目耕地占用情况，％；

　　　gi_j——抽样调查中持第 j（j = 最多，较多，中等，次少，最少）种感受的农户数量，人；

　　　N_h——抽样农户数量，户。

⑤对周边景观的影响情况。对周边景观的影响情况是指改建和扩建的农村公路是否与当地原有的自然景观相协调。主要是考察通过农村公路投资建设，是否对周边景观造成不良影响的情况发生。

$$JY_j = \frac{\sum_j jy_j}{N_h} \times 100\% \qquad (4-24)$$

式中：JY——对周边景观的影响情况，％；

　　　jy_j——抽样调查中持第 j（j = 最大，较大，中等，次小，最小）种感受的农户数量，人；

　　　N_h——抽样农户数量，户。

总之，在上述农村公路投资的经济绩效评价具体指标、社会与生态环境绩效评价具体指标的基础上，农村公路投资绩效评价指标体系的基本内容，具体如表 4-11、表 4-12 所示。

表 4-11　　　　　　　　　　　农村公路投资的经济绩效

一级指标	二级指标	三级指标
经济绩效 A1	农村生产力 B1	C1 社会总产值增长率（年均 GDP 贡献率） C2 社会消费品零售总额增长率
	农村就业、收入和支出 B2	C3 每户外出就业人口比重 C4 农民人均收入增长率 C5 农民人均家庭经营纯收入增长率 C6 农民人均生活消费支出增长率（农村居民交通消费支出）
	农村交通运输、邮递 B3	C7 客运量 C8 货运量 C9 农村等级公路里程率 C10 农村投递路线长度
	农村投资、产业状况 B4	C11 农村固定资产投资变化情况 C12 农作物播种面积变化情况 C13 粮食总产量变化情况 C14 平均每百户农民经营土地情况 C15 第三产业对地区经济发展的贡献

表 4 - 12　　　　　　　农村公路投资的社会和生态环境绩效

一级指标	二级指标	三级指标
社会和生态环境绩效 A2	社会公共服务 B5	C16 学龄儿童入学率变化情况 C17 贫困率变化情况 C18 村民出行时间变化情况 C19 村容整洁情况
	交通服务 B6	C20 农村公路机动车交通量变化情况 C21 建制村客运班线开通变化情况 C22 建制村客运班线日均服务班次变化情况
	公众反应与参与 B7	C23 公众项目参与度 C24 农村公路建设满意度 C25 当地干群关系 C26 当地政府威信变化情况
	生态与环境影响 B8	C27 公众空气质量满意度 C28 噪声影响情况 C29 水污染影响情况 C30 项目耕地占用情况 C31 对周边景观的影响情况

第九节　农村公路投资的经济绩效评价实证研究

一、农村公路投资绩效评价方法

(一) 层次分析法 (AHP)

在现实经济生活中，许多评价问题因评价对象的结构复杂、属性多样，难以简单归结或完全采用定量的方法，对费用、效益或有效度进行评价，也很难做到在任何情况下，使评价项目具有单一层次结构。这时就需要通过建立多要素、多层次的评价系统，采用定性与定量有机结合的方法，使复杂的评价问题明朗清晰。在这样的背景下，美国运筹学家、匹兹堡大学的教授沙旦（T. L. Saa-ty）于 20 世纪 70 年代初提出了著名的层次分析法（Analytic Hierarchy Process，AHP）。它是通过一定标度把主观判断进行客观量化，将定性问题进行定量分析的一种简单、实用的多准则评价决策方法。

层次分析法是通过分析复杂系统所包含的因素及其相互关系，将系统分解为不同的要素，并将这些要素划归为不同的层次，从而客观上形成多层次的分析结构模型。将每一层次的各要素相对于其上一层次某要素进行两两比较判断，得到其相对重要程度的比较标度，建立判断矩阵。通过计算判断矩阵的最大特征根及其相应的特征向量，得到各层要素对上层某要素的重要次序，建立相对权重向量。最后自上而下地用上一层次各要素的组合权重为权数，对本层次各要素的相对权重向量进行加权求和，得出各层次要素关于系统总体目标的组合权重，从而根据最终权重的大小进行方案排序，给出了各方案的优劣次序，以供投资者进行决策。

根据层次分析法的基本原理，可采取如下实施步骤：

1. 明确问题

包括明确系统目标，弄清问题的范围，了解系统所包含的要素，确定要素之间的关联关系和隶属关系。

2. 建立层次结构模型

在充分了解要分析的系统后，把系统中的各要素划归为不同层次，如目标层 G、准则层 C 和措施方案层 A 等，并用层次框图说明层次的递阶结构及其要素间的从属关系。

（1）三个层次。最高层。这一层次中只有一个要素，一般它是分析问题的预定目标或期望实现的理想结果，是系统评价的最高准则，因此也称目的或总目标层。中间层。这一层次包括了为实现目标所涉及的中间环节，它可以由若干个层次组成，包括所需考虑的准则、子准则等，因此也称为准则层。最低层。表示为实现目标可供选择的各种方案、措施等，是评价对象的具体化，因此也称为方案层。

（2）两种结构形式。

①完全相关结构，如图 4 - 14 所示：

图 4 - 14　系统评价程序示意图

②混合结构（包括带有子层次的混合结构），如图 4 - 15 所示。

（3）两种建立递阶层次结构的方法。

分解法：目的——→分目标（准则）——→指标（子准则）——→……方案

解释结构模型化方法（ISM 法）：评价系统要素的层次化。

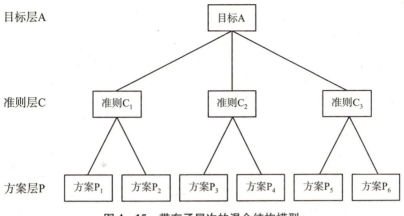

图4-15 带有子层次的混合结构模型

3. 建立判断矩阵

建立判断矩阵是层次分析法中最关键的一步，所谓判断矩阵是以矩阵的形式来表述每一层次中各要素相对其上层某要素的相对重要程度。假定 C 层次中要素 C_k 与其下一层次的要素 A_1、A_2、…、A_n 有关系，要分析 A 层各要素间针对 C_k 而言的相对重要程度，可以构造如下判断矩阵表 4-13。其中 a_{ij} 表示针对 C_k 而言，要素 A_i 对 A_j 的相对重要程度的数值。

表 4-13 判断矩阵

C_k	A_1	A_2	…	A_j	…	A_n
A_1	a_{11}	a_{12}	…	a_{1j}	…	a_{1n}
A_2	a_{21}	a_{22}	…	a_{2j}	…	a_{2n}
…	…	…	…	…		…
A_i	a_{i1}	a_{i2}	…	a_{ij}	…	a_{in}
…	…	…	…	…		…
A_n	a_{n1}	a_{n2}	…	a_{nj}	…	a_{nn}

为了使各因素之间进行两两比较得到量化的判断矩阵，引入 1~9 的标度。根据心理学家的研究指出，人们区分信息登记的极限能力是 7±2，特制定表 4-14。

表 4-14 标度含义表

标度 a_{ij}	含义
1	i 因素与 j 因素同样重要
3	i 因素比 j 因素略重要

标度 a_{ij}	含义
5	i 因素比 j 因素较重要
7	i 因素比 j 因素非常重要
9	i 因素比 j 因素绝对重要
2, 4, 6, 8	为以上两判断之间的中间状态对应的标度值
倒数	若 j 因素与 i 因素比较, 得到判断值为 $a_{ji} = 1/a_{ij}$

选择 1~9 的整数及其倒数作为 a_{ij} 取值的主要原因是, 它符合人们进行比较判断时的心理习惯。实验心理学表明, 普通人在对一组事物的某种属性同时作比较, 并使判断基本保持一致时, 所能够正确辨别的事物最大个数在 5~9 个。

衡量判断矩阵质量优劣的办法是检验判断是否具有一致性。如果对所有 i、j、k, 那么

$$a_{ij} = \frac{a_{ik}}{a_{jk}} \tag{4-25}$$

都成立, 则说明判断矩阵具有完全一致性。

4. 层次单排序

判断矩阵是针对上一层某要素而言, 进行两两比较的评比数据。层次的单排序就是把本层所有要素针对上一层某一要素来说, 排除评比的次序, 这种次序以相对数值大小表示。这就要在判断矩阵上进行计算。计算常用的方法有求和法、方根法、特征根方法和最小二乘法等几种。考虑到本书的数据量大, 为了计算上的方便, 本书采用求和法计算。其基本原理如下:

①判断矩阵每一列作归一化处理, 即:

$$\bar{a}_{ij} = \frac{a_{ij}}{\sum_{k=1}^{n} a_{kj}} (i, j = 1, 2, \cdots, n) \tag{4-26}$$

②完成归一化处理后, 求出每一行各元素之和, 即:

$$\overline{W}_i = \sum_{j=1}^{n} \bar{a}_{ij} (i = 1, 2, \cdots, n) \tag{4-27}$$

③对 $\overline{W}_i$ 进行归一化处理, 即:

$$W_i = \frac{\overline{W}_i}{\sum_{j=1}^{n} \overline{W}_j} (i = 1, 2, \cdots, n) \tag{4-28}$$

W_i 即为所求的特征向量, 即本层次各要素对上一层某要素的相对权重向量。

5. 层次总排序

所谓层次总排序就是针对最高层目标而言, 本层次各要素重要性的次序

排列。总排序需从上到下逐层顺序进行，最高层次的总排序就是其层次单排序。假定上一层次各要素 C_1、C_2，…，C_m 的总排序已经完成，其数值为 W_1、W_2，…，W_m；且本层次要素 A_1、A_2，…，A_n 对 C_j 的层次单排序结果是 W_1^j、W_2^j，…，W_n^j，则本层次总排序见表 4 – 15 所示。由方案层 A 的总排序结果，就可以得出方案的优劣次序。

表 4 – 15　　　　　　　　　　层次总排序表

	C_1	C_2	…	C_j	…	C_m	层次 A 的总排序
	W_1	W_2	…	W_j	…	W_m	
A_1	W_1^1	W_1^2	…	W_1^j	…	W_1^m	$\sum_{j=1}^m W_j W_1^j$
A_2	W_2^1	W_2^2	…	W_2^j	…	W_2^m	$\sum_{j=1}^m W_j W_2^j$
…	…	…		…		…	…
A_i	W_i^1	W_i^2	…	W_i^j	…	W_i^m	$\sum_{j=1}^m W_j W_i^j$
…	…	…		…		…	…
A_n	W_n^1	W_n^2	…	W_n^j	…	W_n^m	$\sum_{j=1}^m W_j W_n^j$

6. 一致性检验

一致性是指判断矩阵中各要素的重要性判断是否一致，不能出现矛盾。如果判断矩阵 C_k – A 的元素，对所有的 i、j、k 来说，

$$a_{ij} = \frac{a_{ik}}{a_{jk}} \tag{4-29}$$

均成立，则判断矩阵 C_k – A 具有完全一致性。但由于客观事物是复杂的，人们主观确定的判断矩阵也不可能完全一致，所以需要用一致性指标来检验判断矩阵的一致性问题。

根据矩阵理论，对 n 阶判断矩阵，其最大特征根为单根，而且 $\lambda_{max} \geq n$。当判断矩阵具有完全一致性时，$\lambda_{max} = n$，其余特征根均为 0；当判断矩阵不能保证具有完全一致性时，其特征根也将发生变化。因此，我们可以利用判断矩阵特征根的变化来判断一致性程度，一致性指标如下：

$$CI = \frac{\lambda_{max} - n}{n - 1} \tag{4-30}$$

式中：λ_{max}——n 阶判断矩阵 A 的最大特征根。

$$\lambda_{max} = \frac{1}{n} \sum_{i=1}^n \frac{(AW)_i}{W_i} \tag{4-31}$$

W——n 阶判断矩阵 A 的相对权重向量。

对于不同阶段的判断矩阵，其 CI 的值不同，阶数 n 越大，CI 值就越大。为度量不同阶判断矩阵是否具有满意的一致性，再引入判断矩阵的平均随机一致性指标 RI，RI 是一个系数。对不同阶次系数值如表 4–16 所示。

表 4–16　　　　　　　　　1～9 阶矩阵的平均随机一致性指标

n	1	2	3	4	5	6	7	8	9
RI	(0)	(0)	0.58	0.90	1.12	1.24	1.32	1.41	1.45

对于一阶、二阶矩阵，判断矩阵是完全一致的，不必计算一致性指标。当 n≥3 时，判断矩阵的一致性指标 CI 与同阶平均随机一致性指标 RI 之比称为随机一致性比值，记作 CR，即：

$$CR = \frac{CI}{RI} \tag{4-32}$$

当 CR≤0.10 时，认为判断矩阵具有满意的一致性；否则需要调整判断矩阵，使之满足 CR≤0.10。

总之，这种方法简洁、直观，使用灵活，特别适用于人的定性判断起重要作用的、难以精确定量的情况，进行多准则、多目标的分析评价，作方案措施的选择。层次分析评价的关键在于建立评价的递阶结构和判断矩阵。

（二）模糊综合评价法（FCE）

1. 模糊综合评价法原理

在客观世界中，事物之间的关系都不是绝对的，比如"高矮、胖瘦、美丑、好坏"都没有绝对的标准，没有唯一明确的界限，也就是说万物的关系是具有模糊性的。基于这种思想，评价某种事物也不能武断地用某种单一的指标，而需要用多种指标来进行综合性的评价。在多种指标综合评价体系中，某一指标可以反映出事物的某些特征，其他指标又能从其他角度观测到其他性质，纵观各个不同指标反映的问题，就能相对客观地对事物作出更加贴近现实的评价，而避免单一指标评断的片面性。因此，我们可以用模糊集理论综合考虑评价体系的各个指标，根据各指标相应的标准进行分析，综合得出更加实际的评价结果，模糊集理论就是模糊评价的原理。

在现实生活中，"亦此亦彼"的现象及有关的不确切概念却大量存在，这些现象及其概念严格来说均无绝对明确的界限和外延，称之为模糊现象及模糊概念。1965 年，美国著名的控制论专家 L.A. 扎德（L.A. Zedeh）教授发表了"Fuzzy Sets（模糊集合）"的论文，提出了处理模糊现象的新的数学概念"模糊子集"，力图用定量、精确的数学方法去处理模糊性现象。但需要注意的是，模糊数学仅适用于有模糊概念而又可以量化的场合。

2. 模糊评价方法与步骤

（1）基本方法。模糊评价涉及四个要素：

①评价因素集 $U = \{u_1, u_2, \cdots, u_n\}$，即评价指标体系；

②决策评价集 $V = \{v_1, v_2, \cdots, v_n\}$，即评语等级的模糊尺度集合，如好、较好、中等、较差、差等；

③因素权重集 $\partial = \{\partial_1, \partial_2, \cdots, \partial_n\}$，对诸多评价指标都一视同仁是不科学的，不同指标对评价结果的重要程度不同，所以就需确定各因素的权重，一般可用专家评分法确定；

④单因素评价，对因素集内诸因素的评定是一种模糊映射 $f: U \rightarrow V$；单因素评价就是相对于评价因素 u_i 分别作出评价 v_j 的隶属度，对于数量指标可以根据评价指标与评价标准的要求建立隶属函数；对于难以用数量定量表示的指标，可以利用主观评价法进行单因素评价。就主观评价而言，由于不同成员的评语可能不同，所以描述评定的结果只能用对因素 u_i 作出 v_j 评定的可能性大小来表示，这种可能的程度称隶属度，记作 r_{ij}。因为有 m 个评语等级，所以对第 i 个评价指标 u_i 就有一个相应的隶属度向量 $R_i [R_i = (r_{i1}, r_{i2}, \cdots, r_{im}); i = 1, 2, \cdots, n]$。因此，整个因素集内诸因素的隶属度向量组成隶属度矩阵，即模糊矩阵：

$$R = \begin{bmatrix} r_{11} & r_{12} & \cdots & r_{1j} & \cdots & r_{1m} \\ r_{21} & r_{22} & \cdots & r_{2j} & \cdots & r_{2m} \\ \cdots & \cdots & \cdots & \cdots & \cdots & \cdots \\ r_{i1} & r_{i2} & \cdots & r_{ij} & \cdots & r_{im} \\ \cdots & \cdots & \cdots & \cdots & \cdots & \cdots \\ r_{n1} & r_{n2} & \cdots & r_{nj} & \cdots & r_{nm} \end{bmatrix} \qquad (4-33)$$

于是（U、V、R）就构成了一个模糊评价模型。根据模糊集理论的综合评定概念，若已知因素集内诸因素的隶属度向量 R，以及因素集的权重分配向量 ∂，则综合评定结果为：

$$B = \partial \circ R$$

$$= (\partial_1, \partial_2, \cdots, \partial_n) \begin{bmatrix} r_{11} & r_{12} & \cdots & r_{1j} & \cdots & r_{1m} \\ r_{21} & r_{22} & \cdots & r_{2j} & \cdots & r_{2m} \\ \cdots & \cdots & \cdots & \cdots & \cdots & \cdots \\ r_{i1} & r_{i2} & \cdots & r_{ij} & \cdots & r_{im} \\ \cdots & \cdots & \cdots & \cdots & \cdots & \cdots \\ r_{n1} & r_{n2} & \cdots & r_{nj} & \cdots & r_{nm} \end{bmatrix} \qquad (4-34)$$

$$= (B_1, B_2, \cdots, B_m)$$

式中：∂——因素集的权重向量；

　　　。——合成关系；

　　　R——从 U 到 V 的隶属度矩阵；

　　　B——综合评定结果。

（2）评定结果的等级确定。对于已求得的综合评定结果 B，若其中 B_k 很大，则可按最大接近度原则来判定等级，其规则如下：

①设 $B_k = \max_i B_i$，计算 $\sum_{i=1}^{k-1} B_i$ 和 $\sum_{i=k+1}^{n} B_i$；

若 $\sum_{i=1}^{k-1} B_i \leqslant \frac{1}{2} \sum_{i=1}^{n} B_i$，$\sum_{i=k+1}^{n} B_i \leqslant \frac{1}{2} \sum_{i=1}^{n} B_i$，则按 B_k 所属等级评定。

若 $\sum_{i=1}^{k-1} B_i > \frac{1}{2} \sum_{i=1}^{n} B_i$ 或 $\sum_{i=k+1}^{n} B_i > \frac{1}{2} \sum_{i=1}^{n} B_i$，则按 B_{k-1} 或 B_{k+1} 所属等级评定，即将评定等级向上或向下移一级。

②如果 B 中有多个相等的最大数，则仍先按规则（1）作移位计算确定等级。若移位后的评定等级仍然离散，则取移位后的中心等级评定；若中心等级有两个，则取权重的位置评定等级。

若综合评定结果 B 之值相差不大，则可用累加法来判定等级。计算累加等级向量 $C = (C, C_2, \cdots, C_n) = (\sum_{i=1}^{1} B_i, \sum_{i=1}^{2} B_i, \cdots, \sum_{i=1}^{n} B_i)$，如果 $C_k = \min_i \{C_i \geqslant 0.5\}$，则按 C_k 所属等级评定。

一般来说，构成评价系统各要素的多级递阶结构，可以根据解释结构模型法等方法来建立。利用模糊综合评价法可使问题得到全面合理的评价，其关键在于确定评价因素和评语等级及建立模糊评价矩阵。

二、经济绩效评价相关数据的采集

（一）经济绩效评价各指标相对权重的原始数据采集

对经济绩效各指标相对权重的原始数据采集，本书采用专家问卷调查的方法，其中专家调查问卷如附录 2 所示。在专家方面，笔者选择了农村公路投资的 15 位专家，各专家的单位分布如下：2 位来自福建省交通厅，2 位来自福建省公路局，1 位来自福建省农村发展研究中心，1 位来自福建省发改委农业处，2 位来自福建省内高校，1 位来自福建省发展研究中心，1 位来自福建省财政厅，1 位来自福建省审计厅，2 位来自中国农业银行福建省分行，1 位来自中国农业发展银行福建省分行，1 位来自福建省农村信用社。调查问卷要求各位专家在不署名的前提下实事求是独立地做出回答。在 15 份专家调查问卷的基础上笔者统计出经济绩效各个子指标相对权重的比较值。如表 4 - 17 ~ 表 4 - 21 所示。

表 4 - 17　　　　　　　经济绩效二级指标的相对权重比较值

指标比较	平均值
农村生产力 B1/农村就业、收入和支出 B2	2.21
农村生产力 B1/农村交通运输、邮递 B3	2.83
农村生产力 B1/农村投资、产业状况 B4	3.06
农村就业、收入和支出 B2/农村交通运输、邮递 B3	3.57
农村就业、收入和支出 B2/农村投资、产业状况 B4	2.77
农村交通运输、邮递 B3/农村投资、产业状况 B4	3.22

表 4 - 18　　　　　　农村生产力各指标的相对权重比较值

指标比较	平均值
社会总产值增长率（年均 GDP 贡献率）C1/社会消费品零售总额增长率 C2	2.41

表 4 - 19　　　　农村就业、收入和支出各指标的相对权重比较值

指标比较	平均值
每户外出就业人口比重 C3/农民人均收入增长率 C4	1.87
每户外出就业人口比重 C3/农民人均家庭经营纯收入增长率 C5	1.86
每户外出就业人口比重 C3/农民人均生活消费支出增长率（农村居民交通消费支出）C6	2.59
农民人均收入增长率 C4/农民人均家庭经营纯收入增长率 C5	2.16
农民人均收入增长率 C4/农民人均生活消费支出增长率（农村居民交通消费支出）C6	2.90
农民人均家庭经营纯收入增长率 C5/农民人均生活消费支出增长率（农村居民交通消费支出）C6	2.24

表 4 - 20　　　　　农村交通运输、邮递各指标的相对权重比较值

指标比较	平均值
客运量 C7/货运量 C8	2.50
客运量 C7/农村等级公路里程率 C9	1.87
客运量 C7/农村投递路线长度 C10	2.71

指标比较	平均值
货运量 C8/农村等级公路里程率 C9	2.32
货运量 C8/农村投递路线长度 C10	2.40
农村等级公路里程率 C9/农村投递路线长度 C10	2.87

表 4 – 21　　　　　农村投资、产业状况各指标的相对权重比较值

指标比较	平均值
农村固定资产投资变化情况 C11/农作物播种面积变化情况 C12	2.85
农村固定资产投资变化情况 C11/粮食总产量变化情况 C13	2.13
农村固定资产投资变化情况 C11/平均每百户农民经营土地情况 C14	3.42
农村固定资产投资变化情况 C11/第三产业对地区经济发展的贡献 C15	2.12
农作物播种面积变化情况 C12/粮食总产量变化情况 C13	1.53
农作物播种面积变化情况 C12/平均每百户农民经营土地情况 C14	2.07
农作物播种面积变化情况 C12/第三产业对地区经济发展的贡献 C15	1.92
粮食总产量变化情况 C13/平均每百户农民经营土地情况 C14	2.87
粮食总产量变化情况 C13/第三产业对地区经济发展的贡献 C15	1.37
平均每百户农民经营土地情况 C14/第三产业对地区经济发展的贡献 C15	1.31

(二) 经济绩效评价各指标原始数据的采集

由于缺乏专门统计与农村公路投资相关的社会总产值、社会消费品零售总额、客运量和货运量等具体数据，本书在设计指标时就选择相关的宏观指标来替代。在替代之前，笔者先对上述这四个指标和农村公路投资的关系建立计量模型：

$$Y_i = \beta_0 + \beta_1 \ln X + \mu_i \ (i = 1, 2, 3, 4) \tag{4-35}$$

进行回归分析。其中解释变量 X 是指福建全省农村公路投资金额，被解释变量 $Y_i(i = 1, 2, 3, 4)$ 分别表示全省社会总产值、社会消费品零售总额、客运量和货运量，其数据选择 2000 ~ 2009 年上述各指标的相应数据，农村公路投资金额中 2000 年、2001 年的数值为县乡公路建设项目、农村网公路的补助资金额；2002 年为县通地市公路建设项目投资完成额。各个指标的数据如表 4 - 22 所示。

表 4 - 22　　　　　　　　　　　回归分析原始数据

年份	社会总产值（亿元）Y1	社会消费品零售总额（亿元）Y2	客运量（万人）Y3	货运量（万吨）Y4	全省农村公路投资金额（万元）X
2000	3764.54	1320.80	41696	22924	1031
2001	4072.85	1442.32	44926	23193	1779
2002	4467.55	1593.76	46570	24023	39049
2003	4983.67	1797.76	45483	23884	227111
2004	5763.35	2062.03	50862	25964	379553
2005	6554.69	2351.72	52452	27579	365882
2006	7583.85	2717.62	55713	29806	299749
2007	9248.53	3212.34	60088	34829	405271
2008	10823.01	3866.69	68409	38367	353000
2009	12236.53	4480.99	71586	40317	338200

以上述数据进行回归，回归分析结果如表 4 - 23 所示。

表 4 - 23　　　　　　　　　　　回归分析结果

	$\beta_i (i = 1, 2, 3, 4)$	Std. Err	t	P > |t|	R - squared
Y1	828.862	343.069	2.420	0.042	0.422
Y2	300.485	124.841	2.410	0.043	0.420
Y3	2824.525	1187.498	2.380	0.045	0.414
Y4	1667.447	802.648	2.080	0.071	0.350

根据表 4 - 23 回归分析结果可知，福建省农村公路投资能对全省社会总产值、社会消费品零售总额、客运量和货运量产生较大的影响，采用宏观的社会总产值、社会消费品零售总额、客运量和货运量等指标来分析农村公路投资带来的经济绩效影响，具有一定的理论意义。因此，在进行农村公路投资的经济绩效评价时，就选用上述的四个指标替代。

1. 福建省农村公路投资经济绩效指标数据

福建省农村公路投资经济绩效各指标的数据来源于相关年份的《福建省统计年鉴》。具体的数据如表 4 - 24 所示。

表 4 - 24　　　2003 年和 2009 年福建省农村公路投资经济绩效及变化情况

指标	2003 年	2009 年	变化情况（％）
社会总产值（亿元）	12866.74	32436.81	1.5210
社会消费品零售总额（亿元）	1797.76	4480.99	1.4925

续表

指标	2003 年	2009 年	变化情况（%）
农民人均工资收入（元）	1353.79	2678.35	0.9784
农民人均家庭经营纯收入（元）	2019.5	3330.18	0.6490
农民人均生活消费支出（农村居民交通消费支出）（元）	277.98	570.24	1.0514
客运量（万人）	48097	76121	0.5827
货运量（万吨）	33422	58231	0.7423
农作物播种面积（千公顷）	2486.9	2258.01	−0.0920
粮食总产量（万吨）	695.04	666.88	−0.0405
第三产业对地区经济发展的贡献（%）	33.70	39.30	0.1662
平均每百户农民经营土地情况（公顷）	37.69	65.97	0.7503
农村固定资产投资（亿元）	267.09	682.59	1.5557
农村公路等级公路里程（公里）	42222	67512	0.5990
农村投递路线长度（公里）	78661	88940	0.1307
学龄儿童入学率（%）	99.65	99.97	0.0032

其中：

变化情况指标 =（2009 年对应指标数据 − 2003 年对应指标数据）/

2003 年对应指标数据 (4 − 36)

2. 泉州市和龙岩市两地经济绩效指标数据

由于市县一级有些指标数据是从 2004 年才开始统计，故本书泉州市和龙岩市两地相关指标选择《福建省统计年鉴》2004 年的数据，其中农村公路等级里程的数据来源于《福建公路统计年鉴》，其他部分指标的数据因缺乏而通过换算获得。其中：农民人均工资收入、农民人均家庭经营纯收入按照农民人均纯收入（纯收入 = 工资收入 + 经营纯收入）占全省农民人均纯收入的比重换算；而对平均每百户农民经营土地情况这一指标，按照泉州市比全省低10%，龙岩市比全省高 10% 换算而得。具体数据如表 4 − 25、表 4 − 26 所示。

表 4 − 25　　　　　2004 年和 2009 年泉州市农村公路投资经济绩效及变化情况

指标	2004 年	2009 年	变化情况（%）
社会总产值（亿元）	1602.97	3069.50	91.49
社会消费品零售总额（亿元）	558.22	1055.20	89.03
农民人均工资收入（元）	2287.85	3817.03	66.84
农民人均家庭经营纯收入（元）	3392.15	4745.97	39.91
农民人均生活消费支出（农村居民交通消费支出）（元）	630.73	1043.00	65.36

指标	2004 年	2009 年	变化情况（%）
客运量（万人）	9498.00	13819.00	45.49
货运量（万吨）	5313.00	5473.00	3.01
农作物播种面积（千公顷）	295.19	257.77	−12.68
粮食总产量（万吨）	97.27	82.60	−15.08
第三产业对地区经济发展的贡献（%）	40.60	38.25	−5.79
平均每百户农民经营土地情况（公顷）	32.81	59.37	80.93
农村固定资产投资（亿元）	1109900.00	894402.00	−19.42
农村公路等级公路里程（公里）	8526.06	8595.69	0.82
农村投递路线长度（公里）	14884.00	19643.00	31.97

表4－26　　　　2004 年和 2009 年龙岩市农村公路投资经济绩效及变化情况

指标	2004 年	2009 年	变化情况（%）
社会总产值（亿元）	349.23	824.88	136.20
社会消费品零售总额（亿元）	180.42	261.9733	45.20
农民人均工资收入（元）	1518.119	2786.87869	83.57
农民人均家庭经营纯收入（元）	2250.881	3465.12131	53.95
农民人均生活消费支出（农村居民交通消费支出）（元）	381.71	651	70.55
客运量（万人）	2238	3317	48.21
货运量（万吨）	2823	6823	141.69
农作物播种面积（千公顷）	337.95	292.27	−13.52
粮食总产量（万吨）	106.0523	96.069	−9.41
第三产业对地区经济发展的贡献（%）	34.17	35.87	4.98
平均每百户农民经营土地情况（公顷）	40.106	72.567	80.94
农村固定资产投资（亿元）	175600	661849	276.91
农村公路等级公路里程（公里）	7192.194	9935.294	38.14
农村投递路线长度（公里）	8089	8350	3.23

其中：

变化情况指标 =（2009 年对应指标数据 − 2004 年对应指标数据）/

2004 年对应指标数据　　　　　　　　　　　（4 − 37）

由表4 − 26 的统计数据可知，农村公路投资对农村固定资产投资、社会总产值和社会消费品零售总额等指标具有较大的促进作用，全省这三个指标

2009 年的数值分别比 2003 年增长了一倍多，而对粮食总产量和农作物播种面积的影响较小且为负。此外，农村公路投资对不发达地区代表——龙岩市的影响比发达地区代表——泉州市来得大。譬如，2004～2009 年社会总产值，农村公路投资导致泉州市社会总产值提高了 91.49%，而龙岩市则提高了 136.20%。农村公路投资导致龙岩市农民人均工资收入提高了 83.57%，泉州市仅提高了 66.84%；农村公路投资导致龙岩市农民人均家庭经营纯收入提高了 53.95%，泉州市仅提高了 39.91%；农村公路投资导致龙岩市货运量增长了 141.69%，大大超过全省的平均水平，增长了近一倍。

三、经济绩效评价过程

（一）经济绩效评价各指标相对权重的确定

1. 信度和效度分析

（1）信度和效度介绍。社会科学研究中经常会采用量表或者问卷进行调查，这就会面临一些基本的问题，比如：研究所得的资料是否是我们感兴趣的资料，能否准确地反映我们感兴趣的问题，在相同的研究条件下不同的研究者能否得出相同的研究结论，所有这些问题都涉及信度与效度的问题。

信度（reliability）即可靠性，它是指对同一或相近的测量对象进行反复测量时，所得的测量结果的一致性或稳定性，也就是测量工具能够稳定地测量所测的变量的程度。

效度（validity）又称测量的有效度、准确度，是指测量工具能够准确地测出测量内容的准确程度。换言之，效度指的是测量的有效性，即测量工具能准确、真实、客观地度量事物属性的程度。当测量能够准确地度量我们所测内容时，我们说这个测量有效度；反之，则无效度。

（2）信度和效度计算。

①效度分析：本书所进行的效度分析主要指对问卷设计的各个指标的内容效度分析，采用的方法是请专家对各个指标和问卷指标进行评价。根据笔者对所选择的各位专家的调查结果，本书所设计的各位专家调查问卷指标的内容效度还是比较高的，所设计的各个指标能够较好地反映农村公路投资的绩效状况。

②信度分析：本书所进行的信度分析主要是分析各位专家所填写的调查问卷是否真实可信。采用的方法是使用 SPSS17.0 测量 15 位专家的调查结果的 Cronbach ∂ 系数。根据 SPASS 测量的结果，15 位专家的问卷调查结果的信度分析结果如图 4-16 所示。

标度：所有变量

案例处理汇总

		N	%
案例	有效	15	100.0
	已排除[a]	0	0
	总计	15	100.0

a.在此程序中基于所有变量的列表方式删除。

可靠性统计量

Cronbach's Alpha	项数
0.900	60

类内相关系数

	类内相关性[a]	95%置信区间		使用真值0的F检验			
		下限	上限	值	df1	df2	Sig
单个测量	0.130[b]	0.067	0.285	9.969	14	826	0.000
平均测量	0.900[c]	0.811	0.960	9.969	14	826	0.000

双向混合效应模型，其中，人员影响是随机的而测量影响是固定的。

a.C型类内相关系数使用一致性定义——从分母方差中排除之间测量方差。

b.无论是否存在交互效果，估计器都相同。

c.计算此估计时假设交互效果不存，否则就不可估计。

图 4 - 16　专家问卷信度分析结果

根据图 4 - 16 的结果，15 位专家问卷调查结果的 Cronbach ∂ 系数为 0.900，专家问卷调查结果的可信度还是比较高的。

2. 各指标相对权重的确定

基于表 4 - 23 ~ 表 4 - 29，笔者使用 Excel 中的数据运算功能得出了经济绩效与社会和生态环境绩效各子指标的相对权重，具体数值如表 4 - 27 ~ 表 4 - 31 所示。

表 4 - 27　　经济绩效二级指标的比较矩阵、相对权重及其特征值

指标	B1	B2	B3	B4	权重	λ_{max}	C. I	C. R.
B1	1	2. 21	2. 83	3. 06	0.4288	4. 2135	0. 0712	0. 0791
B2	0. 45	1	3. 57	2. 77	0.3024	R. I. = 0. 90 C. R. = 0. 0791 < 0. 10		
B3	0. 35	0. 28	1	3. 22	0.1718			
B4	0. 33	0. 36	0. 31	1	0.0970			

表4-28 农村生产力各指标的比较矩阵、相对权重及其特征值

指标	C1	C2	权重	λ_{max}	C. I	C. R.
C1	1	2.41	0.7080	1.9940	0	0
C2	0.41	1	0.2920	R. I. = 0, C. R. = 0 < 0.10		

表4-29 农村就业、收入和支出各指标的比较矩阵、相对权重及其特征值

指标	C3	C4	C5	C6	权重	λ_{max}	C. I	C. R.
C3	1	1.87	1.86	2.59	0.3882	4.1034	0.0345	0.0383
C4	0.53	1	2.16	2.90	0.3037	R. I. = 0.90 C. R. = 0.0383 < 0.10		
C5	0.54	0.46	1	2.24	0.1961			
C6	0.39	0.34	0.45	1	0.1120			

表4-30 农村交通运输、邮递各指标的比较矩阵、相对权重及其特征值

指标	C7	C8	C9	C10	权重	λ_{max}	C. I	C. R.
C7	1	2.50	1.87	2.71	0.4122	4.2206	0.0735	0.0817
C8	0.40	1	2.32	2.40	0.2725	R. I. = 0.90 C. R. = 0.0817 < 0.10		
C9	0.53	0.43	1	2.87	0.2073			
C10	0.37	0.42	0.35	1	0.1080			

表4-31 农村投资、产业状况各指标的比较矩阵、相对权重及其特征值

指标	C11	C12	C13	C14	C15	权重	λ_{max}	C. I	C. R.
C11	1	2.85	2.13	3.42	2.12	0.3779	5.1517	0.0379	0.0339
C12	0.35	1	1.53	2.07	1.92	0.2075	R. I. = 1.12 C. R. = 0.0339 < 0.10		
C13	0.47	0.65	1	2.87	1.37	0.1871			
C14	0.29	0.48	0.35	1	1.31	0.1058			
C15	0.47	0.52	0.73	0.76	1	0.1217			

由以上数据可知，在二级指标中，经济绩效评价四个二级指标的权重分别为：农村生产力42.88%，农村就业、收入和支出30.24%，农村交通运输、邮递17.18%和农村投资、产业状况9.70%；

在三级指标中，农村生产力两个三级指标的权重分别为：社会总产值增长率（年均GDP贡献率）70.80%和社会消费品零售总额增长率29.20%；

农村就业、收入和支出四个三级指标的权重分别为：每户外出就业人口比重38.82%，农民人均收入增长率30.37%，农民人均家庭经营纯收入增长率19.61%和农民人均生活消费支出增长率（农村居民交通消费支出）11.20%；

农村交通运输、邮递四个三级指标的权重分别为：客运量41.22%，货运

量 27.25%，农村等级公路里程率 20.73% 和农村投递路线长度 10.80%；

农村投资、产业状况五个三级指标的权重分别为：农村固定资产投资变化情况 37.79%，农作物播种面积变化情况 20.75%，粮食总产量变化情况 18.71%，平均每百户农民经营土地情况 10.58% 和第三产业对地区经济发展的贡献 12.17%。

（二）经济绩效评价各指标综合权重的确定

经过计算，由表 4-27~表 4-31 可以得到福建省农村公路投资经济绩效各指标的综合权重，如表 4-32 所示。

表 4-32   经济绩效各指标综合权重

一级指标	二级指标	三级指标	综合权重
经济绩效（A1）	农村生产力（B1）0.4288	C1 社会总产值增长率（年均 GDP 贡献率）0.7080	0.3036
		C2 社会消费品零售总额增长率 0.2920	0.1252
	农村就业收入和支出（B2）0.3024	C3 每户外出就业人口比重 0.3882	0.1174
		C4 农民人均收入增长率 0.3037	0.0918
		C5 农民人均家庭经营纯收入增长率 0.1961	0.0593
		C6 农民人均生活消费支出增长率（农村居民交通消费支出）0.1120	0.0339
	农村交通运输、邮递（B3）0.1718	C7 客运量 0.4122	0.0708
		C8 货运量 0.2725	0.0468
		C9 农村等级公路里程率 0.2073	0.0356
		C10 农村投递路线长度 0.1080	0.0186
	农村投资、产业状况（B4）0.0970	C11 农村固定资产投资变化情况 0.3779	0.0367
		C12 农作物播种面积变化情况 0.2075	0.0201
		C13 粮食总产量变化情况 0.1871	0.0181
		C14 平均每百户农民经营土地情况 0.1058	0.0103
		C15 第三产业对地区经济发展的贡献 0.1217	0.0118

由表 4-32 可知，福建省农村公路投资经济绩效评价各三级指标的综合权重分别为：社会总产值增长率（年均 GDP 贡献率）30.36%，社会消费品零售总额增长率 12.52%，每户外出就业人口比重 11.74%，农民人均收入增长率 9.18%，农民人均家庭经营纯收入增长率 5.93%，农民人均生活消费支出增长率（农村居民交通消费支出）3.39%，客运量 7.08%，货运量 4.68%，农村等级公路里程率 3.56%，农村投递路线长度 1.86%，农村固定资产投资变化情况的综合权重为 3.67%，农作物播种面积变化情况的综合权重为 2.01%，粮食总产量变化情况达 1.81%，平均每百户农民经营土地情况 1.03% 和第三

产业对地区经济发展的贡献 1.18% 。其中，居于综合权重前三位的是社会总产值增长率（年均 GDP 贡献率）、社会消费品零售总额增长率、每户外出就业人口比重三个指标。

（三）农村公路投资的经济绩效评价状况

1. 福建省变化情况

由表 4 - 24 以及表 4 - 32 经济绩效各指标综合权重可以得出 2003 ~ 2009 年福建省农村公路投资对经济绩效的影响情况，如表 4 - 33 所示。

表 4 - 33　　　　　　　福建省农村公路投资对经济绩效影响状况

指标	变化情况（%）	综合权重	综合变化情况（%）
农村固定资产投资（亿元）	155.57	0.0367	5.71
社会总产值（亿元）	152.10	0.3036	46.18
社会消费品零售总额（亿元）	149.25	0.1252	18.69
农民人均生活消费支出（农村居民交通消费支出）（元）	105.14	0.0339	3.56
农民人均工资收入（元）	97.84	0.0918	8.98
平均每百户农民经营土地情况（公顷）	75.03	0.0103	0.77
货运量（万吨）	74.23	0.0468	3.47
农民人均家庭经营纯收入（元）	64.90	0.0593	3.85
农村公路等级公路里程（公里）	59.90	0.0356	2.13
客运量（万人）	58.27	0.0708	4.13
每户外出就业人口比重	23.13	0.1174	2.72
第三产业对地区经济发展的贡献	16.62	0.0118	0.20
农村投递路线长度（公里）	13.07	0.0186	0.24
粮食总产量（万吨）	-4.05	0.0181	-0.07
农作物播种面积（千公顷）	-9.20	0.0201	-0.18
总计		1.00	100.37

其中表 4 - 33 按照福建省农村公路投资对经济绩效各指标的影响情况由大到小排列，具体如表 4 - 34 ~ 表 4 - 37 所示。

表 4 - 34 ~ 表 4 - 37 中：

经济绩效各指标的综合变化情况 = 变化情况 × 综合权重　　（4 - 38）

表 4 - 34　　　　　福建省农村公路投资对农村生产力影响状况

二级指标	三级指标	权重	变化情况（%）	综合变化情况（%）
农村生产力（B1）	C1 社会总产值增长率（年均 GDP 贡献率）	0.7080	152.10	107.69
	C2 社会消费品零售总额增长率	0.2920	149.25	43.58
	合计			151.27

表 4 - 35　　　福建省农村公路投资对农村就业、收入和支出影响状况

二级指标	三级指标	权重	变化情况（%）	综合变化情况（%）
农村就业、收入和支出（B2）	C3 每户外出就业人口比重	0.3882	23.13	8.98
	C4 农民人均收入增长率	0.3037	97.84	29.71
	C5 农民人均家庭经营纯收入增长率	0.1961	64.90	12.73
	C6 农民人均生活消费支出增长率（农村居民交通消费支出）	0.1120	105.14	11.78
	合计			63.20

表 4 - 36　　　福建省农村公路投资对农村交通运输、邮递影响状况

二级指标	三级指标	权重	变化情况（%）	综合变化情况（%）
农村交通运输、邮递（B3）	C7 客运量	0.4122	58.27	24.02
	C8 货运量	0.2725	74.23	20.23
	C9 农村等级公路里程率	0.2073	59.90	12.42
	C10 农村投递路线长度	0.1080	13.07	1.41
	合计			58.08

表 4 - 37　　　福建省农村公路投资对农村投资、产业影响状况

二级指标	三级指标	权重	变化情况（%）	综合变化情况（%）
农村投资、产业状况（B4）	C11 农村固定资产投资变化情况	0.3779	155.57	58.79
	C12 农作物播种面积变化情况	0.2075	-9.20	-1.91
	C13 粮食总产量变化情况	0.1871	-4.05	-0.76
	C14 平均每百户农民经营土地情况	0.1058	75.03	7.94
	C15 第三产业对地区经济发展的贡献	0.1217	16.62	2.02
	合计			66.08

由此可知，福建省农村公路投资能促进全省经济绩效提高 100.37%，农村生产力提高 151.27%，农村就业、收入和支出增加 63.20%，农村交通运输、邮递增加 58.08%，对农村投资、产业影响状况可提升 66.08%。

2. 发达地区与不发达地区的比较分析

（1）发达地区——泉州市变化情况。由前面的表 4-25 以及表 4-32 经济绩效各指标综合权重，2004 年和 2009 年泉州市的数据可以得出泉州市农村公路投资对经济绩效的影响情况，如表 4-38 所示。

表 4-38　　　　　　泉州市农村公路投资对经济绩效影响状况

指标	变化情况（%）	综合权重	综合变化情况（%）
社会总产值（亿元）	91.49	0.3036	27.78
社会消费品零售总额（亿元）	89.03	0.1252	11.15
平均每百户农民经营土地情况（公顷）	80.93	0.0103	0.83
农民人均工资收入（元）	66.84	0.0918	6.14
农民人均生活消费支出（农村居民交通消费支出）（元）	65.36	0.0339	2.22
客运量（万人）	45.49	0.0708	3.22
农民人均家庭经营纯收入（元）	39.91	0.0593	2.37
农村投递路线长度（公里）	31.97	0.0186	0.59
每户外出就业人口比重（%）	23.46	0.1174	2.75
货运量（万吨）	3.01	0.0468	0.14
农村公路等级公路里程（公里）	0.82	0.0356	0.03
第三产业对地区经济发展的贡献	-5.79	0.0118	-0.07
农作物播种面积（千公顷）	-12.68	0.0201	-0.25
粮食总产量（万吨）	-15.08	0.0181	-0.27
农村固定资产投资（亿元）	-19.42	0.0367	-0.71
总计		1.00	55.91

其中表 4-38 按照泉州市农村公路投资对经济绩效各指标的影响情况由大到小排列，具体如表 4-39～表 4-41 所示。

表 4-39～表 4-41 中，

　　　经济绩效各指标的综合变化情况 = 变化情况 × 综合权重

表 4 - 39　　　　泉州市农村公路投资对农村生产力影响状况

二级指标	三级指标	权重	变化情况（%）	综合变化情况（%）
农村生产力（B1）	C1 社会总产值增长率（年均 GDP 贡献率）	0.7080	91.49	64.77
	C2 社会消费品零售总额增长率	0.2920	89.03	26.00
合计				90.77

表 4 - 40　　　泉州市农村公路投资对农村就业、收入和支出影响状况

二级指标	三级指标	权重	变化情况（%）	综合变化情况（%）
农村就业、收入和支出（B2）	C3 每户外出就业人口比重	0.3882	23.46	9.11
	C4 农民人均工资收入增长率	0.3037	66.84	20.30
	C5 农民人均家庭经营纯收入增长率	0.1961	39.91	7.83
	C6 农民人均生活消费支出增长率（农村居民交通消费支出）	0.1120	65.36	7.32
合计				44.55

表 4 - 41　　　泉州市农村公路投资对农村交通运输、邮递影响状况

二级指标	三级指标	权重	变化情况（%）	综合变化情况（%）
农村交通运输、邮递（B3）	C7 客运量	0.4122	45.49	18.75
	C8 货运量	0.2725	3.01	0.82
	C9 农村等级公路里程率	0.2073	0.82	0.17
	C10 农村投递路线长度	0.1080	31.97	3.45
合计				23.19

表 4 - 42　　　泉州市农村公路投资对农村投资、产业影响状况

二级指标	三级指标	权重	变化情况（%）	综合变化情况（%）
农村投资、产业状况（B4）	C11 农村固定资产投资变化情况	0.3779	-19.42	-7.34
	C12 农作物播种面积变化情况	0.2075	-12.68	-2.63
	C13 粮食总产量变化情况	0.1871	-15.08	-2.82
	C14 平均每百户农民经营土地情况	0.1058	80.93	8.56
	C15 第三产业对地区经济发展的贡献	0.1217	-5.79	-0.70
合计				-4.93

　　由此可知，福建省农村公路投资能促进泉州市经济绩效提高 55.91%，农村生产力提高 90.77%，农村就业、收入和支出增加 44.55%，农村交通运输、邮递增加 23.19%，农村投资、产业状况下降 4.93%。

　　（2）不发达地区——龙岩市变化情况。由表 4-26 及表 4-32 数据可以得出龙岩市农村公路投资对经济绩效的影响情况，如表 4-43 所示。

表 4-43　　　　　　　　　龙岩市农村公路投资对经济绩效影响状况

指标	变化情况（%）	综合权重	综合变化情况（%）
农村固定资产投资（亿元）	276.91	0.0367	10.16
货运量（万吨）	141.69	0.0468	6.63
社会总产值（亿元）	136.20	0.3036	41.35
农民人均工资收入（元）	83.57	0.0918	7.67
平均每百户农民经营土地情况（公顷）	80.94	0.0103	0.83
农民人均生活消费支出（农村居民交通消费支出）（元）	70.55	0.0339	2.39
农民人均家庭经营纯收入（元）	53.95	0.0593	3.20
客运量（万人）	48.21	0.0708	3.41
社会消费品零售总额（亿元）	45.20	0.1252	5.66
农村公路等级公路里程（公里）	38.14	0.0356	1.36
每户外出就业人口比重	26.44	0.1174	3.10
第三产业对地区经济发展的贡献	4.98	0.0118	0.06
农村投递路线长度（公里）	3.23	0.0186	0.06
粮食总产量（万吨）	-9.41	0.0181	-0.17
农作物播种面积（千公顷）	-13.52	0.0201	-0.27
总计		1.00	85.45

　　其中表 4-43 按照龙岩市农村公路投资对经济绩效各指标的影响情况由大到小排列，具体见表 4-44~表 4-47。

　　表 4-44~表 4-47 中，

经济绩效各指标的综合变化情况 = 变化情况 × 综合权重

表 4-44　　　　　　　　龙岩市农村公路投资对农村生产力影响状况

二级指标	三级指标	权重	变化情况（%）	综合变化情况（%）
农村生产力（B1）	C1 社会总产值增长率（年均GDP 贡献率）	0.7080	136.20	96.43
	C2 社会消费品零售总额增长率	0.2920	45.20	13.20
	合计			109.63

表4-45 龙岩市农村公路投资对农村就业、收入和支出影响状况

二级指标	三级指标	权重	变化情况（%）	综合变化情况（%）
农村就业、收入和支出（B2）	C3 每户外出就业人口比重	0.3882	26.44	10.26
	C4 农民人均收入增长率	0.3037	83.57	25.38
	C5 农民人均家庭经营纯收入增长率	0.1961	53.95	10.58
	C6 农民人均生活消费支出增长率（农村居民交通消费支出）	0.1120	70.55	7.90
	合计			54.13

表4-46 龙岩市农村公路投资对农村交通运输、邮递影响状况

二级指标	三级指标	权重	变化情况（%）	综合变化情况（%）
农村交通运输、邮递（B3）	C7 客运量	0.4122	48.21	19.87
	C8 货运量	0.2725	141.69	38.61
	C9 农村等级公路里程率	0.2073	38.14	7.91
	C10 农村投递路线长度	0.1080	3.23	0.35
	合计			66.74

表4-47 龙岩市农村公路投资对农村投资、产业影响状况

二级指标	三级指标	权重	变化情况（%）	综合变化情况（%）
农村投资、产业影响状况（B4）	C11 农村固定资产投资变化情况	0.3779	276.91	104.64
	C12 农作物播种面积变化情况	0.2075	-13.52	-2.81
	C13 粮食总产量变化情况	0.1871	-9.41	-1.76
	C14 平均每百户农民经营土地情况	0.1058	80.94	8.56
	C15 第三产业对地区经济发展的贡献	0.1217	4.98	0.61
	合计			109.25

　　由此可知，农村公路投资能促进龙岩市整体经济绩效提高85.45%，其中，农村生产力提高109.63%，农村就业、收入和支出增加54.13%，农村交通运输、邮递增加66.74%，农村投资、产业影响状况提高109.25%。

（四）经济绩效评价结论

1. 农村公路投资对经济发展具有一定的促进作用，对不发达地区作用较大，对发达地区的促进作用较小

由前文的实证结果可知，农村公路投资对全省、泉州市和龙岩市的经济绩效增长率分别为100.37%、55.91%和85.45%。由于引起经济绩效增长的因素有很多，本书在写作的过程中虽然无法将各个影响因素一一剔除，但是从以上的数据中我们可以发现，农村公路投资对于当地经济发展具有很大的促进作用。同时，比较泉州市和龙岩市的经济绩效增长率可知，不发达地区代表——龙岩市的增长率达85%，远高于发达地区代表——泉州市55.91%的增长率，由此可得出结论：农村公路投资对不发达地区的经济促进作用较大，对发达地区的经济促进作用较小。

2. 农村公路投资对经济增长促进作用较大，对粮食生产促进作用较小

根据前文实证结果，由农村公路投资之后经济绩效各指标的变化情况可知：农村公路投资对于当地固定资产投资、社会总值、社会消费品零售总额等指标促进作用比较明显，而对当地粮食总产量以及农作物播种面积的影响则为负的。笔者认为这是因为农村公路投资之后使得当地的交通更加便利，所以导致了反映经济增长的各个指标数值增长较多。此外，经济发展之后使得当地从事农业的人口减少，由此导致了粮食总产量以及农作物播种面积的下降。

3. 农村公路投资使得当地生产力飞速发展

由前文数据可知，农村公路投资导致全省、泉州市和龙岩市生产力发展的增量为分别为151.27%、90.77%和109.63%，而对农村就业、收入和支出，相当于对农村交通运输、邮递，农村投资和产业影响状况的2倍多。笔者认为这可能是由于农村公路投资之后使得当地农民和外界交流增多，从而有利于引进其他地区的先进生产技术和管理理念，导致生产力的飞速发展。

4. 农村公路投资对不发达地区的农村投资、产业影响较大，对发达地区影响较小

根据前文的实证数据，农村公路投资对泉州市农村投资、产业影响状况的影响为-4.93%，而对龙岩市农村投资、产业影响为109.25%。农村公路投资对不发达地区的影响远远大于对发达地区的影响。笔者认为这是由于近年来泉州市重视发展工业，使得第一产业和第三产业的比重相对下降，故导致泉州发达地区的实证结果为负。但是从农村固定资产投资变化情况可知，龙岩市的增长率109.25%远大于泉州市的增长率，由此可知农村公路投资对不发达地区的投资和产业影响较大，对发达地区的影响较小。

第十节 农村公路投资的社会和生态 环境绩效评价实证研究

在介绍的层次分析法（AHP）和模糊综合评价法（FCE）以及构建的农村公路投资绩效评价指标体系基础上，本书采用调查问卷手段，使用层次分析法确定出福建省农村公路投资的社会和生态环境绩效各指标的权重，再利用模糊综合评价方法进行量化，计算出其社会绩效和生态环境绩效的分值。具体的步骤和过程如下所示。

一、社会和生态环境绩效评价相关数据的采集

（一）社会和生态环境绩效评价各指标相对权重的原始数据采集

社会绩效和生态环境绩效评价各指标相对权重原始数据的采集和前文所述的经济绩效评价各指标相对权重数据的采集方法相同，采集结果如表 4 - 48 ~ 表 4 - 52 所示。

其中，表 4 - 48 是社会和生态环境绩效二级指标的相对权重比较值，具体分值如下：

表 4 - 48　　　　社会和生态环境绩效二级指标的相对权重比较值

指标比较	平均值
社会公共服务 B5/交通服务 B6	1.85
社会公共服务 B5/公众反应与参与 B7	2.94
社会公共服务 B5/生态与环境影响 B8	2.22
交通服务 B6/公众反应与参与 B7	3.93
交通服务 B6/生态与环境影响 B8	3.22
公众反应与参与 B7/生态与环境影响 B8	2.02

其中，表 4 - 49 是社会公共服务各指标的相对权重比较值，具体分值如下：

表 4 - 49　　　　　　　　社会公共服务各指标的相对权重比较值

指标比较	平均值
学龄儿童入学率变化情况 C16／贫困率变化情况 C17	2.24
学龄儿童入学率变化情况 C16／村民出行时间变化情况 C18	1.91
学龄儿童入学率变化情况 C16／村容整洁情况 C19	2.55
贫困率变化情况 C17／村民出行时间变化情况 C18	2.67
贫困率变化情况 C17／村容整洁情况 C19	3.39
村民出行时间变化情况 C18／村容整洁情况 C19	2.35

其中，表 4 - 50 是交通服务各指标的相对权重比较值，具体分值如下：

表 4 - 50　　　　　　　　交通服务各指标的相对权重比较值

指标比较	平均值
农村公路机动车交通量变化情况 C20／建制村客运班线开通变化情况 C21	1.98
农村公路机动车交通量变化情况 C20／建制村客运班线日均服务班次变化情况 C22	2.24
建制村客运班线开通变化情况 C21／建制村客运班线日均服务班次变化情况 C22	2.42

其中，表 4 - 51 是公众反应与参与各指标的相对权重比较值，具体分值如下：

表 4 - 51　　　　　　　公众反应与参与各指标的相对权重比较值

指标比较	平均值
公众项目参与度变化情况 C23／农村公路建设满意度 C24	1.20
公众项目参与度变化情况 C23／当地干群关系变化情况 C25	2.28
公众项目参与度变化情况 C23／当地政府威信变化情况 C26	2.35
农村公路建设满意度 C24／当地干群关系变化情况 C25	3.83
农村公路建设满意度 C24／当地政府威信变化情况 C26	3.77
当地干群关系变化情况 C25／当地政府威信变化情况 C26	2.22

其中，表 4 - 52 是生态与环境影响各指标的相对权重比较值，具体分值如下：

表 4 - 52　　　　　　　生态与环境影响各指标的相对权重比较值

指标比较	平均值
公众空气质量满意度 C27／噪声影响情况 C28	1.92
公众空气质量满意度 C27／水污染影响情况 C29	1.47

续表

指标比较	平均值
公众空气质量满意度 C27/项目耕地占用情况 C30	1.72
公众空气质量满意度 C27/对周边景观的影响情况 C31	2.45
噪声影响情况 C28/水污染影响情况 C29	1.46
噪声影响情况 C28/项目耕地占用情况 C30	1.91
噪声影响情况 C28/对周边景观的影响情况 C31	2.37
水污染影响情况 C29/项目耕地占用情况 C30	2.47
水污染影响情况 C29/对周边景观的影响情况 C31	3.89
项目耕地占用情况 C30/对周边景观的影响情况 C31	2.82

（二）社会和生态环境绩效各指标原始数据的采集

社会和生态环境绩效各指标数据主要来源于福建省农村公路投资绩效评价公众调查问卷，其中调查问卷的内容如附录 3 所示。笔者通过相关部门、实地调研在全省一共发放了 1600 份调查问卷，总共收回 1508 份问卷，其中无效问卷 60 份，有效问卷 1448 份（其中：福州 296 份，龙岩 198 份，南平 54 份，宁德 67 份，莆田 143 份，泉州 376 份，三明 135 份，厦门 56 份，漳州 123 份）。

本书的实证主要是对福建全省农村公路投资以及福建省发达地区代表——泉州市、不发达地区代表——龙岩市进行分析的，因此，以下只列出福建全省以及泉州市、龙岩市两地的相关数据，其他 7 个地市的数据没有一一列出，具体如表 4 – 53 所示。

（1）福建全省社会和生态环境绩效各指标原始数据的采集。

表 4 – 53　　福建省外出就业人数状况以及前往日常工作生活场所时间情况

指标	2003 年以前	2009 年以后	变化情况（%）
家庭人口数量（人）	4.58	4.53	
外出就业人数（人）	1.01	1.23	23.13
每户外出就业人口比重（%）	22.05	27.15	
前往本乡（镇）中心所需时间（分钟）	26.45	18.49	
前往生产劳动（或工作）场所所需的时间（分钟）	40.82	25.23	
前往集贸市场所需的时间（分钟）	19.22	13.92	– 32.10
到达最近的医院所需的时间（分钟）	23.65	17.15	
前往日常工作生活场所平均时间（分钟）	27.54	18.70	

其中：

$$每户外出就业人口比重 = 外出就业人数/家庭人口数量 \qquad (4-39)$$

$$\begin{aligned}前往日常工作生\\活场所平均时间\end{aligned} = 1/4\left(\begin{aligned}前往本乡(镇)\\中心所需时间\end{aligned} + \begin{aligned}前往生产劳动(或工作)\\场所所需的时间\end{aligned}\right.$$

$$\left. + \begin{aligned}前往集贸市场\\所需的时间\end{aligned} + \begin{aligned}到达最近的医\\院所需的时间\end{aligned}\right) \qquad (4-40)$$

$$各指标变化情况 = (2009年以后的值 - 2003年以前的值)/2003年以前的值 \qquad (4-41)$$

由此可知，和2003年以前相比，2009年福建省每户外出就业人口比重增加了23.13%，前往日常工作生活场所平均时间减少了32.10%。

根据格栅获取法，笔者在农村公路投资社会和生态环境绩效评价中，调查2003年与2009年当地居民对所设指标的变化情况通过具有等级的尺度来表达，对各评价因子可分为"最重要"、"较重要"、"中等"、"次重要"、"不重要"五个重要程度，因涉及评价的指标构成复杂，性质各异，具体可分为三类指标：

第一类，适合运用"最多"、"较多"、"中等"、"次少"、"最少"来衡量的指标有农村公路机动车交通量变化情况、建制村客运班线开通变化情况、建制村客运班线日均服务班次变化情况、水污染影响情况、项目耕地占用情况五个指标，具体如表4-54所示。

表4-54　　福建省社会和生态环境绩效各指标评价状况（一）

等级 指标	最多	较多	中等	次少	最少
农村公路机动车交通量变化情况	279	675	382	72	40
建制村客运班线开通变化情况	95	498	519	214	122
建制村客运班线日均服务班次变化情况	95	448	571	203	131
水污染影响情况	240	444	455	205	104
项目耕地占用情况	227	476	458	196	91

第二类，适合运用"最好"、"较好"、"中等"、"次差"、"最差"来衡量的指标有农村公路建设满意度、当地政府威信变化情况、公众空气质量满意度、噪声影响情况及村容整洁情况五个指标，具体如表4-55所示。

表 4 −55　　　　　福建省社会和生态环境绩效各指标评价状况（二）

指标 \ 等级	最好	较好	中等	次差	最差
农村公路建设满意度	136	630	512	122	48
当地政府威信变化情况	60	386	677	218	107
公众空气质量满意度	89	455	550	259	95
噪声影响情况	97	409	585	262	95
村容整洁情况	96	469	588	215	80

　　第三类，适合运用"最大"、"较大"、"中等"、"次小"、"最小"来衡量的指标有贫困率变化情况、公众项目参与度变化情况、学龄儿童入学率变化情况、当地干群关系变化情况及对周边景观的影响情况等五个指标，具体如表 4 −56 所示。

表 4 −56　　　　　福建省社会和生态环境绩效各指标评价状况（三）

指标 \ 等级	最大	较大	中等	次小	最小
贫困率变化情况	126	512	623	154	33
公众项目参与度变化情况	71	410	653	231	83
学龄儿童入学率变化情况	242	613	423	127	43
当地干群关系变化情况	63	333	733	248	71
对周边景观的影响情况	168	477	565	178	60

　　（2）泉州市社会和生态环境绩效各指标原始数据的采集。同样的，通过调查，我们得到泉州市社会和生态环境绩效各指标原始数据如表 4 −57 所示。

表 4 −57　　　　泉州市外出就业人数状况以及前往日常工作生活场所时间情况

指标	2003 年以前	2009 年以后	变化情况（%）
家庭人口数量（人）	4.82	4.71	
外出就业人数（人）	0.93	1.13	23.46
每户外出就业人口比重（%）	19.29	23.99	
前往本乡（镇）中心所需时间（分钟）	25.45	17.67	
前往生产劳动（或工作）场所所需的时间（分钟）	29.08	22.68	
前往集贸市场所需的时间（分钟）	17.69	13.05	−26.10
到达最近的医院所需的时间（分钟）	23.67	17.34	
前往日常工作生活场所平均时间（分钟）	23.97	17.69	

由此可知，和 2003 年以前相比，2009 年泉州市每户外出就业人口比重增加了 23.46%，前往日常工作生活场所平均时间减少了 26.10%。

适合运用第一类"最多"、"较多"、"中等"、"次少"、"最少"衡量指标的泉州市社会和生态环境绩效的各指标评价状况，如表 4 - 58 所示。

表 4 - 58　　　　泉州市社会和生态环境绩效各指标评价状况（一）

指标 \ 等级	最多	较多	中等	次少	最少
农村公路机动车交通量变化情况	79	177	98	15	7
建制村客运班线开通变化情况	24	104	146	69	33
建制村客运班线日均服务班次变化情况	22	100	158	62	34
水污染影响情况	72	115	122	37	30
项目耕地占用情况	61	129	107	56	23

适合运用第二类"最好"、"较好"、"中等"、"次差"、"最差"衡量指标的泉州市社会和生态环境绩效的各指标评价状况，如表 4 - 59 所示。

表 4 - 59　　　　泉州市社会和生态环境绩效各指标评价状况（二）

指标 \ 等级	最好	较好	中等	次差	最差
农村公路建设满意度	34	147	150	37	8
当地政府威信变化情况	15	99	190	46	26
公众空气质量满意度	27	113	143	65	28
噪声影响情况	22	94	165	71	24
村容整洁情况	25	120	140	67	24

适合运用第三类"最大"、"较大"、"中等"、"次小"、"最小"衡量指标的泉州市社会和生态环境绩效的各指标评价状况，如表 4 - 60 所示。

表 4 - 60　　　　泉州市社会和生态环境绩效各指标评价状况（三）

指标 \ 等级	最大	较大	中等	次小	最小
贫困率变化情况	33	121	179	36	7
公众项目参与度变化情况	15	107	179	58	17
学龄儿童入学率变化情况	71	174	106	16	9
当地干群关系变化情况	15	80	205	60	16
对周边景观的影响情况	45	125	148	43	15

（3）龙岩市社会和生态环境绩效各指标原始数据的采集。同泉州市社会和生态环境绩效各指标原始数据的采集一样，通过调查，我们得到龙岩市社会和生态环境绩效各指标原始数据，如表4-61所示。

表4-61　　　龙岩市外出就业人数状况以及前往日常工作生活场所时间情况

指标	2003年以前	2009年以后	变化情况（%）
家庭人口数量（人）	4.49	4.43	
外出就业人数（人）	0.97	1.21	26.44
每户外出就业人口比重（%）	21.60	27.31	
前往本乡（镇）中心所需时间（分钟）	30.47	20.49	
前往生产劳动（或工作）场所所需的时间（分钟）	39.15	28.19	
前往集贸市场所需的时间（分钟）	27.85	17.03	-33.18
到达最近的医院所需的时间（分钟）	30.19	19.60	
前往日常工作生活场所平均时间（分钟）	31.92	21.33	

由此可知，和2003年以前相比，2009年龙岩市每户外出就业人口比重增加了26.44%，前往日常工作生活场所平均时间减少了33.18%。

同样的，适合运用第一类"最多"、"较多"、"中等"、"次少"、"最少"衡量指标的龙岩市社会和生态环境绩效的各指标评价状况，如表4-62所示。

表4-62　　　龙岩市社会和生态环境绩效各指标评价状况（一）

等级 指标	最多	较多	中等	次少	最少
农村公路机动车交通量变化情况	39	104	41	11	3
建制村客运班线开通变化情况	13	78	62	29	16
建制村客运班线日均服务班次变化情况	13	76	61	31	17
水污染影响情况	33	60	63	34	8
项目耕地占用情况	25	72	66	27	8

适合运用第二类"最好"、"较好"、"中等"、"次差"、"最差"衡量指标的龙岩市社会和生态环境绩效的各指标评价状况，如表4-63所示。

表4-63 龙岩市社会和生态环境绩效各指标评价状况（二）

指标＼等级	最好	较好	中等	次差	最差
农村公路建设满意度	12	99	64	16	7
当地政府威信变化情况	2	51	101	32	12
公众空气质量满意度	8	62	71	42	15
噪声影响情况	8	59	81	43	7
村容整洁情况	6	56	98	32	6

适合运用第三类"最大"、"较大"、"中等"、"次小"、"最小"衡量指标的龙岩市社会和生态环境绩效的各指标评价状况，如表4-64所示。

表4-64 龙岩市社会和生态环境绩效各指标评价状况（三）

指标＼等级	最大	较大	中等	次小	最小
贫困率变化情况	8	77	92	19	2
公众项目参与度变化情况	5	60	94	33	6
学龄儿童入学率变化情况	28	92	55	21	2
当地干群关系变化情况	7	44	102	42	3
对周边景观的影响情况	21	69	83	22	3

二、社会和生态环境绩效评价过程

（一）社会和生态环境绩效评价各指标相对权重的确定

基于表4-48～表4-52中的数据，笔者使用Excel中的数据运算功能得出了社会和生态环境绩效各子指标的相对权重，具体数值如表4-65～表4-69所示。

表4-65 社会和生态环境绩效二级指标的比较矩阵、相对权重及其特征值

指标	B5	B6	B7	B8	权重	λ_{max}	C. I	C. R.
B5	1	1.85	2.94	2.22	0.3963	4.2285	0.0762	0.0846
B6	0.54	1	3.93	3.22	0.3438			
B7	0.34	0.25	1	2.02	0.1444	R. I. =0.90		
B8	0.45	0.31	0.50	1	0.1155	C. R. =0.0846<0.10		

表4-66　　　社会公共服务各指标的比较矩阵、相对权重及其特征值

指标	C16	C17	C18	C19	权重	λ_{max}	C. I	C. R.
C16	1	2.24	1.91	2.55	0.3976	4.1969	0.0656	0.0729
C17	0.45	1	2.67	3.39	0.3141			
C18	0.52	0.37	1	2.35	0.1836	R. I. = 0.90 C. R. = 0.0729 < 0.10		
C19	0.39	0.29	0.43	1	0.1047			

表4-67　　　交通服务各指标的比较矩阵、相对权重及其特征值

指标	C20	C21	C22	权重	λ_{max}	C. I	C. R.
C20	1	1.98	2.24	0.4967	3.0687	0.0343	0.0592
C21	0.51	1	2.42	0.3276	R. I. = 0.52 C. R. = 0.0592 < 0.10		
C22	0.45	0.41	1	0.1757			

表4-68　　　公众反应与参与各指标的比较矩阵、相对权重及其特征值

指标	C23	C24	C25	C26	权重	λ_{max}	C. I	C. R.
C23	1	1.20	2.28	2.35	0.3408	4.1463	0.0488	0.0542
C24	0.83	1	3.83	3.77	0.3960			
C25	0.44	0.26	1	2.22	0.1570	R. I. = 0.90 C. R. = 0.0542 < 0.10		
C26	0.43	0.27	0.45	1	0.1062			

表4-69　　　生态与环境影响各指标的比较矩阵、相对权重及其特征值

指标	C27	C28	C29	C30	C31	权重	λ_{max}	C. I	C. R.
C27	1	1.92	1.47	1.72	2.45	0.2966	5.4265	0.1066	0.0952
C28	0.52	1	1.46	1.91	2.37	0.2294			
C29	0.68	0.68	1	2.47	3.89	0.2446	R. I. = 1.12 C. R. = 0.0952 < 0.10		
C30	0.58	0.52	0.40	1	2.82	0.1486			
C31	0.41	0.42	0.26	0.35	1	0.0809			

　　由表4-65~表4-69可知，福建省农村公路投资的社会和生态环境绩效评价各二级指标的权重分别为：社会公共服务39.63%，交通服务34.38%，公众反应与参与14.44%和生态与环境影响11.55%；

　　其中，社会公共服务各三级指标的权重分别为：学龄儿童入学率变化情况39.76%，贫困率变化情况31.41%，村民出行时间变化情况18.36%和村容整洁情况10.47%；

　　交通服务各三级指标的权重分别为：农村公路机动车交通量变化情况49.67%，建制村客运班线开通变化情况32.76%和建制村客运班线日均服务

班次变化情况 17.57%；

公众反应与参与各三级指标的权重分别为：公众项目参与度 34.08%，农村公路建设满意度 39.60%，当地干群关系 15.70% 和当地政府威信变化情况 10.62%；

生态与环境影响各三级指标的权重分别为：公众空气质量满意度 29.66%，噪声影响情况 22.94%，水污染影响情况 24.46%，项目耕地占用情况 14.86% 和对周边景观的影响情况 8.09%。

（二）社会和生态环境绩效评价各指标综合权重的确定

由表 4 - 48 ~ 表 4 - 52 可得福建省农村公路投资对当地社会和生态环境绩效各指标影响情况的综合权重，如表 4 - 70 所示。

表 4 - 70 社会和生态环境绩效各指标综合权重

一级指标	二级指标	三级指标	综合权重
社会和生态环境绩效（A2）	社会公共服务（B5）0.3963	C16 学龄儿童入学率变化情况 0.3976	0.1576
		C17 贫困率变化情况 0.3141	0.1245
		C18 村民出行时间变化情况 0.1836	0.0728
		C19 村容整洁情况 0.1047	0.0415
	交通服务（B6）0.3438	C20 农村公路机动车交通量变化情况 0.4967	0.1708
		C21 建制村客运班线开通变化情况 0.3276	0.1126
		C22 建制村客运班线日均服务班次变化情况 0.1757	0.0604
	公众反应与参与（B7）0.1444	C23 公众项目参与度 0.3408	0.0492
		C24 农村公路建设满意度 0.3960	0.0572
		C25 当地干群关系 0.1570	0.0227
		C26 当地政府威信变化情况 0.1062	0.0153
	生态与环境影响（B8）0.1155	C27 公众空气质量满意度 0.2966	0.0343
		C28 噪声影响情况 0.2294	0.0265
		C29 水污染影响情况 0.2446	0.0283
		C30 项目耕地占用情况 0.1486	0.0172
		C31 对周边景观的影响情况 0.0809	0.0093

由此可知，社会生态和环境绩效评价各三级指标的综合权重分别为：学龄儿童入学率变化情况 15.76%，贫困率变化情况 12.45%，村民出行时间变化情况 7.28%，村容整洁情况 4.15%，农村公路机动车交通量变化情况 17.08%，建制村客运班线开通变化情况 11.26%，建制村客运班线日均服务班次变化情况 6.04%，公众项目参与度 4.92%，农村公路建设满意度 5.72%，当地干群关系 2.27%，当地政府威信变化情况 1.53%，公众空气质量满意度

3.43%，噪声影响情况2.65%，水污染影响情况2.83%，项目耕地占用情况1.72%和对周边景观的影响情况0.93%。

（三）农村公路投资的社会和生态环境绩效评价状况

1. 福建省农村公路投资的社会和生态环境绩效评价状况

（1）福建省居民对农村公路投资的社会和生态环境绩效评议情况。由表4-58～表4-60可得当地居民对于福建省农村公路投资对福建省社会和生态环境绩效影响状况的评议情况，如表4-71～表4-73所示。

其中，适合运用第一类"最多"、"较多"、"中等"、"次少"、"最少"衡量指标的福建省居民对农村公路投资的社会和生态环境绩效的各指标评价状况，如表4-71所示。

表4-71　　　福建省居民对农村公路投资的社会和生态环境绩效评议情况（一）

单位：%

指标＼等级	最多	较多	中等	次少	最少
农村公路机动车交通量变化情况	19.27	46.62	26.38	4.97	2.76
建制村客运班线开通变化情况	6.56	34.39	35.84	14.78	8.43
建制村客运班线日均服务班次变化情况	6.56	30.94	39.43	14.02	9.05
水污染影响情况	16.57	30.66	31.42	14.16	7.18
项目耕地占用情况	15.68	32.87	31.63	13.54	6.28

适合运用第二类"最好"、"较好"、"中等"、"次差"、"最差"衡量指标的福建省居民对农村公路投资的社会和生态环境绩效的各指标评价状况，如表4-72所示。

表4-72　　　福建省居民对农村公路投资的社会和生态环境绩效评议情况（二）

单位：%

指标＼等级	最好	较好	中等	次差	最差
农村公路建设满意度	9.39	43.51	35.36	8.43	3.31
当地政府威信变化情况	4.14	26.66	46.75	15.06	7.39
公众空气质量满意度	6.15	31.42	37.98	17.89	6.56
噪声影响情况	6.70	28.25	40.40	18.09	6.56
村容整洁情况	6.63	32.39	40.61	14.85	5.52

适合运用第三类"最大"、"较大"、"中等"、"次小"、"最小"衡量指标的福建省居民对农村公路投资的社会和生态环境绩效的各指标评价状况，如表4-73所示。

表4-73　　　福建省居民对农村公路投资的社会和生态环境绩效评议情况（三）

单位：%

指标 \ 等级	最大	较大	中等	次小	最小
贫困率变化情况	8.70	35.36	43.02	10.64	2.28
公众项目参与度变化情况	4.90	28.31	45.10	15.95	5.73
学龄儿童入学率变化情况	16.71	42.33	29.21	8.77	2.97
当地干群关系变化情况	4.35	23.00	50.62	17.13	4.90
对周边景观的影响情况	11.60	32.94	39.02	12.29	4.14

（2）福建省农村公路投资的社会和生态环境绩效评分情况。根据格栅获取法笔者对评价为"最好、最多、最大"的指标赋值5分，评价为"较多"、"较好"、"较大"的指标赋值4分，评价为"中等"的指标赋值3分，评价为"次少"、"次差"、"次小"的指标赋值2分，评价为"最少"、"最差"、"最小"的指标赋值1分。

在表4-53中的当地居民前往日常工作生活场所平均时间变化情况，假设减少50%为最优情况即得5分，由此可知福建省的"村民出行时间变化情况"得分为3.21。

由此可得当地居民对于农村公路投资对福建省社会和生态环境绩效的评价得分情况如表4-74所示，表中取值按照各项指标得分的降序排序。

表4-74　　　当地居民对福建省农村公路投资的社会和生态环境绩效评分情况

指标	得分
农村公路机动车交通量变化情况	3.7467
学龄儿童入学率变化情况	3.6101
农村公路建设满意度	3.4724
项目耕地占用情况	3.3813
贫困率变化情况	3.3756
对周边景观的影响情况	3.3554
水污染影响情况	3.3525
村民出行时间变化情况	3.2100
村容整洁情况	3.1976

续表

指标	得分
建制村客运班线开通变化情况	3.1587
公众空气质量满意度	3.1271
建制村客运班线日均服务班次变化情况	3.1194
公众项目参与度变化情况	3.1067
噪声影响情况	3.1044
当地政府威信变化情况	3.0510
当地干群关系变化情况	3.0477

由表4-70、表4-74可得福建省社会和生态环境绩效各指标的综合得分情况，如表4-75所示。

表4-75 福建省农村公路投资的社会和生态环境绩效综合得分

一级指标	三级指标	综合权重	得分	加权得分
社会和生态环境绩效（A2）	C16 学龄儿童入学率变化情况	0.1576	3.6101	0.5690
	C17 贫困率变化情况	0.1245	3.3756	0.4203
	C18 村民出行时间变化情况	0.0728	3.2100	0.2337
	C19 村容整洁情况	0.0415	3.1976	0.1327
	C20 农村公路机动车交通量变化情况	0.1708	3.8135	0.6513
	C21 建制村客运班线开通变化情况	0.1126	3.0451	0.3429
	C22 建制村客运班线日均服务班次变化情况	0.0604	3.0373	0.1835
	C23 公众项目参与度	0.0492	3.0823	0.1516
	C24 农村公路建设满意度	0.0572	3.4308	0.1962
	C25 当地干群关系	0.0227	3.0503	0.0692
	C26 当地政府威信变化情况	0.0153	3.0823	0.0472
	C27 公众空气质量满意度	0.0343	3.1222	0.1071
	C28 噪声影响情况	0.0265	3.0503	0.0808
	C29 水污染影响情况	0.0283	3.4312	0.0971
	C30 项目耕地占用情况	0.0172	3.3962	0.0584
	C31 对周边景观的影响情况	0.0093	3.1460	0.0293
总得分				3.3703

总之，下列是福建省农村公路投资对社会公共服务、交通服务、公众反应与参与、生态与环境的影响情况，如表4-76、表4-77、表4-78、表4-79所示。

其中，表4-76是福建省农村公路投资对社会公共服务的影响情况，具体如下：

表 4 - 76 福建省农村公路投资对社会公共服务的影响情况

二级指标	三级指标	权重	得分	加权得分
社会公共服务（B5）	C16 学龄儿童入学率变化情况	0.3976	3.6211	1.4397
	C17 贫困率变化情况	0.3141	3.3535	1.0533
	C18 村民出行时间变化情况	0.1836	3.3800	0.6206
	C19 村容整洁情况	0.1047	3.1212	0.3268
	总得分			3.4404

表 4 - 77 是福建省农村公路投资对交通服务的影响情况，具体如下：

表 4 - 77 福建省农村公路投资对交通服务的影响情况

二级指标	三级指标	权重	得分	加权得分
交通服务（B6）	C20 农村公路机动车交通量变化情况	0.4967	3.8335	1.9041
	C21 建制村客运班线开通变化情况	0.3276	3.2174	1.0540
	C22 建制村客运班线日均服务班次变化情况	0.1757	3.1871	0.5600
	总得分			3.5181

表 4 - 78 是福建省农村公路投资对公众反应与参与的影响情况，具体如下：

表 4 - 78 福建省农村公路投资对公众反应与参与的影响情况

二级指标	三级指标	权重	得分	加权得分
公众反应与参与（B7）	C23 公众项目参与度	0.3408	3.1265	1.0655
	C24 农村公路建设满意度	0.3960	3.4697	1.3740
	C25 当地干群关系	0.1570	3.0507	0.4790
	C26 当地政府威信变化情况	0.1062	2.9949	0.3181
	总得分			3.2365

表 4 - 79 是福建省农村公路投资对生态与环境的影响情况，具体如下：

表 4 - 79 福建省农村公路投资对生态与环境影响情况

二级指标	三级指标	权重	得分	加权得分
生态与环境影响（B8）	C27 公众空气质量满意度	0.2966	3.0303	0.8988
	C28 噪声影响情况	0.2294	3.0909	0.7091
	C29 水污染影响情况	0.2446	3.3840	0.8277
	C30 项目耕地占用情况	0.1486	3.3992	0.5051
	C31 对周边景观的影响情况	0.0809	3.4194	0.2766
	总得分			3.2173

由表 4 - 75 至表 4 - 79 可知，福建省农村公路投资的社会和生态环境绩效的综合得分为 3.3703，社会公共服务的综合得分为 3.4404，交通服务的综合得分为 3.5181，公众反应与参与的综合得分为 3.2365，生态与环境影响情况的综合得分为 3.2173，福建省居民对当地农村公路投资的社会和生态环境影响绩效评价为中等。

2. 泉州市农村公路投资的社会和生态环境绩效评价状况

通过整理调查问卷可知：

（1）泉州市居民对农村公路投资的社会和生态环境绩效评议情况。由表 4 - 80 ~ 表 4 - 83 可得当地居民对于农村公路投资对泉州市社会和生态环境绩效影响状况的评议状况。

适合运用第一类"最多"、"较多"、"中等"、"次少"、"最少"衡量指标的泉州市居民对农村公路投资的社会和生态环境的绩效评议情况，如表 4 - 80所示。

表 4 - 80　　　泉州市居民对农村公路投资的社会和生态环境绩效评议情况（一）

单位：%

指标＼等级	最多	较多	中等	次少	最少
农村公路机动车交通量变化情况	21.01	47.07	26.06	3.99	1.86
建制村客运班线开通变化情况	6.38	27.66	38.83	18.35	8.78
建制村客运班线日均服务班次变化情况	5.85	26.60	42.02	16.49	9.04
水污染影响情况	19.15	30.59	32.45	9.84	7.98
项目耕地占用情况	16.22	34.31	28.46	14.89	6.12

适合运用第二类"最好"、"较好"、"中等"、"次差"、"最差"衡量指标的泉州市居民对农村公路投资的社会和生态环境的绩效评议情况，如表 4 - 81所示。

表 4 - 81　　　泉州市居民对农村公路投资的社会和生态环境绩效评议情况（二）

单位：%

指标＼等级	最好	较好	中等	次差	最差
农村公路建设满意度	9.04	39.10	39.89	9.84	2.13
当地政府威信变化情况	3.99	26.33	50.53	12.23	6.91
公众空气质量满意度	7.18	30.05	38.03	17.29	7.45
噪声影响情况	5.85	25.00	43.88	18.88	6.38
村容整洁情况	6.65	31.91	37.23	17.82	6.38

适合运用第三类"最大"、"较大"、"中等"、"次小"、"最小"衡量指标的泉州市居民对农村公路投资的社会和生态环境绩效的评议情况，如表4-82所示。

表4-82   泉州市居民对农村公路投资的社会和生态环境绩效评议情况（三）

单位：%

指标 \ 等级	最大	较大	中等	次小	最小
贫困率变化情况	8.78	32.18	47.61	9.57	1.86
公众项目参与度变化情况	3.99	28.46	47.61	15.43	4.52
学龄儿童入学率变化情况	18.88	46.28	28.19	4.26	2.39
当地干群关系变化情况	3.99	21.28	54.52	15.96	4.26
对周边景观的影响情况	11.97	33.24	39.36	11.44	3.99

（2）泉州市农村公路投资的社会和生态环境绩效评分情况。同福建省"村民出行时间变化情况"得分计算方法类似，经整理分析，在表4-57中的泉州市居民前往日常工作生活场所平均时间变化情况，假设减少50%为最优情况，即得5分，由此可知泉州市"村民出行时间变化情况"得2.61分。

由此可知当地居民对于农村公路投资对泉州市的社会和生态环境绩效的评价得分情况如表4-83所示，表中数值按照各项指标得分的降序排序。

表4-83   当地居民对泉州市农村公路投资的社会和生态环境绩效评分情况

单位：%

指标	得分
农村公路机动车交通量变化情况	3.8135
水污染影响情况	3.4312
农村公路建设满意度	3.4308
贫困率变化情况	3.4308
项目耕地占用情况	3.3962
村容整洁情况	3.1460
对周边景观的影响情况	3.1460
公众空气质量满意度	3.1222
学龄儿童入学率变化情况	3.1222
当地政府威信变化情况	3.0823
公众项目参与度变化情况	3.0823
噪声影响情况	3.0503

续表

指标	得分
当地干群关系变化情况	3.0503
建制村客运班线开通变化情况	3.0451
建制村客运班线日均服务班次变化情况	3.0373
村民出行时间变化情况	2.6100

由表4－70、表4－83可得泉州市社会和生态环境绩效各指标的综合得分情况，如表4－84所示。

表4－84　　　泉州市农村公路投资的社会和生态环境绩效综合得分

一级指标	三级指标	综合权重	得分	加权得分
社会和生态环境绩效（A2）	C16 学龄儿童入学率变化情况	0.1576	3.1222	0.4921
	C17 贫困率变化情况	0.1245	3.4308	0.4271
	C18 村民出行时间变化情况	0.0728	2.6100	0.1900
	C19 村容整洁情况	0.0415	3.1460	0.1306
	C20 农村公路机动车交通量变化情况	0.1708	3.8135	0.6513
	C21 建制村客运班线开通变化情况	0.1126	3.0451	0.3429
	C22 建制村客运班线日均服务班次变化情况	0.0604	3.0373	0.1835
	C23 公众项目参与度	0.0492	3.0823	0.1516
	C24 农村公路建设满意度	0.0572	3.4308	0.1962
	C25 当地干群关系	0.0227	3.0503	0.0692
	C26 当地政府威信变化情况	0.0153	3.0823	0.0472
	C27 公众空气质量满意度	0.0343	3.1222	0.1071
	C28 噪声影响情况	0.0265	3.0503	0.0808
	C29 水污染影响情况	0.0283	3.4312	0.0971
	C30 项目耕地占用情况	0.0172	3.3962	0.0584
	C31 对周边景观的影响情况	0.0093	3.1460	0.0293
总得分				3.2544

由此可知，农村公路投资对泉州市社会公共服务、交通服务、公众反应与参与、生态与环境的影响情况如表4－85～表4－88所示。

其中，表4－85是农村公路投资对泉州市社会公共服务的影响情况，具体分值如下：

表4-85   农村公路投资对泉州市社会公共服务的影响情况

二级指标	三级指标	权重	得分	加权得分
社会公共服务 （B5）	C16 学龄儿童入学率变化情况	0.3976	3.1222	1.2414
	C17 贫困率变化情况	0.3141	3.4308	1.0776
	C18 村民出行时间变化情况	0.1836	2.6100	0.4792
	C19 村容整洁情况	0.1047	3.1460	0.3294
	总得分			3.1276

其中，表4-86是农村公路投资对泉州市交通服务的影响情况，具体分值如下：

表4-86   农村公路投资对泉州市交通服务的影响情况

二级指标	三级指标	权重	得分	加权得分
交通服务 （B6）	C20 农村公路机动车交通量变化情况	0.4967	3.8135	1.8942
	C21 建制村客运班线开通变化情况	0.3276	3.0451	0.9976
	C22 建制村客运班线日均服务班次变化情况	0.1757	3.0373	0.5337
	总得分			3.4254

其中，表4-87是农村公路投资对泉州市公众反应与参与的影响情况，具体分值如下：

表4-87   农村公路投资对泉州市公众反应与参与的影响情况

二级指标	三级指标	权重	得分	加权得分
公众反应与 参与（B7）	C23 公众项目参与度	0.3408	3.0823	1.0504
	C24 农村公路建设满意度	0.3960	3.4308	1.3586
	C25 当地干群关系	0.1570	3.0503	0.4789
	C26 当地政府威信变化情况	0.1062	3.0823	0.3273
	总得分			3.2153

其中，表4-88是农村公路投资对泉州市生态与环境影响情况，具体分值如下：

由此可知，泉州市农村公路投资的社会和生态环境绩效的综合得分为3.2544，社会公共服务的综合得分为3.1276，交通服务的综合得分为3.4254，公众反应与参与的综合得分为3.2153，生态与环境影响情况的综合得分为3.2242，泉州市居民对当地农村公路投资的社会和生态环境影响绩效评价为中等。

表 4 - 88　　　　　　农村公路投资对泉州市生态与环境影响情况

二级指标	三级指标	权重	得分	加权得分
生态与环境影响（B8）	C27 公众空气质量满意度	0.2966	3.1222	0.9260
	C28 噪声影响情况	0.2294	3.0503	0.6997
	C29 水污染影响情况	0.2446	3.4312	0.8393
	C30 项目耕地占用情况	0.1486	3.3962	0.5047
	C31 对周边景观的影响情况	0.0809	3.1460	0.2545
总得分				3.2242

3. 龙岩市农村公路投资的社会和生态环境绩效评价状况

（1）龙岩市居民对农村公路投资的社会和生态环境绩效评议情况。经问卷调查，龙岩市当地居民对于农村公路投资对龙岩市社会和生态环境绩效影响状况的评议情况，如表 4 - 89 ~ 表 4 - 91 所示。

适合运用第一类"最多"、"较多"、"中等"、"次少"、"最少"衡量指标的龙岩市居民对农村公路投资的社会和生态环境的绩效评议情况，如表 4 - 89 所示。

表 4 - 89　　　龙岩市居民对农村公路投资的社会和生态环境绩效评议情况（一）

单位：%

指标 ＼ 等级	最多	较多	中等	次少	最少
农村公路机动车交通量变化情况	19.70	52.53	20.71	5.56	1.52
建制村客运班线开通变化情况	6.57	39.39	31.31	14.65	8.08
建制村客运班线日均服务班次变化情况	6.57	38.38	30.81	15.66	8.59
水污染影响情况	16.67	30.30	31.82	17.17	4.04
项目耕地占用情况	12.63	36.36	33.33	13.64	4.04

适合运用第二类"最好"、"较好"、"中等"、"次差"、"最差"衡量指标的龙岩市居民对农村公路投资的社会和生态环境绩效的评议情况，如表 4 - 90 所示。

表 4 - 90　　　龙岩市居民对农村公路投资的社会和生态环境绩效评议情况（二）

单位：%

指标 ＼ 等级	最好	较好	中等	次差	最差
农村公路建设满意度	6.06	50.00	32.32	8.08	3.54
当地政府威信变化情况	1.01	25.76	51.01	16.16	6.06

续表

指标＼等级	最好	较好	中等	次差	最差
公众空气质量满意度	4.04	31.31	35.86	21.21	7.58
噪声影响情况	4.04	29.80	40.91	21.72	3.54
村容整洁情况	3.03	28.28	49.49	16.16	3.03

适合运用第三类"最大"、"较大"、"中等"、"次小"、"最小"衡量指标的龙岩市居民对农村公路投资的社会和生态环境的绩效评议情况，如表4-91所示。

表4-91　　　龙岩市居民对农村公路投资的社会和生态环境绩效评议情况（三）

单位：%

指标＼等级	最大	较大	中等	次小	最小
贫困率变化情况	4.04	38.89	46.46	9.60	1.01
公众项目参与度变化情况	2.53	30.30	47.47	16.67	3.03
学龄儿童入学率变化情况	14.14	46.46	27.78	10.61	1.01
当地干群关系变化情况	3.54	22.22	51.52	21.21	1.52
对周边景观的影响情况	10.61	34.85	41.92	11.11	1.52

（2）龙岩市农村公路投资的社会和生态环境绩效评分情况。同福建全省和泉州市的计算方法类似，由表6-14可得龙岩市的"村民出行时间变化情况"得分为3.38。由此可得当地居民对于农村公路投资对龙岩市的社会和生态环境绩效的评价得分情况如表4-92所示，表中数值按照各项指标得分的降序排序。

表4-92　　　当地居民对龙岩市农村公路投资的社会和生态环境绩效评分情况

指标	得分
农村公路机动车交通量变化情况	3.8335
学龄儿童入学率变化情况	3.6211
农村公路建设满意度	3.4697
对周边景观的影响情况	3.4194
项目耕地占用情况	3.3992
水污染影响情况	3.3840
村民出行时间变化情况	3.3800
贫困率变化情况	3.3535

续表

指标	得分
建制村客运班线开通变化情况	3.2174
建制村客运班线日均服务班次变化情况	3.1871
公众项目参与度变化情况	3.1265
村容整洁情况	3.1212
噪声影响情况	3.0909
当地干群关系变化情况	3.0507
公众空气质量满意度	3.0303
当地政府威信变化情况	2.9949

由表4-70、表4-92可得龙岩市社会和生态环境绩效各指标的得分情况，如表4-93所示。

表4-93　龙岩市农村公路投资的社会和生态环境绩效综合得分

一级指标	三级指标	综合权重	得分	加权得分
社会和生态环境绩效（A2）	C16 学龄儿童入学率变化情况	0.1576	3.6211	0.5707
	C17 贫困率变化情况	0.1245	3.3535	0.4175
	C18 村民出行时间变化情况	0.0728	3.3800	0.2461
	C19 村容整洁情况	0.0415	3.1212	0.1295
	C20 农村公路机动车交通量变化情况	0.1708	3.8335	0.6548
	C21 建制村客运班线开通变化情况	0.1126	3.2174	0.3623
	C22 建制村客运班线日均服务班次变化情况	0.0604	3.1871	0.1925
	C23 公众项目参与度	0.0492	3.1265	0.1538
	C24 农村公路建设满意度	0.0572	3.4697	0.1985
	C25 当地干群关系	0.0227	3.0507	0.0693
	C26 当地政府威信变化情况	0.0153	2.9949	0.0458
	C27 公众空气质量满意度	0.0343	3.0303	0.1039
	C28 噪声影响情况	0.0265	3.0909	0.0819
	C29 水污染影响情况	0.0283	3.3840	0.0958
	C30 项目耕地占用情况	0.0172	3.3992	0.0585
	C31 对周边景观的影响情况	0.0093	3.4194	0.0318
	总得分			3.4126

由此可知，农村公路投资对龙岩市社会公共服务、交通服务、公众反应与参与、生态与环境的影响情况如表4-94~表4-97所示。

其中，表4-94是农村公路投资对龙岩市社会公共服务的影响情况，具体如下：

表 4 - 94   农村公路投资对龙岩市社会公共服务的影响情况

二级指标	三级指标	权重	得分	加权得分
社会公共服务 （B5）	C16 学龄儿童入学率变化情况	0.3976	3.6211	1.4397
	C17 贫困率变化情况	0.3141	3.3535	1.0533
	C18 村民出行时间变化情况	0.1836	3.3800	0.6206
	C19 村容整洁情况	0.1047	3.1212	0.3268
	总得分			3.4404

表 4 - 95 是农村公路投资对龙岩市交通服务的影响情况，具体如下：

表 4 - 95   农村公路投资对龙岩市交通服务的影响情况

二级指标	三级指标	权重	得分	加权得分
交通服务 （B6）	C20 农村公路机动车交通量变化情况	0.4967	3.8335	1.9041
	C21 建制村客运班线开通变化情况	0.3276	3.2174	1.0540
	C22 建制村客运班线日均服务班次变化情况	0.1757	3.1871	0.5600
	总得分			3.5181

表 4 - 96 是农村公路投资对龙岩市公众反应与参与的影响情况，具体如下：

表 4 - 96   农村公路投资对龙岩市公众反应与参与的影响情况

二级指标	三级指标	权重	得分	加权得分
公众反应与 参与（B7）	C23 公众项目参与度	0.3408	3.1265	1.0655
	C24 农村公路建设满意度	0.3960	3.4697	1.3740
	C25 当地干群关系	0.1570	3.0507	0.4790
	C26 当地政府威信变化情况	0.1062	2.9949	0.3181
	总得分			3.2365

表 4 - 97 是农村公路投资对龙岩市公众反应与参与的影响情况，具体如下：

表 4 - 97   农村公路投资对龙岩市生态与环境影响情况

二级指标	三级指标	权重	得分	加权得分
生态与环境 影响（B8）	C27 公众空气质量满意度	0.2966	3.0303	0.8988
	C28 噪声影响情况	0.2294	3.0909	0.7091
	C29 水污染影响情况	0.2446	3.3840	0.8277
	C30 项目耕地占用情况	0.1486	3.3992	0.5051
	C31 对周边景观的影响情况	0.0809	3.4194	0.2766
	总得分			3.2173

由此可知，龙岩市农村公路投资社会和生态环境绩效的综合得分为3.4126，社会公共服务的综合得分为3.4404，交通服务的综合得分为3.5181，公众反应与参与的综合得分为3.2365，生态与环境影响情况的综合得分为3.2173，龙岩市居民对当地农村公路投资的社会和生态环境影响绩效评价为中等。

三、社会和生态环境绩效评价结论

1. 农村公路投资影响总体上是正面的，当地居民的评价还是比较高的

从表6-28～表6-32的数据可以看出当地居民对农村公路投资对于社会和生态环境影响的评分几乎是在3分以上，根据本文的赋分原则，3分表示"中等"。本文所选择的样本量较大，能在一定程度上反映当地居民对农村公路投资的真实想法。由此可以看出当地居民对农村公路投资评价还是比较高的，农村公路投资的影响总体上来说还是比较积极有意义的。

2. 农村公路投资对当地交通服务和社会公共服务的影响较大，对公众参与和生态环境影响较小

由表4-77、表4-78、表4-79可知，当地居民对反映交通服务和社会公共服务的各项指标，如农村公路机动车交通量变化情况和学龄儿童入学率变化情况等的评分较高，而对反映公众参与以及生态和环境的指标，如当地政府威信变化情况、噪声影响情况等评分较低，从而导致表4-76"福建省农村公路投资对社会公共服务的影响情况"和表4-77"福建省农村公路投资对交通服务的影响情况"的综合得分比表4-78"福建省农村公路投资对公众反映与参与的影响情况"和表4-79"福建省农村公路投资对生态与环境影响情况"高。笔者以为，公众反应与参与指标得分不高可能是由近年来贫富差距越来越大导致的，这和农村公路投资并没有必然的联系。生态和环境影响指标评分不高可能是由于农村公路投资确实对当地的生态和环境产生了一定的影响。

3. 农村公路投资对发达地区的影响比较小，对不发达地区的影响较大

由表4-75、表4-84和表4-93可知，当地居民对农村公路的投资社会生态和环境影响的评分分别为：福建全省3.3703，泉州市3.2544，龙岩市3.4126。由此可知作为不发达地区的代表——龙岩市的得分高于发达地区的代表——泉州市，而福建全省平均得分居于两者之间。此外，在表4-74、表4-83和表4-92中，反映村民出行时间变化情况的指标中，福建全省得分为3.2100，泉州市得分为2.6100，龙岩市得分为3.3800。由此可以得出农村公路投资对不发达地区的促进作用较明显，对发达地区的促进作用较小。笔者以为这是因为在发达地区的公路交通系统比较完善，农村公路投资对交通的改善的促进作用较小，此外发达地区其他促进经济社会进步的影响因素也比较多，从而导致农村公路投资对当地的社会和生态环境促进作用相对不发达地区来得小。

第十一节　提高农村公路投资绩效的政策建议

一、明确发展思路，进一步完善农村公路发展规划，调整发展重点

按照新农村建设和现代农业发展的要求，我们当前的任务是要进一步完善农村公路发展规划，明确各阶段目标和建设重点，在新农村建设总体规划下保证农村公路规划能与之相衔接。从前文的结论可知，农村公路投资对经济增长促进作用较大，对粮食生产促进作用较小。因此，农村公路投资要以服务现代农业为出发点，紧紧围绕农村公路发展的工作思路，依托政府相关政策措施，坚持为农民交通便利服务、为推进农业进步服务，做到公路通达面宽广、公路通畅率有保障。要服务农业现代化建设，福建省农村公路要进一步向农作物生产示范园区、农村生态旅游园区、农畜牧重点发展基地等流通率较高的地方延伸，满足农村经济发展的需要。要适时调整当前农村公路的发展重点，在农村交通网络骨架——"年万里农村路网工程"已经基本建成后，农村公路发展的重点应由原来的大规模集中建设向重点地区重点项目建设转移，向建立农村公路养护体系转移。

二、多方筹集资金，强化资金投入，完善资金管理

资金来源是推动农村公路发展的关键因素，农村公路建设中最艰难的就是保障资金来源。要处理好这个问题，我们就必须要坚持针对实际情况开拓多种筹资渠道，建立多元化的投入机制，不但要维持巩固过去有效的筹资路径，还要更积极地探索、挖掘出更多合适的新渠道。可行的渠道有：从由公路调控基金和公路重点建设工程、公路收费的营业税中划拨出一定量的资金用于建设农村公路，利用大路帮助小路，发展农村公路建设；发挥当地的资源优势，就地取材，弥补农村公路建设资金的不足，从当地的资源开发和销售收入中提取一定份额用于农村公路建设；鼓励社会各方力量一起作用于农村公路的筹资贷款；争取更多的国债投入等。

由前面的结论可得，农村公路投资对不发达地区的影响较大，因此，建设资金要结合实际，有重点地向贫困地区、革命老区、偏远地区倾斜，并且要重点先解决无公路地区的公路通达问题。在实施过程中对特别贫困的地方要研究出台扶持政策，要依据各个地区的实际经济发展水平和交通建设情况，确定相适应的农村公路融资政策和经济扶持政策。在保证发达地区公路建设质量稳定提高的基础上，加大力度扶持对贫困地区农村公路的建设，可实行具体的资金补助政策，实施差异补助标准，根据福建省各地经济发展水平的差异，对不同县（市、区）的具体补助标准进行区别对待；切实加强农村公路投资建设资金的管理，按规定实行专户存储、专款专用，严格控制支出，任何单位和个人不得截留、挤占或挪用。在资金支出过程中，精打细算，制订好用款计划，保证每笔资金都能发挥最大的作用。

三、鼓励和吸纳农民参与农村公路建设，促进农民就业和增收

如果能充分地吸收当地的剩余劳动力，农村公路建设还能成为解决农民就业，促使农民增收创收的良好途径。农村交通发展的过程，正成为改善沿线农民生产生活条件、增加农民收入、让农民实实在在受益的过程。因此，各地在农村公路施工过程中要考察当地的实际情况，采用各种方式来动员鼓励农民参与到建设队伍当中，甚至可以有目的有计划地培养本土化的农民养路工、公路驾驶员、农用车辆维修工等等，让更多的农民拥有耕作之外的增收门路。在农村公路的发展道路中，促进农民在每一阶段都有相应的就业渠道。

在农村公路投资建设过程中，施工单位应该广泛吸纳农民工参与公路建设，可以聘用相应的专家和技术人员为乡镇政府的公路规划设计出谋划策，为公路建设中的农民工提供严格的技术指导。通过培训，可以使大量成天只懂在田地中"摸爬滚打"的农民成为掌握某种技术的农村公路建设专门型人才，当地的农民群众还可以竞聘农村公路的养护工或交通部门培训的农村运输工等，从而可以增加农民的就业机会，改善城乡居民的贫富差距状况。

四、尊重农民意愿，正确处理好调动群众积极性与减轻农民负担关系

我们发展农村公路最重要的一条经验是要尊重农民意愿，修农民愿意修的路、修农民能够受益的路，使农村公路能真正发挥支农、扶农、惠农的作用。这样才能充分调动人民群众参与农村公路建设的积极性，鼓励农民群众为农村公路尽心尽力。在通村公路的设计及选线时，在广泛听取乡镇、街道、村级组

织及基层干部群众的意见和建议的基础上，结合实际情况选取最需要解决问题的项目进行建设，充分考虑农民意愿，实现农民利益的最大化。在实际工作中我们可以从以下几个方面处理好群众参与的积极性与减轻农民工作负担的关系：不准强行集资；不得将需要数年时间征集的款项一次性强制征收；不准拖欠农民工工资；不得以任何借口扣留各类农民应得的补助款。鼓励农民用劳力参与公路建设，尽量少让农民掏钱出资；集资筹资时要充分考虑农民家庭承受能力；路线设计方面尽量在农村老路或者无房屋作物的地方进行，尽可能少地占用农田农屋。农村公路施工单位应该更多地请用当地农民工，这不仅可以降低不必要的工人安家搬迁成本，也可以增加农民群众的收入。

五、充分调动群众积极性，发动农民参与农村公路质量监督

农村公路投资项目在实施过程中，要充分调动群众参与的积极性，发挥民主监督作用，形成"民主决策、公开办事、群众监督"的工作机制。农村公路广、长、杂的多重性质决定了它的质量监督必须采取"政府监督为主，群专结合"的质量监督模式。农村公路的质量监督离不开广大群众的参与，只有在群众雪亮双眼的监督下，农村公路建设质量才能得到保障。在农村公路建设中，可实行全程式的领导层监督、跟踪式的村干部监督、现场式的专门监管人员监督、随时随地的农民群众监督的"四级式的监督模式"，发动农民参与农村公路质量监督，提高农村公路投资建设质量。

六、树立环境保护观念，促进农村经济的可持续发展

农村公路建设的大力发展不仅便利了农民的出行，而且为农村经济带来了繁荣。但与此同时，农村公路的建设也带来了诸如生态环境的破坏以及环境污染等一系列问题。因此，我们应该密切关注农村公路建设涉及的环境保护问题。

要搞好农村公路建设中的环境保护，我们应当在农村公路建设的各个阶段都充分考虑到环保问题，预防和防治相结合。首先，在公路规划设计时，要在符合工程技术标准的前提下，根据当地的地形地貌进行规划，避免污染水源、占用耕地，尽量使公路路线能与屋舍、学校等农村居民生活的场所有一定的距离，以减少对群众生活的噪声干扰。其次，在公路建设过程中，应尽量减少对自然植被的破坏，保护沿线的文物古迹和天然植被，减少工程垃圾污水对农村环境的污染。当然，农村公路建成后，环境保护依旧不能忽视。在建成的公路旁，要采取必要的绿化措施，预防大雨造成水土流失，尽可能地延长公路使用

寿命，并且路旁的植被还能降低公路上交通工具造成的噪声和空气污染，达到美化环境和保障农民生活质量的双重目的。另外，还应将农村公路建设与退耕还草、退耕还林的生态环境建设相结合，形成保护农村生态环境的绿色屏障。

七、循序渐进，逐步提高农村公路等级，实现管理信息化

坚持实事求是、因地制宜、"先通后畅"的原则，逐步提高农村公路等级。为了提高农村公路的管理效率，农村公路管理机构可以创新养护管理模式，开展农村公路养护管理信息化试点，以实现对农村公路管理的信息化、精细化、智能化。通过建立农村公路电子档案，推进养护管理的高效、及时与常态化，从而节约管理成本，提高管理效率，实现低碳环保。

作为交通部门服务海西发展、着力民生民心的一项具体任务，农村公路养护管理是巩固这些年来福建省"年万里农村路网工程"建设成果的实际需要，也是确保已建成的农村公路网络安全、畅通，推进海西社会主义新农村建设和实现农村可持续发展的重要保障。因而，在继续大力推进农村公路投资建设的同时，应实现农村公路养护机构健全、人员到位、资金落实，经登记的县、乡、村道有人管养、有钱管养、有效管养，从而开展农村公路投资建设从上到下的组织、发动、实施工作，持续推进海西地区建设。

第五章

农村公路投资项目绩效评价案例分析

第一节　农村公路投资项目背景和立项

一、项目立项与名称

1. 项目名称

Q市D镇区库区移民x村公路投资项目

2. 建设单位

Q市D镇x村委

3. 建设地点

Q市D镇x村

4. 建设规模

建设八条混凝土村道，其中村道一长度104米，路面宽3米，村道二长度205米，路面宽3米，村道三长度273米，路面宽3米，村道四长度94米，路面宽3米，村道五长度1512米，路面原水泥路面宽3米拓宽为5米，村道六长度163米，路面宽3米，村道七长度59米，路面宽3米，村道八长度1658米，路面原水泥路面3米拓宽为5米，村道总长度4.068公里。

5. 建设内容

Q镇x行政村（有五个自然村）农村道路投资评价。

6. 建设投资

项目总投资85.92万元，其中工程费用71.45万元，其他费用11.97万元，基本预备费2.5万元。

二、城镇概况及自然条件

(一) 地理位置与自然条件

D镇地处Q市西部,D镇距Q市区21公里左右。

D镇全镇面积120平方公里,镇域地势四周高、中部低,丘陵山地占大部分,全镇山地面积139176亩,耕地15404.6亩。西北、西南大部分地区为高山丘陵区,是林区;中部为低丘区,东南部为D水库库区。

D的气候属亚热带季风气候,据统计,平均温度19℃,以7月份为最热,最高气温31.5℃,最低温度达1℃。D镇年降雨量为1250毫米,以6月份降雨量最多,达300毫米左右,十月至暨年二月降雨量小于30~50毫米,冬旱明显。全年主导向为北偏东风,夏季主导风向为南偏西风,平均风速2.5米/秒,最大风速6米/秒。

水资源较为丰富,D镇区南面为D水库。

(二) 经济和社会现状特征

1. 人口状况

D镇现辖18个行政村,1个社区居委会,209个自然村。2005年末全镇人口共计3.03万人,人口密度为252.6人/平方公里,其中非农业人口3672人,占总人口的12%,镇区人口为10244人,城镇化水平为14.0%。

D镇x村现辖5个自然村,12个村民小组,464户,1628人,库区移民1522人,劳动力1098人。

2. 经济状况

D镇自古就是Q市西部地区的经济、贸易、文化重镇,其农业、林业生产地位特别显著。改革开放以来本镇贯彻执行了以经济建设为中心,对外开放,对内搞活的方针政策,发挥山区优势、资源优势及侨乡优势,不断完善水、电、交通、通信等基础设施建设,社会经济发展迅速。

2005年,全镇实现工农业总产值10.3亿元,完成责任目标7.2亿元的100.2%,比上一年增长25.6%,规模以上的工业总产值1.4亿元。其中农业产值1.59亿元;乡镇企业总产值7.88亿元,增长19.3%;财政总收入1536万元,增长10.2%。2005年完成固定资产投资5314万元,增长15.8;引进资金2083万元,增长153.1%。

D镇x村村两委成员5人,党员43人,耕地392亩、山地2182亩,其中果地650亩,经济林490亩,生态林1042亩,是个典型的人多地少的村庄,改革开放前，虽然主要种植粮食作物，但每年都要国家回销粮食七八百担，村民的生产和生活水平都相对较低，改革开放后，逐步调整了农业产业结构，发展市场经济，现在已形成了农、林、牧、副齐头并举、农村富余劳动力逐步向城市转移的局面。2007 年全村社会总产值 3747 万元，其中：农业产值 96 万元，人均纯收入 6287 元。村财政收入主要靠林木砍伐，因为林木有限，批砍不便，村财收入十分有限，而且很不稳定，平均每年大约 3 万元左右村财收入，基本维持村部日常开销。

3. 道路现状及评价

（1）道路等级低、路况差、路基窄、弯道急、路面差。本道路的部分路段属等外公路，路基宽 4～5 米不等，路面均为砂土路面。特别是在雨季，道路损坏严重，行车条件极其恶劣。

（2）由于道路等级低、路况差，不适应交通量的增长需要，严重制约着当地群众经济发展和生活环境的改善。

4. 沿线建筑、树木、河流、湖泊及地上、地下杆线等情况

由于本项目是对原有道路进行道路硬化，利用老路改扩建，经现场勘测，沿线路界范围内无须进行土地征用，房屋拆迁。同时，本线路无需跨越河流、湖泊。地下无电力、通信、雨污水、给水、燃气管道。

（三）沿线水文地质等自然条件，地震烈度区划

1. 气候条件

D 的气候属亚热带季风气候，据统计，平均温度 19℃，以 7 月份为最热，最高气温 31.5℃，最低温度达 1℃。D 镇年降雨量为 1250 毫米，以 6 月份降雨量最多，达 300 毫米左右，十月至暨年二月降雨量小于 30～50 毫米，冬旱明显。全年主导向为北偏东风，夏季主导风向为南偏西风，平均风速 2.5 米/秒，最大风速 6 米/秒。

2. 地质条件

D 镇区及周边村庄位于 D 水库西北侧，山、丘陵地貌，地势以东北、西南向沿海倾斜。

镇区基岩主要分布侏罗系上统南园组第二段（J3nb）火山层地层，岩性主要为深灰色凝灰岩。该地层埋藏浅，山坡地带主要为坡积、残积黏性土覆盖，分布广泛，厚度较小，内小河为冲洪积层覆盖，岩性主要为卵石、粉质黏土，厚度较薄，埋藏浅，分布于河谷及河漫滩。

镇区未见断裂破碎带分布，基岩一般较完整，裂隙发育，主要发育小节理密集带为特征。管道沿线周边不存在滑坡、崩塌、泥石流等不良地质作用。

3. 水文条件

场地位于丘陵上，未见有泉水等地表水出露。在勘察期间钻孔揭露深度范

围内未发现地下水，因此可不考虑地下水对拟建物的影响。本场地无污染源，根据附近场地土体浸出液试验成果判断，本场地土对砼结构不具腐蚀性，对钢筋混凝土结构中钢筋不具腐蚀性，由于场地土的电阻率经验值大于 $150\Omega \cdot m$，场地土对地下钢结构具弱腐蚀性。

4. 地震烈度

拟建场地土类型为中软土，沿线建筑场地类别为 II 类，属于抗震不利地段，场地位于抗震设防烈度 7 度区，设计基本地震加速度值为 0.10g，设计地震分组为第二组，特征周期 0.40s。

建设社会主义新农村是"十一五"时期我国经济社会发展的战略重点和主要任务之一，全面建设小康社会最艰巨、最繁重的任务在农村，《纲要》把解决好"三农"问题放在了各项战略的首位，提出要坚持统筹城乡经济社会发展的基本方略，在积极稳妥地推进城镇化的同时，按照生产发展、生活宽裕、乡风文明、村容整洁、管理民主的要求，扎实稳步推进新农村建设。新建和改建农村公路实现所有具备条件的乡镇和行政村通公路是新农村建设重点工程之一。现有村路大部分为土路或机耕路，路面损坏严重，群众出行极不方便，解决村路的问题成为当务之急。

本线的建设为当地经济发展、商业繁荣提供必要的条件，也使沿线人民收入水平提高；同时经济发展，当地政府才有更多的财力投入城镇建设，投入文化、教育、医疗卫生等事业，沿线居民的物质文化水平将得到较大提高。

第二节 项目实施计划

根据 Q 市 D 镇区库区移民 x 村公路工程建设内容及施工条件，拟定以下建设进度计划，供建设单位参考，项目具体实施计划由建设单位根据实际情况制定，见表 5 - 1。

表 5 - 1　　　　　　　　　　　项目建设进度计划表

期限	目标
2008.5 ~ 2008.9	完成可行性研究报告及评审论证
2008.9 ~ 2008.10	完成初步设计、施工图设计及施工招标
2008.10 ~ 2008.12	完成 x 村公路工程的建设及人员培训

一、项目建设的必要性、可行性

（一）项目建设的必要性

本项目规划是以改善库区移民交通条件为前提，增加库区移民收入为目标，服务于农业结构调整的要求，加强农业基础设施建设，推进农业结构调整，改善库区移民交通便利方面为主，确保库区移民收入增加。

（二）项目建设的可行性

1. 领导高度重视，保证资金到位

镇党委、政府领导对 Q 市 D 镇区库区移民 x 村公路工程极为重视，抽调各有关部门骨干人员组成管理机构和专门的工作班子，在配套资金方面做到保证落实并及时到位，项目行政村领导也非常重视，并承诺投工投劳全员及时到位，以便保证该项目的顺利实施。

2. 农民积极性高

Q 市 D 镇区库区移民 x 村公路工程项目是被定为 2008 年为民办实事项目之一，村领导积极性很高，迫切要求政府能改善村交通条件，农民的热情更高、情绪更佳，纷纷表示愿意捐款集资，争取建设项目能够搞得更快更好。

二、评价依据及基础资料

（1）1∶10000 区域地形图；

（2）中华人民共和国行业标准《城市道路设计规范》（GJJ37 - 90）；

（3）建设部《城市道路交通规划设计规范》（GB50220 - 95）；

（4）建设部《市政公用工程设计文件编制深度规定》（2004.03）；

（5）交通部 1998 年 6 月颁发的《水路、公路建设项目可行性研究编制办法》；

（6）国家发展改革委、建设部发改投资（2006）1325 号《建设项目经济评价方法与参数》（第三版）；

三、评价范围及目的

1. 编制范围

Q 市 D 镇区库区移民 x 村公路工程为改扩建工程。规模为路面 b = 3 米，

总长 L = 0.898 公里，路面 b = 5 米（原水泥路面 3 米）总长 3.17 公里；评价内容为该项目路基路面评价不含给排水电力等设计。

2. 评价目的

评价的目的是对 x 行政村村道的规模、布置进行论证设计，合理布线，合理进行道路设计，使其节约投资费用，很好解决库区移民民出行难等问题。

四、评价原则

本报告按照环保达标、安全卫生、使用可靠、惠及移民多、经济适用的原则确定建设方案，结合本工程现状等具体情况，评价报告重点应遵循以下原则：

（1）依据城镇总体规划，满足新农村建设发展要求；根据 x 村现状，因地制宜、合理安排，构筑 x 村村路网络，满足该区域的交通需求；

（2）技术先进，经济合理，分步实施；

（3）满足环境保护与能源节约要求；

（4）充分考虑公路工程的经济、适用、安全、沿线景观、水文地质、管线等情况。

五、运输量和交通量的发展预测

1. 项目所在地区社会经济状况

改革开放以来，Q 镇 x 村以科学发展观统领全局，按照"生产发展，生活宽裕，乡风文明，村容整洁，管理民主"的要求，以加快发展作为第一要务，以招商引资和富民创业作为基本动力，以提高科技含量、增强综合实力，打造区域优势环境作为战略重点，建设社会主义新农村为根本目的。

x 村位于 Q 市 D 镇，依托良好的区位条件，发展以加工、服务、运输、养殖、劳务输出等发展为主。2007 年全村社会总产值 3747 万元，农民人均纯收入约 6287 元。

2. 香山村社会经济发展预测

"十一五"是 Q 市全面建设小康社会、率先基本实现社会主义现代化的关键时期。D 镇 x 村以科学规划统领全局，坚持以"和谐发展"为根本原则，立足本村实际，发挥特色，争取建设好社会主义新农村。

3. 香山村交通设施发展态势

公路建设：拓宽 x 村村内道路，实现全村道路水泥化。并由村道向周围县道或者省道辐射构成路网网络，形成村内道路交通便捷，对外通畅的公路网布局。

4. 交通量预测

（1）交通现状分析。本项目道路是 x 村当地移民通往外界生活、生产的重要交通要道，又是当地移民农副产品的快捷运输途径。对本项目实施改造，对降低农副产品成本，增加农民收入具有十分重要的意义。本项目的建设对连接村庄、县道，完善 D 镇的路网起到重要的作用。

本项目主要涉及 x 村的村道有 8 条，具体情况如表 5 - 2 所示。

表 5 - 2　　　　　　　　　原有香山村村道一览表

乡道名称	路面类型	路面宽度（米）	路线长度（米）
村道一	砂土路面	3.0	104
村道二	砂土路面	3.0	205
村道三	砂土路面	3.0	273
村道四	砂土路面	3.0	94
村道五	水泥路面	5.0（2.0）	1512
村道六	砂土路面	3	163
村道七	砂土路面	3	59
村道八	水泥路面	5.0（2.0）	1658

原有 x 村村道路等级低，路面均为砂土路面。特别是在雨季，道路损坏严重，行车条件极其恶劣。道路等级低、路况差，不能适应交通量的增长需要，严重制约着当地群众经济发展和生活环境的改善。

（2）基年交通量。本项目为乡村公路，设计等级为四级，根据其功能和等级，评价时取年平均日交通量 40 辆（折算小客车）作为本项目村道一的基年通行交通量，取年平均日交通量 60 辆（折算小客车）作为本项目村道二的基年通行交通量，取年平均日交通量 80 辆（折算小客车）作为本项目村道三的基年通行交通量，取年平均日交通量 40 辆（折算小客车）作为本项目村道四的基年通行交通量，取年平均日交通量 150 辆（折算小客车）作为本项目村道五的基年通行交通量，取年平均日交通量 40 辆（折算小客车）作为本项目村道六的基年通行交通量，取年平均日交通量 40 辆（折算小客车）作为本项目村道七的基年通行交通量，取年平均日交通量 160 辆（折算小客车）作为本项目村道八的基年通行交通量。

（3）交通量增长率和交通量预测。交通量增长与经济发展密切相关，经济发展的快慢将表现为交通量增长的快慢，同时交通基础设施的改善又将促进区域经济发展。

①交通与经济的关系。经济发展，促使交通量的增加，相反，交通量的增加又必然会推动经济的发展，两者互为一体。对本工程而言，交通量的发展，

离不开本地区经济的发展。通过掌握本地区与交通量的资料，进行分析，即可得出交通量发展结果。

②弹性系数及增长率。交通量与汽车运输量，存在密切关系，在此将 x 村总产值与公路运输量之间弹性系数作为与交通量的弹性系数，综合考虑取0.44 作为 x 村总产值与交通量的年均增长率的弹性系数。

③交通量预测。

a. 交通量未来增长率。根据 x 村总产值未来增长率及交通量年均增长率弹性系数得交通量未来增长率，见表 5 – 3。

表 5 – 3　　　　　　　　　　　交通量增长率表

年份	总产值增长率（%）	弹性系数	交通量增长率（%）
2009 ~ 2010	15.23	0.44	6.70
2010 ~ 2015	16.58	0.39	6.47
2015 ~ 2020	17.89	0.38	6.80
2020 ~ 2025	19.23	0.36	6.92

b. 交通量预测。根据本项目的特点，本项目是 Q 市 D 镇 x 村居民通往外界生活、生产的主要通道。道路建成后大部分交通量是道桥村居民与外界之间的出行，因此该项目交通量主要是趋势交通量、诱增交通量为主。根据交通量未来增长率求得村道一、村道二、村道三、村道四、村道五、村道六、村道七、村道八趋势交通量，该路段建设，路况等出行条件的改善，便会诱增交通量，该部分交通量按趋势交通量5%计列，计算本项目村道一、村道二、村道三、村道四、村道五、村道六、村道七、村道八的交通量结果详见表 5 – 4、表5 – 5、表 5 – 6、表 5 – 7、表 5 – 8、表 5 – 9、表 5 – 10、表 5 – 11。

表 5 – 4　　　　　　　　村道一交通量预测表　　　　单位：辆/日·标准小客车

年份	2009	2010	2015	2020	2025
趋势交通量	40	43	59	82	115
诱增交通量	0	2	3	4	6
项目交通量	40	45	62	86	121

表 5 – 5　　　　　　　　村道二交通量预测表　　　　单位：辆/日·标准小客车

年份	2009	2010	2015	2020	2025
趋势交通量	60	64	92	128	179
诱增交通量	0	3	5	6	9
项目交通量	60	67	97	134	188

表5-6   村道三交通量预测表   单位：辆/日·标准小客车

年份	2009	2010	2015	2020	2025
趋势交通量	80	85	116	161	225
诱增交通量	0	4	6	8	11
项目交通量	80	89	122	169	236

表5-7   村道四交通量预测表   单位：辆/日·标准小客车

年份	2009	2010	2015	2020	2025
趋势交通量	40	43	59	82	115
诱增交通量	0	2	3	4	6
项目交通量	40	45	62	86	121

表5-8   村道五交通量预测表   单位：辆/日·标准小客车

年份	2009	2010	2015	2020	2025
趋势交通量	150	160	219	304	425
诱增交通量	0	8	11	15	21
项目交通量	150	168	230	319	446

表5-9   村道六交通量预测表   单位：辆/日·标准小客车

年份	2009	2010	2015	2020	2025
趋势交通量	40	43	59	82	115
诱增交通量	0	2	3	4	6
项目交通量	40	45	62	86	121

表5-10   村道七交通量预测表   单位：辆/日·标准小客车

年份	2009	2010	2015	2020	2025
趋势交通量	40	43	59	82	115
诱增交通量	0	2	3	4	6
项目交通量	40	45	62	86	121

表5-11   村道八交通量预测表   单位：辆/日·标准小客车

年份	2009	2010	2015	2020	2025
趋势交通量	160	171	234	325	454
诱增交通量	0	9	12	16	23
项目交通量	160	180	246	341	477

第三节　采用的规范和标准与投资项目建设意义

一、采用的规范和标准

（1）《城市道路设计规范》（CJJ 37 – 90）。

（2）《公路路线设计规范》（JTGD 20 – 2006）。

（3）《公路工程抗震设计规范》（JTJ 004 – 89）。

（4）《公路水泥混凝土路面设计规范》（JTJD 40 – 2002）。

（5）《公路沥青路面施工技术规范》（JTGF 40 – 2004）。

（6）《公路路基设计规范》（JTGD 30 – 2004）。

（7）《公路软土地基路堤设计与施工技术规范》（JTJ 017 – 96）。

（8）《公路土工合成材料应用技术规范》（TJ/T 019 – 98）。

（9）《公路排水设计规范》（JTJ 018 – 97）。

（10）《城市道路交通规划与设计规范》（GB 50220 – 95）。

（11）《道路交通标志及标线》（GBJ 5786 – 99）。

（12）《公路环境保护设计规范》（JTJ/T 006 – 98）。

（13）《市政工程设计文件组成及深度规定》。

二、投资项目建设的重大意义

（一）促进工农业生产和人民生活水平改善的需要

随着 x 村经济的发展和村里车辆的增多，交通量增长较快。由于道路等级低、路况差，不适应交通量的增长需要，严重制约着当地群众经济发展和生活环境的改善。

本项目是以改善库区移民交通条件为前提，增加库区移民收入为目标，服务于农业结构调整的要求，加强农业基础设施建设，推进农业结构调整，改善库区移民交通便利方面为主，确保库区移民收入增加。

本线的建设为当地经济发展、商业繁荣提供必要的条件，也使沿线人民收入水平提高；同时经济发展，当地政府才有更多的财力投入城镇建设，投入文化、教育、医疗卫生等事业，沿线居民的物质文化水平将得到较大提高。

（二）工程环境影响

本项目的建设对所在地区的自然生态、水、气、声和社会环境会产生一定影响，但通过采取适当措施，可使项目建设所带来的不利影响降低到可以接受的程度。

第四节　投资项目方案内容

一、方案设计原则

（一）总体原则

（1）依据村道在村内路网中的地位和作用合理确定道路等级和设计速度。

（2）根据规划的道路红线结合道路交通量定性分析、管线综合布置等因素科学地确定各道路横断面布置形式。

（3）根据规划确定的控制点标高和场地现状，确定道路纵坡，满足道路排水要求，尽量减少弃方。

（4）通过对本区域筑路材料、施工技术等因素的调查，并本着技术先进、经济合理、方便施工、利于养护的原则进行路面设计。

（5）总结农村公路设计运营经验，做到近、远期结合，优化道路出入口布置形式，合理设置交通设施，方便道路两侧过街交通。

（6）结合本区域的功能定位，合理地选择道路照明系统。

（7）尽量沿着原有机耕路或土路、泥结石路面，不占用耕地农田、不拆迁房屋，惠及尽量多的库区移民，投资省，便于施工。

（二）具体实施原则

（1）路线平面布置应充分结合村道现状走向，满足村民出行要求。

（2）路线纵断面充分利用现状路面纵坡，在满足规范规定的坡度、坡长、竖曲线半径及长度，平曲线及竖曲线组合等因素基础上，还考虑了主线线型流畅，有条件处避免过大起伏。尽量减少土方开挖量，并保持较高的道路纵断面设计线形标准。在较开阔平坦地势处，为便于路面排水，最小纵坡按 0.3% 控制。

（3）应结合农村实际情况，同时考虑路面使用年限要求和经济性，选择合理的路面结构组合形式。

二、技术标准与设计技术指标

技术标准与设计技术指标如表5-12所示。

表5-12　　　　　　　　　　　本项目技术指标

项目	技术指标	备注
公路等级	四级公路	
设计速度（公里/小时）	20	
路基宽度（米）	4（6）	
路面宽度（米）	3（5）	
路面设计标准轴载	BZZ-100KN	
平曲线一般最小半径（米）	30	
平曲线极限最小半径（米）	15	
最大纵坡（%）	9	
路基设计洪水频率	1/50	
桥涵设计荷载	公路Ⅱ级	

三、道路工程

（一）道路平纵横设计方案

1. 平面设计：平面线形按各村道现状线路

村道一位于x村村中心，为南北走向，路线全长104米，该村道平面由两段直线及一段平曲线组成。

村道二位于x村第一自然村，西起村内主干道测设桩号K0+000，东至村道五测设桩号K0+205，路线全长205米。该村道平面由两段直线及一段平曲线组成。

村道三位于x村第一自然村，西起村内主干道测设桩号K0+000，东至村道五测设桩号K0+273，路线全长273米。该村道平面由四段直线及三段平曲线组成。

村道四位于x村第一自然村，为东西走向，路线全长94米，该村道平面由两段直线及一段平曲线组成。

村道五为村内主干道，起点位于第一自然村村道五与村道二交叉处，终点位于 x 寺山脚（测设桩号 K1 +512），路线全长 1512 米，村道平面由多段直线及多段平曲线组成。

村道六位于 x 村第二自然村，为东西走向，路线全长 163 米，该村道平面为一条直线。

村道七位于 x 村第三自然村，为南北走向，路线长 59 米，该村道平面由两段直线及一段平曲线组成。

村道八为村内主干道，为南北走向，路线全长 1658 米，村道八平面由多段直线及多段平曲线组成。

2. 纵断面设计：结合道路现状纵坡，参照规范进行微调

村道一路线纵坡为 0.3%。

村道二路线最大纵坡 3%，最小纵坡 0.3%；最大坡长 40 米，最小坡长 20 米。凸曲线最小半径为 500，凹曲线最小半径为 600。

村道三路线纵坡为 0.37%。

村道四路线纵坡为 0.3%。

村道五路线最大纵坡 7.17%，最小纵坡 0.3%；最大坡长 300 米，最小坡长 60 米。凸曲线最小半径为 500，凹曲线最小半径为 500。

村道六路线最大纵坡 2.5%，最小纵坡 0.83%；最大坡长 103.324 米，最小坡长 60 米。凹曲线最小半径为 500。

村道七路线纵坡为 0.3%。

村道八五路线最大纵坡 8.25%，最小纵坡 0.3%；最大坡长 280 米，最小坡长 60 米。凸曲线最小半径为 500，凹曲线最小半径为 500。

3. 横断面设计：利用现状村道路基，现状路基宽度 4～6 米，不新征用土地，合理布置路基断面

a. 村道一、村道二、村道三、村道四、村道六、村道七均采用如下路基断面形式：4 米 = 0.5 米（土路肩）+ 3 米（水泥砼路面）+ 0.5 米（土路肩）

b. 村道五及村道八为村内主干道，现状路基宽度 6 米，水泥路面宽度 3 米，为满足交通量增长，修建双车道，水泥路面宽度由 3 米拓宽为 5 米，考虑如下布置形式：6 米 = 0.5 米（土路肩）+ 1 米（新修水泥砼路面）+ 3 米（旧水泥砼路面）+ 1 米（新修水泥砼路面）+ 0.5 米（土路肩）。

（二）路基设计

路基设计严格遵照《城市道路设计规范》CJJ37－90 和《公路路基设计规范》JTG D30－2004 的有关规定办理，在设计前对沿线工程地质、水文等自然条件进行较为深入的调查，在充分收集现场资料的基础上提出路基填料，路基压实度设计要求,并根据填挖、水文、地质等情况对路基防护工程进行综合设计。

本项目现状八条村道经多年使用,路基压实度较好,直接作为新修路面路基。

(三)路面结构形式选择

路面设计根据交通量及其车型组成和使用功能当地材料及自然条件、施工经验,遵循因地制宜、合理选材、方便施工、利于养护、节约投资的原则,结合路基填挖情况、填料性质、水文地质条件等因素综合设计。

村道一～村道八采用如下路面结构:

面层:15厘米厚C30水泥混凝土路面。

基层:12厘米厚5%水泥稳定碎石。

垫层:8厘米厚级配碎石。

四、平面交叉

本项目相交道路等级均采用简单的平面交叉形式。

五、防护、排水工程

设计时,应注意做好必要的排水和防护工程。对高路堤,沿河傍水路段应设置必要的挡墙、护坡等安全防护设施;对路面、地下、路基、边坡的排水要求应根据当地降水与地质水文等具体情况,设置必要的排水设施,并与沿线桥涵配合,形成良好的排水系统,以保证路面、路基及其边坡的稳定。

设计雨水径流量时,采用 Q 市暴雨强度公式: $q = 1220.705(1 + 0.505 \lg Te)/(t + 0.4083)^{0.593}$, TE $= 3a$。

六、附属工程

(一)交通安全及管理设施

设计中除按有关规定设置必要的交通标志,还应根据公路养护管理的需要,做好村道有关里程牌、百尺桩、路名牌、公路界碑、公路标志的设置工作,以提高 Q 市公路养护管理的整体水平。

（二）照明工程

本项目不进行照明工程评价。

第五节 环 境 保 护

一、环保设计依据

（1）国务院令（98）第 253 号《建设项目环境保护管理条例》（1998.11）。

（2）国环字（87）002 号文《建设项目环境保护设计规定》。

（3）《公路建设项目环境影响评价规范》（JTG B03 – 2006）。

（4）《污水综合排放标准》（GB 8978 – 1996）。

（5）《公路环境保护设计规范》（JTJ/T 006 – 98）。

二、主要污染源及污染物

本项目为四级道路。鉴于公路工程线长面广，公路在施工期与营运期对沿线自然环境、生态环境、社会环声环境、环境空气、水环境以及水土流失等均会产生不同程度的负面影响。公路作为主工程，从前期工作一开始就不可忽视其对环境的影响。在设计中应妥善处理好主体工程与之间的关系，尽可能从路线方案、技术指标的运用上合理取舍，而不过多地依赖环境保护来弥补；当公路工程对局部环境造成较大影响时，应进行主体工程方案与采取环保措施。本项目污染源以及对环境危害主要有以下几方面：

1. 大气污染物

项目建成通车后，车辆排放的尾废气（一氧化碳、一氧化氮等），对大气有一定污染，但由于本项目为村道工程，车流量很小，其尾气排放量很小，对环境不会造成大气影响。

2. 噪声

主要是施工时产生的噪声及项目建成通车后汽车通行时产声噪声，由于本项目为村道工程，车流量小，车速不快，其产生噪声分贝数很小。

3. 水土流失

填挖方路基新增边坡坡面以及取、弃土（渣）场地对当地水土流失产生影响。本工程村道主要利用原有机耕路或砂土路面进行路面加强，产生弃土较少，可避免水土流失。

三、环境保护对策

1. 大气及噪声污染防治及控制

进行隔声屏障、绿化美化工程。在道路两侧，适当合理地进行绿化树木的植栽，可有效的隔声。同时，树木还对大气污染物如（SO_2，NO）有吸收作用。

2. 水土流失防治

在工程设计阶段，加强方案比选，保护原有自然生态，与周围环境、景观相协调。要认真进行高填路堤与桥梁、深挖路堑与隧道、互通立交规模型式、路基填料、边坡坡率、排水沟尺寸与型式、取弃土设计、沿线设施布设等方案比选，在环境与技术条件可能的情况下，宜采取低路堤和浅路堑方案，减少高填深挖；要合理调配土石方，在经济运距内充分利用移挖作填，严格控制土石方工程量。合理设置取、弃土场，将取、弃土和改地、造田结合起来。有条件的地方，要尽量采用符合技术标准的工业废料、建筑废渣填筑路基，减少取土用地。

在工程实施阶段，严格施工管理，搞好恢复治理，控制人为水土流失。在项目施工招标时，应将水土保持有关条款列入招标文件，并严格执行。合同段划分要以能够合理调配土石方，减少取、弃土数量和临时用地数量为原则；项目实施中要合理利用所占耕地地表的耕作层，用于重新造地；要合理设置取土坑和弃土场，取土坑和弃土场的施工防护要符合要求，防止水土流失。施工单位要严格控制临时用地数量，各种料场、预制场要根据工程进度统筹考虑，尽可能设置在公路用地范围内或利用荒坡、废弃地解决，项目完工后临时用地要按照合同条款要求认真恢复。公路建设中废弃的旧路要尽可能造地复垦，不能复垦的要尽量绿化，避免闲置浪费。

第六节　工程组织机构、实施及工程量

一、工程组织机构

为保证道路的正常通行，建议，成立了以 D 镇 x 村委领导下的道路养护管理机构，负责村道日常养护管理等工作。

二、实施方案

制订施工计划时，下列事项作为基本方针：

（一）机械化施工

本项目的土方工程取土、填土工程均以机械化施工为主，人工施工仅限于少量不适宜机械施工的情况。

（二）材料和运输工具

本项目材料和运输工具主要靠公路，就近取材。

（三）施工用电及给水

本项目均是利用自然村之间原有砂土路面或水泥路面加强或拓宽，施工用电就近由所在村庄引出。

施工用水为各村村民均有自来水管道，就近引出，施工排水利用原有沟道。

三、主要工程量表

表 5－13　　　　　　　　　　　主要材料一览表

名称	规格或规模	单位	数量	结构形式或材质	备注
村道一	路基宽度 b = 3 米	米	104	C30 混凝土路面厚 15	
村道二	路基宽度 b = 3 米	米	205	C30 混凝土路面厚 15	
村道三	路基宽度 b = 3 米	米	273	C30 混凝土路面厚 15	
村道四	路基宽度 b = 3 米	米	94	C30 混凝土路面厚 15	
村道五	路基宽度 b = 5 米	米	1512	C30 混凝土路面厚 15	原有水泥面 3 米，现扩大至 5 米
村道六	路基宽度 b = 3 米	米	163	C30 混凝土路面厚 15	
村道七	路基宽度 b = 3 米	米	59	C30 混凝土路面厚 15	
村道八	路基宽度 b = 5 米	米	1658	C30 混凝土路面厚 15	原有水泥面 3 米，现扩大至 5 米

第七节 投资估算及资金筹措

一、工程概况

Q市D镇区库区移民x村公路工程建设内容包括路面工程、路基工程、路基防护工程。

1. 编制依据

（1）本工程可行性研究报告图纸及说明。

（2）交通部《公路工程估算指标》（交公路发［1996］611号）。

（3）交通部《公路基本建设工程投资估算编制办法》（交公路发［1996］611号）。

（4）交通部《公路基本建设工程概算、预算编制办法》（以下简称《编制办法》）（交公路公发［1996］612号）。

（5）交通部交关于完善公路基本建设工程概、预算编制办法有关内容通知（公路发［2005］230号）。

（6）财政部关于印发《基本建设财务管理规定》的通知（财建［2002］394号）。

（7）国家计委关于印发《招标代理服务收费管理暂行办法》的通知（计价格［2002］1980号）。

（8）国家发展改革委、建设部关于印发《建设工程监理与相关服务收费管理规定》的通知（发改价格［2007］670号）。

（9）国家计委关于印发建设项目前期工作咨询收费暂行规定的通知（计价格［1999］1283号）。

（10）国家计委、建设部关于发布《工程勘察设计收费管理规定》的通知（计价格［2002］10号）。

二、工程总投资

本项目工程总投资为85.92万元，详见表5-14。

表 5 - 14　　　　　Q 市库区移民 x 村公路工程估算汇总表

序号	工程或费用名称	概算造价（万元）					经济指标			备注
		建筑工程费	安装工程费	设备费	其他费用	合计	单位	数量	指标（元）	
一	工程费用	71.45				71.45				
1	路面工程	67.80				67.80	平方米	10594	64	
1.1	砼面层（C30 厚 15 厘米）	52.97					平方米	10594	50	
1.2	基层面层（5% 水泥稳定碎石厚 12 厘米）	13.77					平方米	10594	13	
1.3	垫层面层（级配碎石厚 8 厘米）	1.06					平方米	10594	1	
2	路基工程	3.65				3.65	平方米	.3040	12	
3	路基防护工程	0.00				0.00				
	第一部分费用合计	71.45	0.00			71.45				
二	建设工程其他费用									
1	建设单位管理费				1.07	1.07				
2	建设工程监理费				2.24	2.24				
3	建设工程设计费				3.22	3.22				
4	建设工程勘察费				0.80	0.80				
5	施工图预算编制费				0.32	0.32				
6	竣工图编制费				0.26	0.26				
7	施工图审查				0.11	0.11				
8	招标代理服务费				0.80	0.80				
9	工程前期工作费				1.50	1.50				
10	工程质量监督费				0.13	0.13				
11	勘察设计文件审查				0.03	0.03				
12	可行性研究费用				1.50	1.50				
	第二部分费用小计				11.97	11.97				
	第一、第二部分费用小计	71.45			11.97	83.42				
三	基本预备费（3%）				2.50	2.50				
四	项目总投资	71.45			14.47	85.92				

三、资金来源

后扶资金 65 万元，村民自筹资金 20.92 万元。

第八节　经济分析与评价

一、财务分析与评价

（一）评价依据

（1）《建设项目经济评价方法与参数》（第三版），国家发展改革委、建设部联合下发（发改投资〔2006〕1325 号）。

（2）《水运、公路建设项目可行性研究报告编制办法》，交通部 1988 年颁布。

（3）《Study of Prioritization of Highway Investments and Improving Feasibility Study Methodologies》，World Bank，1995（以下简称 PPK 报告）。

（4）《公路建设项目经济评价方法》（讨论稿），交通部公路规划设计院 1996 年 12 月组织编制。

（二）评价方案、评价内容和目标

1. 评价方案

本项目经济评价按 8 段全长 4.068 公里，估算总投资 85.92 万元，建设期 3 个月，2008 年 10 月开工建设，至 2008 年 12 月底建成通车。

2. 评价内容

由于本工程不作为收费公路，不设收费站，不能形成公路建设和运营统一核算的独立企业，按规定本项目只作国民经济评价而不做财务分析。

国民经济评价采用经济效益分析：

（1）经济净现值（ENPV）。

（2）经济效益费用比（EBCR）。

（3）经济内部收益率（EIRR）。

（4）经济投资回收期（EN）。

3. 评价目标

经济评价的目的就是从国民经济的综合效益预测分析本投资项目的经济合

理性，通过上述指标的评价分析，得出此段公路经济评价结果，并提出结论性意见。

二、国民经济评价

（一）主要评价参数

1. 评价年限

本项目建设期为3个月，建成后预测年限按《公路建设项目经济评价办法》规定为20年，经济评价年限为21年，评价基年设计当年（即2008年）。

2. 社会折现率

社会折现率表示从国家角度对资金机会成本和资金时间价值的估量，是项目国民经济评价的重要参数。目前，我国社会折现率取8%。

3. 残值

按《建设项目经济评价方法与参数》（第三版）规定，残值取工程费用的50%，在公路使用末年以负值计入费用。

4. 其他参数

参照《公路建设项目经济评价办法》《公路技术经济指标》及《建设项目经济评价方法与参数》（第三版）的规定。

（二）项目经济费用

1. 项目支出费用调整

公路建设项目支出费用，包括公路建设工程费用和使用年限内的养护费用，在此项目的经济费用中，由于现行价格的扭曲和变形，使得其计价的项目支出费，包括项目的建设工程费、养护管理费和大修工程费等并不能真正反映项目投入的国民经济价值，需在投资估算的基础上进行调整，对建筑安装工程费中的人工、原木、钢材、沥青、水泥主要材料及其他费用中的土地占用费等做影子价格调整，同时剔除税金、供电补贴及预留费用中的价差、税差及物价上涨费。

（1）主要材料的影子价格确定。本项目主要材料有：钢材、木材、水泥、沥青、砂石料等。沥青按外贸货物调整；钢材、木材、水泥属非外贸货物，但目前均由市场供货，市场价格基本能够反映支付意愿或机会成本，故采用市场平均供应价格作为影子价格。砂石料就地取材，按实际支出计算，不做调整，主要材料影子价格见表5-15。

（2）劳动力工资的确定。影子工资换算系数为1.00，劳动力工资即为投资估算中工资。

表 5 - 15　　　　　　　　　　　主要材料价格调整表

材料价格	估算价格 （元）	口岸价格或分解成本 （元）	贸易费用 （元）	影子运费 （元/公里）	影子价格 （元）
原木	900	—	—	—	815.21
锯材	1150	—	—	—	1239.21
钢材	6000	—	—	—	3200.21
钢筋	5825	—	—	—	2988.21
水泥	430	—	—	—	350
沥青	1800	2216.16	132.97	33	2382.13

（3）土地费用的调整。土地作为项目的特殊投入物，其土地影子费用包括土地机会成本和新增资源消耗费用。土地机会成本按照拟建项目占用土地而使国民经济为此放弃该土地"最佳替代用途"的净效益测算。工程征地及安置、拆迁补偿费用中土地补偿费、青苗补偿费属于机会成本性质；拆迁补偿费及安置补助费为新增资源消耗；征地管理费、耕地占用税及开垦费、土地管理费及开发费等属于转移支付，不列为费用。

土地青苗补偿费按机会成本方法计算，参考《建设项目经济评价方法与参数》（第三版）及项目现场调查情况选取最优的种植方式，计算公式为：

$$OC = NB_0 (1 + g)^{\tau+1} * \frac{1 - (1 + g)^n (1 + i)^{-n}}{i - g}$$

n——项目占用土地期限。

NB_0——基年（净效益测定年）土地的"最好可行替代用途"的单位面积年净效益。

τ——基年距项目开工年年数。

g——年平均净效益增长率，取 2% 。

i——社会折现率，取 8% 。

拆迁费用、剩余劳动力安置、养老保险等，其中拆迁费用的影子价格换算系数采用 1.1，其他几项费用不做调整。

本项目在原有旧路上改造，不考虑征地拆迁赔偿，无须调整。

（4）项目建设的经济费用。项目建设的经济费用，按照《建设项目经济评价方法与参数》的要求应剔除投资估算中转移支付部分，项目建设的经济费用调整见表 5 - 16。

表 5 - 16 经济费用调整表

项目	单位	数量	影子价格（元）	估算单价（元）	经济费用（万元）	估算费用（万元）
一、调整项目					32.64	32.55
1. 原木	立方米	0	900	900	0.00	0.00
2. 锯材	立方米	1	1150	1150	0.12	0.12
3. 钢材	吨	0	6000	6000	0.00	0.00
4. 钢筋	吨	4.4	5825	5825	2.56	2.56
5. 水泥	吨	688	430	430	29.58	29.58
6. 石油沥青	吨	1.6	2382.13	1800	0.38	0.29
7. 耕地补偿	亩	—	—	—	0.00	0.00
8. 房屋拆迁补偿	平方米	—	—	—	0.00	0.00
11. 税金	万元					2.90
12. 预备费	万元				2.50	2.50
二、不调整项目	万元				50.47	50.47
三、合计	万元				83.11	85.92

2. 养护管理费

按照项目建成计划，建设工程完工后，投入使用并开始计算养路成本。本项目为四级公路，参照交通部公规院《公路技术经济指标》（第二次修订本）等级公路养护费估算模型计算：

$$c_i = 51.97 e0.04211 y_i \times a_i \times r_i$$

式中：c_i——等级公路养护管理费（元/公里）；

y_i——年序（如 2003 年 $y_i = 103$）；

a_i——公路等级系数，四级公路 $a_i = 1.0$；

r_i——1985 年价格水平转化到评价基年 2008 年系数（$r_i = 3.07$）。

3. 大修工程费

本项目采用水泥砼路面结构，按交通部 JTJ 012 - 97《公路水泥砼路面设计规范》设计，水泥砼路面的设计使用年限为 20 年，与经济评价预测年限一致，故不考虑大修工程费用。

（三）项目使用的社会效益

项目使用的社会效益包括：由于公路建成后，行车条件改善，从而降低了客货运输的成本；公路建成后，提高车速使得客货车辆缩短在途行驶时间的时间价值；公路建成后，使原有相关公路减少拥挤，客货运输成本降低而节省的费用；且公路建成后交通及运输条件大为改善，减少货损及减少交通事故所节约的费用等。

1. 代表车型及参数选定

汽车通常分为六种类型：小客车（20座以下），大客车（20座及20座以上），小货车（2.5吨以下），中型货车（2.5吨至7.0吨），大型货车（7.0吨以上）和拖车。经分析，在经济效益计算中以小型汽车作为标准车型具有代表性，比较合适。运输单位成本换算货车平均吨位4.5吨，实载率70%，客车平均座位25人，实载率85%，将其应用于经济效益计算。

2. 汽车运输成本调整

按照费用与效益计算范围口径对应一致的原则，对汽车运输成本也作相应调整。参照交通部公规院《公路建设项目可行性研究指南》，以影子价格调整运输成本中所占比重较大的燃料、轮胎、保养、大修、折旧、养路费用等诸多要素，并剔除汽车运输成本中的车船使用税，取用影子价格换算系数为1.08。

3. 效益计算

（1）直接效益。公路降低运输成本节约的费用指由于公路建设项目的实施，使得旅客、货物运输的运输成本降低所产生的效益，按公路未建时评价年度交通量状况下的旅客、货物运输成本，与公路建成后在同一交通量水平下所能达到的旅客、货物运输成本之差额来计算。本报告采用交通部公规院《公路技术经济指标》中，有关等级公路运输成本与技术车速的关系式计算，计算模式为：

$C = 501.3328 - 12.3304V + 0.10198V2$（元/千吨公里）

此为1985年的价格水平，将其转化为2008年的价格水平，本公式则为：

$C = 1.0523 \times (501.3328 - 12.3304V + 0.10198V2)$（元/千吨公里）

车速与交通量关系模型，根据实际车流特点，加以修正：

一般二级公路：$V = 135/Q0.1691$

一般三级公路：$V = 116/Q0.1323$

一般四级公路：$V = 85/Q0.0988$

其中Q为标准小型汽车年平均日交通量，在计算中，考虑了道路交通量超出限制容量时对V - Q关系式的影响。

将V - Q公式分别代入上式，算出成本差，再乘以新路周转量，即为降低运输成本节约的费用。计算结果见表8 - 3。

（2）间接效益。

①减少拥挤节约的费用。减少拥挤节约的费用是指公路建成后，使原有相关公路减少拥挤，客货运输成本降低而节省的费用。

②客货节约在途时间的价值。本公路建成后，导致运行条件改善，服务水平提高，车速加快，使客货运输缩短在途时间，对建设前后公路不同路段的车速，按《公路技术经济指标》中有关车速与交通量关系式动态计算：

$$Bks = Ic \times QkK \times T/(8 \times 365 \times L) \quad (万元)$$
$$Bhs = Pr \times QhK \times I \times T/(16 \times 365 \times L) \quad (万元)$$

式中：$Bks(Bhs)$——客（货）节约在途时间的价值（万元）；

Ic——计算年度每一旅客的国民收入份额（元/人）；

Pr——计算年度在途货物平均价格（元/吨）；

$QkK(QhK)$——改建公路客（货）周转量万人（万吨）公里；

I——社会折现率（%）；

T——全程节约的小时数（小时）；

L——公路路线全长（公里）。

货物在途时间的价值，是以货物运输速度的提高引起资金周转缩短，而获得效益来考虑，按在途物资所需资金利息（采用社会折现率）的减少支出量来计算，旅客节约在途时间的价值则是以旅客旅行时间的缩短，可以多创造价值，增加国民收入来考虑，其金额以每人平均国民收入（净产值）的份额来计算。

③减少交通事故所产生的效益。减少交通事故所产生的效益，以平均每起事故经济损失在项目"有"、"无"两种情况下交通事故率差为基础进行计算。公路建成后，提高安全度，事故率减少，效益体现为其节约的费用。

④公路建成后减少货损节约费用。减少公路货物损坏事故所节约的费用，按货损率差及评价年度在途货物平均价格计算，即：

$$BSSh = (Sw - Sy) \times Qh \cdot k \times Pr/L$$

式中：$(Sw - Sy)$——货损率差（%）；

$Qh \cdot k$——货物周转量（万吨公里）；

Pr——在途货物平均价格（元/吨）；

L——平均运距（公里）。

经调查测算货损率差为0.02%，基年在途货物平均价格5000元/吨，且年增长率为1%，平均运距50公里。

本项目主要从降低运输成本、客货节约在途时间的价值、减少交通事故所产生的效益、减少货损节约费用等方面进行效益计算，结果见表5-17。

（四）国民经济效益汇总

国民经济效益汇总见表5-17。

（五）国民经济评价结果

经计算，当社会折现率为8%时，项目的国民经济评价结果：经济内部收益率EIRR为13.91%，经济净现值ENPV为57.34万元，经济效益费用比EB-

CR 为 1.593，经济投资回收期 EN 为 13.23 年。

国民经济评价结果见表 5-18。

表 5-17　　　　　　　　　　　国民经济效益汇总表　　　　　　　单位：万元

年份	降低成本效益	旅客节约时间效益	货物运输节时效益	减少交通事故效益	减少货损效益	合计
2009	79575.99	97.39	931.85	704.65	3023.33	84333.21
2010	84549.49	115.90	999.99	748.69	3244.41	89658.47
2011	90766.36	139.35	1084.25	803.74	3517.80	96311.50
2012	95739.86	164.62	1155.10	847.78	3747.66	101655.03
2013	101956.74	196.35	1242.41	902.83	4030.93	108329.25
2014	109416.99	236.00	1346.65	968.89	4369.13	116337.66
2015	115633.86	279.34	1437.40	1023.94	4663.55	123038.09
2016	124337.48	336.41	1561.04	1101.01	5064.72	132400.67
2017	133041.11	403.15	1687.02	1178.08	5473.44	141782.80
2018	141744.73	481.07	1815.36	1255.15	5889.83	151186.15
2019	151691.73	576.61	1962.18	1343.23	6366.19	161939.94
2020	161638.73	688.15	2111.76	1431.31	6851.48	172721.43
2021	172829.10	824.09	2280.53	1530.40	7399.07	184863.19
2022	184019.48	982.74	2452.48	1629.49	7956.93	197041.11
2023	197696.60	1182.47	2661.10	1750.60	8633.80	211924.58
2024	211373.72	1415.99	2873.66	1871.72	9323.42	226858.51
2025	225050.85	1688.53	3090.20	1992.83	10025.97	241848.36
2026	241214.72	2026.98	3345.26	2135.96	10853.53	259576.45
2027	257378.59	2422.35	3605.13	2279.09	11696.63	277381.79
2028	276029.22	2909.62	3905.03	2444.24	12669.66	297957.77

表 5-18　　　　　　　　　　国民经济评价指标计算表　　　　　　单位：万元

年份	投资及养护管理费用	经济效益	净现金流量	社会折现率8%	
				净现金流量折现值	折现值累计值
2008	83.11	0.00	-83.11	-83.11	-83.11
2009	0.64	8.43	7.79	7.22	-75.89
2010	0.67	8.97	8.30	7.12	-68.78
2011	0.70	9.63	8.94	7.09	-61.68
2012	0.73	10.17	9.44	6.94	-54.75
2013	0.76	10.83	10.08	6.86	-47.89
2014	0.79	11.63	10.84	6.83	-41.05

续表

年份	投资及养护管理费用	经济效益	净现金流量	社会折现率8%	
				净现金流量折现值	折现值累计值
2015	0.82	12.30	11.48	6.70	-34.36
2016	0.86	13.24	12.38	6.69	-27.67
2017	0.90	14.18	13.28	6.64	-21.02
2018	0.93	15.12	14.18	6.57	-14.45
2019	0.97	16.19	15.22	6.53	-7.92
2020	1.02	17.27	16.26	6.46	-1.47
2021	1.06	18.49	17.43	6.41	4.94
2022	1.11	19.70	18.60	6.33	11.27
2023	1.15	21.19	20.04	6.32	17.59
2024	1.20	22.69	21.48	6.27	23.86
2025	1.25	24.18	22.93	6.20	30.06
2026	1.31	25.96	24.65	6.17	36.23
2027	1.36	27.74	26.37	6.11	42.34
2028	-40.13	29.80	69.93	15.00	57.34
ENPV = 57.34	EBCR = 1.593	EN = 13.23	EIRR = 13.91		

（六） 波及效益

1. 经济效果

（1）减轻司机的疲劳，增加交通快捷舒适性。

（2）由于运输条件的改善为香山村发展外向型经济提供良好的投资环境创造条件。

（3）农业开发效果——振兴农业开发，促进市场经济发展，提高土地资源的使用价值，扩大设施的使用价值。

（4）提高资源和土地使用价值，带动沿线土地的开发，土地诱增效益可观，扩大沿线内部设施的使用范围。

（5）购买公路建设需要的物资和材料，引起对其他部门的派生需要，诱发相关产业之间的波及。

2. 非经济效果

公路的建设与运营带来噪音、废气、灰尘等。

（七） 敏感性分析

评价中所采用的数据，多数来自预测和取自有关参数表，为了分析这些不确定因素对项目的影响，需进行敏感性分析。在费用与效益均陷入风险时，以及其他各种情况下的经济效益。其计算结果见表5-19。

表5-19　　　　　　　　　　　　经济敏感性分析

	净现值（ENPV）（万元）	效益费用比（EBCR）	内部收益率（EIRR）	投资回收期（EN）（年）
费用上升10%效益下降10%	35.90	1.303	11.51%	16.27
费用上升20%效益下降20%	14.46	1.062	9.35%	20.07
费用下降10%效益上升10%	78.78	1.947	16.64%	10.83
费用下降20%效益上升20%	100.22	2.39	19.85%	8.89

在费用上浮20%，同时效益下降20%的不利情况下，项目的经济内部收益率EIRR为12.67%，经济净现值ENPV为60.18万元，经济效益费用比EBCR为1.419，经济投资回收期EN为14.66年。

从国民经济评价来看，项目可行，并具有一定的抗风险能力。

三、综合经济评价

通过以上综合社会经济效益的计算与分析，该建设项目的经济净现值ENPV为57.34万元，反映该项目对国民经济有较大的净贡献，经济效益费用比EBCR为1.593，说明效益大于费用，经济内部收益率EIRR为13.91%，大于社会折现率8%，经济投资回收期EN=13.23年，其项目全部投资将于2021年之前收回。

从经济敏感性分析来看，即使在投资增长20%，效益反而下降20%的不利情况下，其内部收益率EIRR为9.35%仍大于8%，说明该项目仍能承受一定的风险。

故本报告的结论是：本项目的国民经济评价结果较好，并具有较大的抗风险能力，本项目在经济上是可行的。

此外，本项目存在的问题及建议如下：

第一，随着D镇x村经济的发展，交通量也相应增加，原有的道路已经无法满足现有交通量，进行道路硬化工程十分迫切。具有良好的社会效益和经济效益。

第二，本工程关键问题是资金筹措，资金是否落实，将直接影响工程进度和工程质量，务请有关部门落实筹资计划，以确保本项目顺利实施。本项目作为香山村主要进出通道，建议尽快实施，以改善道路状况，促进 x 村经济快速发展。

第三，为保护沿线生态和环境，建议再设计中树立"不破坏就是最大的保护"理念，严格控制工程占地，认真思考环保措施。在施工中选择环保理念强，素质好的施工队进行施工。

综上所述，本项目为社会经济公益事业工程，其经济效益主要体现在国民经济效益和社会意义。本项目的实施将促进本地区经济发展和提高人民生活的水平。

第六章

福建省农村公路投资建设管理研究①

第一节　福建省农村公路投资建设管理现状

　　农村公路建设养护是统筹城乡一体化发展，提升农村公共服务水平，保障全面小康实现的重要工作。2015 年在交通运输部的大力支持和省委、省政府的正确领导下，福建省以党的十八大系列会议精神为指引，深入贯彻习近平总书记"建好、管好、护好、运营好"农村公路的"四好"，落实好全国交通运输工作会议和全国农村公路现场会议精神，以政策为引领，以创新为驱动，抓转变谋提升，创机制促发展，扎实推进农村公路工作。

一、公路里程建设情况

　　自"十二五"规划以来，我国公路建设在构建社会主义新农村上不断改进，扩大财政投入，加大对农村的公路支持。福建省农村公路经历了由少到多，不断提升、不断夯实的发展历程，尤其是自 2003 年农村公路大建设以来，农村公路面貌显著改观，基本解决了农村出行难问题，为支撑新农村建设和城乡统筹发展做出了突出贡献，农村公路对社会经济发展实现由瓶颈制约向基本适应的转变。福建省农村公路里程建设情况如图 6 - 1 所示。

　　根据图 6 - 1 所示，2010 年，农村交通条件进一步改善。全省农村公路（含县道、乡道、村道）里程达 8.02 万公里，比上年末增加 1088.12 公里。五年新增公路 6108.51 公里。从 2008 年起全省所有的乡（镇）均通水泥路，全省所有的建制村均通公路，比"十五"末分别提高 2.23 个和 3.51 个百分点。其中全省通硬化路面的建制村占全省建制村总数的 98%，比上年末提高 1 个

---

　　①　文中数据来自福建省交通运输厅网站。

百分点，比"十五"末提高 33.4 个百分点。

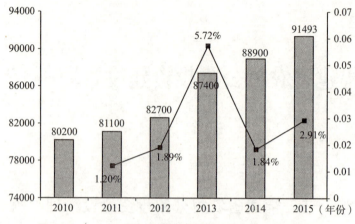

图 6 - 1　2010～2015 年福建省农村公路里程建设情况图

2011 年，全省农村公路（含县道、乡道、村道）里程达 8.11 万公里，比上年末增加 964.36 公里。从 2008 年起全省所有的乡（镇）均通硬化路，2011 年又实现全省所有的建制村均通硬化路，建制村公路通畅率达 100% 从 2008 年起全省所有的乡（镇）均通硬化路，2011 年又实现全省所有的建制村均通硬化路，建制村公路通畅率达 100%。

2012 年，全省农村公路（含县道、乡道、村道）里程达 8.27 公里，比上年末增加 1535.13 公里。2013 年，全省农村公路（含县道、乡道、村道）里程达 8.74 万公里，比上年末增加 4727.17 公里。2014 年全省农村公路（含县道、乡道、村道）里程 8.89 万公里，比 2013 年年末增加 1506.61 公里，其中村道 30946.12 公里，增加 917.22 公里。全省所有的乡（镇）、建制村均通硬化路。为推进农村公路建管养运全面协调发展，促进福建省交通运输现代化和全面建成小康社会。表 6-1 为 2014 年福建省农村公路现状汇总表。

表 6-1　　　　　　2014 年福建省农村公路现状汇总表　　　　单位：公里

地区	通车里程	县道	乡道	村道
全省	88905.9	16973.9	40985.9	30946.1
福州	9489.9	1875.9	4545.1	3068.8
厦门	1780.9	510.0	799.2	471.8
莆田	5672.1	739.7	2125.0	2807.4
三明	12251.0	2620.3	6010.9	3619.7

续表

地区	通车里程	县道	乡道	村道
泉州	14905.7	2029.1	5950.1	6926.5
漳州	9979.7	1951.5	4341.9	3686.2
南平	12976.4	2543.3	5591.1	4842.0
龙岩	11814.8	2690.4	6086.3	3038.1
宁德	9480.6	1914.2	5244.5	2321.9

2015 年，全省农村公路（含县道、乡道、村道）里程 91493.00 公里，比上年末增加 2587.09 公里，其中村道 33349.20 公里，增加 2403.08 公里。全省所有的乡（镇）、建制村均通硬化路。

至 2015 年末，福建省将建设改造农村公路约 6000 公里（其中县道 1000 公里、乡道 1500 公里、村道 3500 公里），经济发达县基本实现 2000 人以上建制村通双车道公路。支持单车道通村公路增设错车道。海岛交通实现百人以上岛屿建成陆岛交通码头，千人以上岛屿开通班轮，万人以上岛屿开通岛内客运班车。农村公路养护经费全面落实到位，经登记农村公路全面列养。如图 6 - 2 所示，农村公路的行政等级公里里程占据较大的范围。

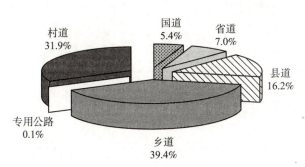

图 6 - 2　2015 年福建省各行政等级公路里程构成

二、公路投融资情况

2013 年全省完成农村公路建设投资 14.40 亿元，完成农村公路建设改造 2700 公里，大力推进"年万里农村公路安保工程"实施，完成农村安保工程 10400 公里，进一步改善了农村公路安全通行条件，东部省级扶贫县完成公路建设投资 112.67 亿元。

2014 年农村公路建设与改造完成投资 79.65 亿元，增长 25%，其中："镇镇有干线"项目完成投资 65.19 亿元，增长 32.2%，建成 350 公里；农村路网建设与改造完成投资 14.45 亿元，增长 0.4%，完成农村公路建设改造 1775 公里。完成国省道、农村公路"安保工程"6704 公里，改造危桥 432 座。东部省定扶贫县完成公路建设投资 83.75 亿元，下降 25.7%，占全省公路建设投资的 12.0%。

到 2015 年，福建省农村公路建设预计完成投资 117 亿元，完成农村公路建设改造 3252 公里，完成农村公路危桥改造 277 座，建成撤渡建桥（路）项目 3 个；完成全省农村公路急弯陡坡、临水临崖等安全隐患路段排查，并实施农村公路安全生命防护工程 3967 公里，进一步改善农村交通安全便捷通行条件。

截至 2016 年 8 月，路网建设。全省累计完成投资 33 亿元，建设水泥砼路面 1313.2 公里，分别占年度计划（40.9 亿元、1800 公里）的 80.7% 和 73%，总体进展较好，其中平潭实验区、莆田市完成里程尚未过半，进度较为滞后。各设区市（区）完成情况详见表 6-2。

表 6-2　　　　　　　2016 年 8 月各设区市路网建设工程进展一览表

路网建设		全省	福州	漳州	泉州	三明	莆田	南平	龙岩	宁德	平潭
年度计划	投资（亿元）	40.92	3.00	4.10	3.25	2.00	3.50	3.82	10.00	7.64	3.62
	里程（公里）	1800	180	210	250	245	120	270	290	230	5
完成进度	投资（万元）	330409	17477	18923	35175	32828	43786	38763	70722	56106	16628
	里程（公里）	1313	114	133	180	245	56	174	220	191	1
完成比例	投资（%）	80.7	58.3	46.2	108.2	164.1	125.1	101.4	70.7	73.5	45.9
	里程（%）	73.0	63.1	63.6	71.8	100.1	46.6	64.4	75.9	82.8	16.0

三、公共配套设施建设

2011 年，农村客运车辆更新购置 4.15 亿元，甩挂运输车辆购置 0.93 亿元。2012 年，农村客运车辆更新购置 1.53 亿元，甩挂运输车辆购置 3.93 亿元。2013 年，农村客运车辆更新购置 1.41 亿元，甩挂运输车辆购置 2.90 亿元。2014 年，农村客运车辆更新购置 1.11 亿元，甩挂运输车辆购置 6.16 亿元。2015 年全省有 100% 的乡镇开通了客运线路，乡镇通车率与上年末持平；97% 的建制村开通了客运线路，建制村通车率基本与上年持平，客运车辆更新购置 3.05 亿元，甩挂运输车辆购置 4.56 亿元。

结合图 6-3 可以看出，福建省在农村公共运输方面的总投资不断增加。

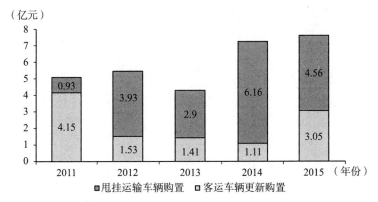

图 6-3　2011~2015 年农村公路运输配置情况

四、养护管理情况

2012 年全省农村公路养护省补资金合计数为 18839.88 万元，其中，用于补助各地小修保养的经费为 7559.84 万元，由设区市统筹包干使用的大中修经费为 5640.02 万元，另 5640.02 万元为省级统筹安排的大中修经费。

按照 2013 年农村公路数据库省级管理范畴的县道、乡道、村道里程数，全省农村公路养护省补资金合计数为 18839.87 万元，其中 5640.02 万元由设区市统筹包干用于农村公路大中修养护工程。为了贯彻省政府《关于促进农村公路建管养运全面协调发展的若干意见》精神，以落实机构、人员、资金为核心，加快管护模式探索，努力推动农村公路养护规范化、标准化。

2015 年全省农村公路通车里程达到 8.9 万公里，实现"有路必养"，县道经常性养护比例达到 100%，乡道经常性养护比例逐年提升。

由表 6-3 我们可以发现，福建省农村公路的养护意识在提升，政府重视养护管理工作，并下发资金为其建设，对福建省农村公路的后期维护管理提供了资金支持。

表 6-3　2016 年农村公路养护资金下达情况表

县（市、区）	农村公路养护里程（公里）					下达省补资金（万元）
	小计	群养国省道	县道	乡道	村道	
群养公路	85331.204	618.543	11966.065	39543.322	33203.274	25969.72
福州	8652.582	99.12	1144.183	4162.959	3246.32	2651.98
莆田	5460.79	4	560.921	2046.183	2849.686	1396.58
泉州	14164.08	129.397	1204.448	5700.131	7130.104	3641.75
厦门	1370.928	31.117	128.793	739.252	471.766	417.85

续表

县（市、区）	农村公路养护里程（公里）					下达省补资金（万元）
	小计	群养国省道	县道	乡道	村道	
漳州	9575.267	23.188	1268.628	4141.453	4141.998	2767.98
龙岩	11829.345	120.064	2311.183	5934.777	3463.321	4125.38
三明	11764.067	33.489	1980.967	5845.827	3903.784	3846.54
宁德	9284.043	101.004	1355.508	5105.437	2722.094	3078.67
平潭	517.737	4.98	69.413	266.661	176.683	163.07

综上所述，"十二五"以来，福建省累计已完成农村公路建设投资307亿元，建设改造水泥路1.46万公里，占规划建设总里程的146%。农村公路安保工程累计投资19.1亿元，完善安保设施3.3万公里。农村公路危桥改造累计完成23.8亿元，累计改造完成1813座，全省危桥比例控制在2.5%以下；撤渡建桥（路）累计完成投资11.8亿元，完成撤渡建桥项目36座，全面完成规划目标任务。

第二节　福建省农村公路投资建设管理存在的问题

从福建省的农村公路建设情况来看，近年来，公路建设虽不断发展，但总体规划不合理、资金筹措有困难、养护管理不到位、创新驱动力不强、体制机制不完善等一些农村公路管养问题却逐渐凸显。

一、总体规划不太科学合理

农村公路建设不仅要联通各农村地区的交通，同时需要注重与城市的连接，与高速公路、省干道、国道的合理衔接，构成一个科学合理的交通体系，从而带动农村的经济发展，为农村的粮食生产能够有效快速的运输到所需的各地区，是解决城市居民温饱问题的一个重要途径，也是将城市的高科技先进技术与经济水平引进农村的一个主要桥梁，因此，应当在构建农村公路时建立一个十分系统、完善的规划，充分发挥农村地理位置的优势、地广人稀的特点，为国家的交通现代化服务。

在"十一五"过后，福建省的农村公路覆盖率明显提高，农村交通条件进一步改善。到2010年，全省农村公路（含县道、乡道、村道）里程达8.02万公里，比上年末增加1088.12公里。五年新增公路6108.51公里。经过几年的建设，尽管农村公路的覆盖率提升了，给农民出行和农产品的输出带来了一定的便利，但是不少问题都暴露出来了。例如许多路段设计不合理，农户出行需要绕十分远的路，造成时间精力上的浪费，本应为出行提供便利的公路设施却使得农户的生活更加麻烦；更有甚者，在建设中由于规划不合理与施工人员对农田保护意识的确是造成毁坏居民农田、房屋等问题日益严重，产生了一些社会矛盾。由于我国的大部分县道、重要乡道以及中型以上桥梁新改建项目的建设单位一般是由县级人民政府委托授权县级交通运输部门负责实施，但是各乡镇政府为各自项目业主，为维护自身利益，出现了各自为战的局面，导致一些路段中断无人管辖；省内农村规划发展的道路中，有部分路段因某些原因被政府遗漏，但是由于其自身桥梁含筋量低，承载力不高，目前实测的交通量比设计交通量高出了几倍甚至几十倍，导致大量危桥产生，对行车安全产生了严重的影响。这种较低的设计标准，每隔几年就毁坏不堪，但由于资金有限，无力进行大规模翻修，造成了不必要的浪费。福建虽是沿海省份，但是冬季气候非常寒冷，上级部门的建设计划没有抓紧每年春季气温回升、降雨量也偏小这个工程建设的最好时期。

同时，在政府的政策规划上传达之间也存在着一些问题，许多指令无法迅速地使下级政府接受。而且部分下达下来的命令跟上一年的有一定的出入，造成原来的计划无法继续实施，上级部门的补助金无法用到实处，致诸多建设工作困难。同时，缺乏全面具体的协调规划，也是导致仓促上马前期准备太少，不能全面勘察地形地貌，为工程埋下了大量安全隐患的原因之一；同时由于工期短暂，经常出现工程边勘察、边设计、边施工的情况，工程进度因此而推延不前，劳民伤财。

二、资金筹措有困难

资金筹措不足当前我国农村公路建设普遍面临的突出问题，在福建省农村公路建设中，这一现象表现得也较为明显。农村公路建设规模大、项目多、建设里程长是由于农村地区的分散性导致的，这需要大量的投资，然而国家和各级交通部门的政策性补助和地方财政的投入仅仅只够满足农村公路修筑的一部分，其他资金则需要乡镇自筹。国家对农村公路的补助大约每公里 5 万 ~ 10 万元，地方政府补助资金因地区而异。目前按农村公路的最低标准，路面宽 4 米计算，工程造价大约在 20 万 ~25 万元每公里上下，地方自主筹措资金大约在每公里 5 万 ~ 10 万元。

在税费改革后，国家不允许农民集资，虽然资金补助政策有上级部门给予政策上支持，但想要完整的筹集到全部还是存在许多困难。在福建省部分农村地区，由于资金不能及时到位，部分公路建设项目开工后时干时休的事件经常发生。施工单位资金垫付能力也是其中的原因之一，资金链条一旦松动，工程立刻暂缓不前，施工方如果用工程进度来要挟业主单位，将会导致现场监管人员很难管理。业主单位拖欠工程款、建设资金拨付不到位在工程完工后，在一定程度上也激化了社会矛盾。正因为农村公路建设项目利润较低、资金支付困难，施工要求严格，许多大企业它们施工能力与资金垫付能力都很雄厚，但几乎都不愿意承揽农村公路项目，小的施工企业资历尚欠且资金垫付能力低，无法保证施工质量，这样一来尽管省政府下达了严格的农村公路建设标准，但在实际操作过程中偷工减料现象依旧多发，建设标准的降低，结构上的减少，资金的少投入，使得设施配套不完全。

三、养护工作仍不到位

农村公路由于其自身的路面基石条件的特殊性，与农民保护意识的薄弱，造成后期养护的困难，同时由于政府对于养护认识的局限即重建设轻养护的态度，导致养护资金被建设挤占，本来资金筹集压力就大的养护工作更难开展，造成养护经费严重不足、养护不及时。在养护管理上，缺少合理的制度规范和政策指引以及法律限制，导致养护管理工作无法合理及时有效的开展，是福建省养护管理问题的重要原因。

四、道路交通安全隐患大

纵观福建省近年来的农村公路建设，我们发现，其主要依靠国家政策来引导群众，由于在国家政策压力下被动完成目标任务，因此，许多施工单位缺乏自主积极性，使它们在道路建设规划时，缺乏长远合理的视角和综合的路网规划设计，导致农村公路建设缺乏系统的规划，建设的随意性大，很多都在没有合理性的规划与实际性检验的情况下进行施工建造，对农村公路埋下巨大安全隐患。比如有些农村公路的沿石、路肩、边坡、边沟设计标准不统一，危险路段、交叉路都等安全警示标志无标识，排水沟设计不合理，大大减少了道路使用寿命。同时，由于福建农村多建于山脉周边或者临近河水，因此对于桥梁将产生较大的需求。然而，桥梁的养护和维修资金却十分有限，一直成为制约农村公路桥梁养护工程实施的一个重要因素。因此，许多桥梁得不到及时的检测和养护维修，桥梁的损毁也日益严重，桥梁技术状况越来越差。从而造成农村公路发展受限的一个重要原因。另外，由于福建省的气候特点，导致公路建设在很大程度上都受到天气的影响，如果在建设过程中不抓紧时间，一旦进入汛期，工程进度就会严重滞后，导致成本提高、质量降低。

五、政府监管体制不健全

在资金管理方面，由于农村公路交通工程资金来源渠道的复杂多样，涉及的部门广泛，导致资金管理分布在各个部门，造成管理分散。在社会监管方面，由于农村公路资金紧张，如果采用社会监理，必将支付监理费用，增加建设投资，因此一般乡村公路为减少建设投资，保障完成主体工程，基本没有采用社会监理，或者仅仅为政府机关自行管理设定制度，缺少了第三方社会监督的职能，所以容易产生施工管理不到位、施工工人懈怠，政府管理松懈。在养护管理上，缺少合理的制度规范和政策指引以及法律限制，导致养护管理工作无法合理及时有效的开展，是我国养护管理问题的重要原因。在质量监管上，县级交通运输部门普遍缺乏懂技术、懂规范、懂标准的高等级的技术人员，虽然经多次培训，仍然不能满足农村公路建设发展的要求，加上部分县不重视质量监督单位的建设，使农村公路建设的政府监督起不到应有的作用。

第三节　福建省农村公路投资建设管理措施

一、构建更便捷的农路网络

（1）据福建省交通运输厅有关资料，2012 年省政府批复《福建省普通国省干线公路规划》后，福建省农村公路的网络形态相应发生了较大变化，原定的县道、乡道、村道功能定位有所调整。为此，全省启动了新的农村公路网布局规划调整，规划目标年为 2030 年。其中，县道规划要加强与重要商品生产集散地、港区、高速公路互通、重要交通枢纽、国省道未通达的重点旅游节点的连通；乡道规划要以乡镇为中心，以建制村为节点，实现乡镇与所辖建制村之间、有条件的建制村与建制村之间的便捷联系；村道规划要通过合理连接，推进农村路网向有条件的较大自然村延伸。

（2）改善路网通条件，以规划为引导，围绕消除交通瓶颈，服务畅通出行。积极推进通乡镇、建制村公路提级改造和县乡路网连通完善，促进路网结构优化升级，形成便捷畅通的县际、通乡、通村公路网络，服务广大农民群众出行需求。在广泛征求意见的基础上，各市、县政府已经完成了县道、乡道和村道农村公路规划的审批。据初步汇总，全省各地共规划了农村公路约 12.6

万公里，含已经建成在用的 8.3 万公里。实施后，福建省农村公路网络将更加安全畅通，有力支撑、适度超前农村经济社会发展需求。

二、多渠道筹集资金

资金来源是推动农村公路发展的关键因素，保障资金来源是农村公路得以健康持续的发展的前提保障。为了获得有力的资金支持，我们就应该针对实际情况开拓多种筹资渠道，建立多元化的投入机制，在维持巩固原先有效的筹资路径上积极地探索、挖掘出更多合适的新渠道。其中可行的道有：从由公路调控基金和公路重点建设工程、公路收费的营业税中划拨出一定量的资金用于建设农村公路，利用大路帮助小路，发展农村工路建设；发挥当地的资源优势，就地取材，弥补农村公路建设资金的不足，从当地的资源开发和销售收入中提取一定份额用于农村公路建设；鼓励社会各方力量一起作用于农村公路的筹资贷款；争取更多的国债投入等。充分调动农民群众的积极性，提高农民的收入，使农民个人投资于公路建设。村干部可以成立村道养护基金，基金由村民出资解决，由村民召开大会表决同意，获得集体的支持。盘活农村"一事一议"资金，引导百姓出工出劳，整合交通、财政、水利、扶贫、国土资源等部门资金，用于农村公路安保工程建设。

三、全面提升养护成效

农村公路的养护管理关系着公路的可持续性与效益性。为了更好地对公路进行维修保养，其中可以采取以下方法：

（1）健全养护管理体制。按照"县道县管、乡道乡管、村道村管"的分级管理机制，落实加强农村公路管养人员的经费，确保有人管养、有钱管养。县、乡（镇）两级管养人员经费列入财政预算。

（2）推进常态化养护。围绕"有路必养、有效养护、路路通畅"目标，全面列养经登记的农村公路。加大农村公路预防性养护、大中修工程实施力度，加强灾毁路段修复，稳步提升县乡道经常性养护率。结合美丽乡村建设、宜居环境行动部署，大力推进重要县道、通景区路线和美丽乡村通达公路生态路建设，至 2020 年建成生态路 2000 公里。

（3）推动管养专业化。统筹建养资源，构建"县道专业队伍养护、乡村道多元化养护"模式。鼓励社会力量组建养护企业，积极培育养护市场。完善农村公路日常巡查、内业档案、桥梁检查等管理制度，提升养护专业化水平。

（4）实施"互联网 + 建设管理"。近年来，福建省在农村公路的建设理念、养护方式和管理模式上不断推陈出新。实施"互联网＋建设管理"，全面推广应用建设项目管理系统，对所有列入省补计划的干线公路在建项目实现100％覆盖；实施"互联网＋养护管理"，利用信息化技术加强养护工程项目过程管理和日常管养的督促落实；实施"互联网＋应急安全管理"，完善省、市、县三级公路网运行监测与应急处置平台，建立动态运行管理平台以及应急指挥智能化管理系统；实施"互联网＋路政管理"，推进路政综合管理平台的升级和功能拓展，探索建立"移动路政"终端服务。福建省还利用互联网技术在推进常态化养护上作了探索，以信息化手段在县乡道打造"智慧路网"，推动路网监控全程化、路面管理协同化、信息服务实时化、应急反应快速化，为农村地区群众出行提供便利。

四、多方位安全防护措施

据介绍，受制于地质条件、交通量、造价等因素，福建省早期建设的部分通村公路不足 4.5 米。对此，新政策明确支持改善通行条件。对沿线经济水平较高、交通需求较大的路线，鼓励各地按照新政策实施晋级改造，其他路线则宜通过增设错车道。对在 2015 年底前完成错车道设置的，将按省级重点扶贫县、中等发展水平县和经济发达县，分别给予每个错车道 5000 元、4000 元和 3000 元的省级补助，2016 年及之后不再安排。对农村公路的安全防护措施主要有以下几个方面：

（1）改善安全通行条件。持续推进农村公路安保提升工程、危桥改造和隧道整治、撤渡建桥（路），至 2020 年提升安保工程 2.5 万公里，改造危桥 1250 座，强化桥隧日常管养，及时改造新增危桥，提升农村公路通行安全水平，服务农村交通安全出行。

（2）建立应急抢险体系。建立农村公路抢险基地，组建抢险队伍，加大屋子装备配备，提高农村公路灾害防范处置能力，保障农村公路安全畅通。

（3）鼓励提高农路技术等级。针对福建省"八山一水一分田"地形地貌、农村公路的功能定位等，新政策合理确定县道、乡道、村道的技术等级，原则上县道按三级公路标准建设，乡道按双车道四级公路标准建设，村道按单车道四级公路标准实施。对低于规定建设标准实施的项目，不予安排省补资金。为了提高农村公路通行水平，新政策积极支持各地合理提高农村公路技术等级，鼓励县道按二级、乡道按按三级标准建设，并对应给予更高的省级补助标准。要求所有农村公路在投用前，必须按规定同步建成防撞墙、反光镜、警示标志等安保工程；采用单车道四级公路标准实施的项目，必须同步建成错车道，保障交通安全和群众便捷出行。

（4）全省推广农村公路灾毁保险。通过政府向社会力量购买公共服务方式，在分摊风险、减轻水毁资金压力、提升水毁管理效率和降低行政成本等方面发挥了明显作用。保险采取"省级统一招标、市县自愿参保、县乡村共同受益"模式推进，保费由省、市、县三级财政按比例分担，省级对扶贫开发工作重点县、中等发展水平县和经济发达县分别按保费的90%、55%和33.3%比例予以补助。发生重特大灾毁时，仍按现行普通公路灾毁保通重建补助政策叠加支持。例如，2015年9月中旬，受暴雨影响，龙岩市上杭县合旧线、古步线出现不同程度滑坡、溜方。经查勘认定，该起事故属财产综合险"暴雨"责任范围，按2015～2016年度农村公路灾毁保险合同约定，此次事故损失累计74万元，赔偿金额为60万元。赔付款项没过几天就到位了，极大地减轻了资金压力，加快了灾后重建速度。

五、加强管理力量

（1）按照"权责明确、运转协调、监管有力"的农村公路建设养护管理体系要求，加强农村公路专制管养技术人员配置，逐步培育形成与管养里程相匹配的农村公路管养队伍。重视乡、村基层农村公路管理人员的业务指导、培训，普及建养管理基本知识和技能，提升农村公路管理人员业务水平。

（2）推进标准化管理。严格设计标准，加强排水、防护、安全设施、平交路口的精细化设计，落实施工标准化要求，逐步推进水泥混凝土路面施工和大型桥梁构建集中预制，稳步提升农村公路建设质量水平、防灾能力和使用性能。进一步规范养护巡查要求，提升农村公路养护规范化、制度化水平，为构建更加安全、畅通的通行环境确定基础。

（3）强化组织领导。各级政府、各有关部门要深刻认识农村公路发展的重要意义，把"建好、管好、护好、运营好"农村公路作为农业农村工作中全局性的大事抓实抓好。以政府为主导，建立"市级统筹，县为主体，乡村落实，部门协同"的农村公路工作体系，确保权责明确、运转协调、监管有力。建立有利于农村公路发展的协商机制，加强农村公路组织协调，形成工作合力。

（4）加大监督力度。福建省交通运输厅采取日常督察、年度抽查以及专项督办等方式，加强对农村公路建管养运的动态监管。积极探索"社会综合监督、人大代表评议"等监督方式，构建省、市、县多层面的综合监督体系。加强招标投标、材料设备采购等重要环节监督，引入信息化电子监察方式，加强资金拨付及使用监督。各级监察机关要加强对职能部门履职的再监督，及时查处违纪违规行为，建设"满意工程、廉政工程"。

第七章

我国农村公路投资建设管理研究[①]

第一节 我国农村公路投资建设管理现状

农村公路是广大农村地区生产生活的先导性、基础性、服务性设施，是我国公路网的主要组成部分。我国的农村公路具有分布广、数量大、密度大的特点。建设社会主义新农村，是当前我国一项十分重大而又紧迫的历史任务，而农村道路建设是建设社会主义新农村的重要组成部分。经过"十一五"时期的快速发展，我国农村公路总量不断攀升，结构持续优化，管理不断加强，服务能力显著提升，在农村经济社会发展中发挥了重要支撑作用。但同时，也存在发展不均衡、附属设施不完善、建设能力和管理水平亟待提升等问题。"十二五"时期，国家将推进农业现代化，加快社会主义新农村建设，对农村公路交通基础设施提出了新要求，提出要紧紧围绕协调推进"四个全面"战略布局，以"建好、管好、护好、运营好"农村公路为总目标，按照"五个坚持、五个确保"的理念，进一步加快农村公路发展，逐步消除制约农村发展的交通瓶颈，为优化村镇布局、促进农村经济发展当好先行，为全面建成小康社会提供基础支撑和重要保障。因此，加强"十二五"时期农村公路建设，提高建设管理能力，既是农村公路转变发展方式、实现友好又快发展的客观要求，也是交通运输行业支持农业现代化、加快社会主义新农村建设的重要举措。

一、投资现状

从 2006 年开始，随着"十一五"发展规划的实施，交通运输部实行"五年千亿元"工程，使我国农村公路投资建设迎来了新的春天，但由于我国农村

---

① 文中数据来自中华人民共和国交通运输部网站。

地区偏远、地质构成复杂等主客观因素影响，我国农村公路建设中也存在着很多问题与不足，制约了农村公路的建设。仅 2006 年至 2012 年的 7 年间，就筹集资金 39.69 亿元，新改建农村公路 1404.65 公里，乡村通行条件得到了极大改善。到了 2013 年，根据党的十八次会议提出要全面建设小康社会，交通部又提出"小康路上不能让任何一个地方因农村公路掉队"的目标，将农村地区和贫困地区、集中连片特困地区作为重中之重，对农村公路建设投资 2400 多亿元，同比增长 16%，解决了 150 个乡镇和 1.6 万公里水泥路的问题，改造安全隐患路段 4 万多公里、危桥 20 延米、渡口 4.8 万延米、1500 多处贵州 7 个贫困地区的改桥工作，使得农村交通条件和面貌有了较大的改观，广大人民群众出行难的问题得到解决。农村公路在无形中发挥了巨大作用。为全面完成 2015 年国务院《政府工作报告》确定的"新建改建农村公路 20 万公里"和"全面完成西部边远山区溜索改桥建设任务"两项任务，交通运输部对任务进行细化分解并列入更贴近民生十件实事。以集中连片特困地区为重点，交通运输部进一步加大资金投入力度，共安排车购税投资 875 亿元，比 2014 年增加 100 亿元，占车购税总投资的 30.3%。其中 550 亿元支持集中连片特困地区。

二、道路通达情况

截至 2010 年底，全国农村公路通乡及通村率分别达到了 99.97% 和 99.21%，乡镇及村通畅率分别达到了 96.64% 和 81.7%。可以看出，目前部分地区的通达问题与通畅问题已初步得到解决。但是随着日益增长的广大农民群众的强烈需求，农村公路建设任务仍然难以满足需求。在 2010 年前，在农村公路建设方面，主要是以地区农村公路的"树状"建制路网，以乡镇、建制村节点的通达、通畅工程为目标的建设，因此，在村与村之间连通仍然较弱，从某种程度上来看，仅是解决广大农村的基本出行需求。各省在实施中基本都是以上层路网或节点通达建制村或乡镇的路段为重点，因此在基本完成乡镇、建制村通达、通畅任务时，整体路网仍存在连通度水平不高、便捷性不足、上层路网改造滞后等问题。随着农村交通条件的改善，农村地区的社会分工和机动化必然进一步发展，对交通便捷性要求会进一步加强。

到 2012 年底，全国农村公路（含县道、乡道、村道）里程达 367.84 万公里。全国通公路的乡（镇）占全国乡（镇）总数的 99.97%，通公路的建制村占全国建制村总数的 99.55%，其中通硬化路面的乡（镇）占全国乡（镇）总数的 97.43%，通硬化路面的建制村占全国建制村总数的 86.46%。

我国农村公路建设尽管成效显著，但仍旧存在发展不均衡、区域差异较大、整体服务能力不高等问题，农村公路还不能完全适应农村社会经济发展的需求。2013 年，根据党的十八次会议提出要全面建设小康社会，交通部又提出"小康路上不能让任何一个地方因农村公路掉队"的目标，将农村地区和贫困地区、集中连片特困地区作为重中之重，对农村公路建设投资 2400 多亿元，同比增长 16%。

在 2015 年，我国农村公路超额完成了新改建农村公路 20 万公里的工作任务，全年完成新改建农村公路 25.1 万公里。12 个省（区）完成投资超百亿元，其中四川、湖北、云南、浙江四省超过了 200 亿元，四川、云南两省新改建超过 2 万公里，10 个省（区）超过了 1 万公里。目前，各地全面启动了"四好农村路"建设工作，山东、浙江、宁夏、陕西、吉林等省区拟以省政府名义下发活动方案，河北、山西、内蒙古、河南、江苏、贵州、重庆等省区市制定了"四好农村路示范县"创建标准。截至 2015 年年底，全国农村公路通车总里程突破 397 万公里。全国乡镇通畅率为 98.6%，全国建制村通畅率为 94.25%，全面完成"十二五"规划目标。溜索改桥进展顺利，309 个"溜索改桥"项目全部开工建设。建养并重，安全畅行。

三、隐患治理情况

由于历史原因，作为农村公路的重要组成部分的安保工程却没有得到应有的重视、没有出台强制性标准，没有与公路主体工程同设计、同实施，进而导致了安全设施的缺失。虽然近几年，我们在县级公路实施了部分安保工程，有效地保证了部分公路的安全畅通，但绝大部分乡村公路上没有安保设施，埋下了巨大的安全隐患。2009～2011 年，农村公路管养主体责任得到明确，农村公路养护资金筹措机制初步建立，基本形成了以县乡为主的农村公路管理养护体制。农村公路养护资金来源构成：中央财政主要源于燃油税"7351"；地方财政投入中：省级 11%，市级 23%，县级 66%。中央资金占 52.1%，地方财政资金占 39.9%，银行贷款占 3.7%，其他资金占 4.3%。

2015 年全国交通运输系统认真贯彻落实《国务院办公厅关于实施公路安全生命防护工程的意见》，全年完成隐患路段整治近 8 万公里，改造危桥近 3100 座。在"十二五"期间，农村公路抽检指标总体合格率达 96.2%，比"十一五"提高 2.4%。部组织开展了安保工程和危桥改造，预计全国累计改造农村公路安全隐患路段 21.7 万公里，危桥 13109 座、95.3 万延米，农村公路运行安全条件全面改善。

四、客运物流服务情况

2015 年，交通运输部深入贯彻落实习近平总书记对农村公路工作的重要指示批示精神和党中央、国务院的决策部署，全面完成了年初确定的各项工作任务。交通运输部研究制定了《城乡客运一体化发展水平考核评价指标体系》、《城乡客运一体化发展水平考核评价规范》，印发了《关于开展城乡客运一体化发展水平评价有关工作的通知》、《关于加快推进农村客运发展有关事项的通知》。全年全国新增通客车建制村数量超过 8000 个，超额完成年度工作任务。其中，湖北、贵州、四川共完成了 6500 多个建制村的通客车任务，北京、河北、辽宁、吉林、上海、江苏、湖北七省市的农村客运实现了建制村全覆盖。与此同时，大力推进城乡客运一体化。全国一体化水平达到 3A 级以上的省份共 29 个，其中 5A 级 4 个、4A 级 5 个；加快农村物流发展，联合有关部门印发了《关于协同推进农村物流健康发展加快服务农业现代化的若干意见》，全面提升我国农村物流发展水平，支撑农业现代化发展。组织新技术交流与培训 16 期，培训人员 2000 余人次；部机关全年受理农村公路方面群众来信和部长信箱邮件同比下降 82%。

综上所述，到"十二五"期末，我国农村公路规划目标任务圆满完成，完成全国新改建农村公路超过 100 万公里、通车总里程达到 395 万公里。全国新增 5000 个建制村通公路，近 900 个乡镇和 8 万个建制村通硬化路，基本实现所有乡镇和东中部地区建制村通硬化路，西部地区建制村通硬化路比例约 80%。全国乡镇、建制村通客运班车率将分别超过 99% 和 93.2%。在改革发展建设社会主义新农村方面有了突破性的进展，其主要体现在以下五个方面：

（1）惠及民生力度更大。5 年来，中央投资农村公路 3265 亿元，发放农村客运补贴资金超过 100 亿元。全国农村公路建设带动社会总投资约 1.3 万亿元，比"十一五"时期增长约 40%，带动农民工就业超过 290 万人，增收超过 940 亿元。

（2）扶贫攻坚成效更突出。中央农村公路投资的近 60% 用于集中连片特困地区，目前已解决这些地区 3.1 万个贫困村的出行难问题。全面推动四川、云南等 7 省（区、市）溜索改桥工作，已完工、开工近 300 座。

（3）法规政策支撑更完善。交通运输部印发了"十二五"农村公路建设指导意见，制修订涉及农村公路重要技术规范 6 个，行业发展政策和技术体系基本完善。制定并总结推广"七公开"制度。省级层面的农村公路法规基本做到全覆盖。

（4）质量和安全基础更实。"十二五"农村公路抽检指标总体合格率达

96.2%，比"十一五"时期提高 2.4 个百分点。在规模迅速扩大的情况下，安全事故呈稳中有落态势，农村交通的安全水平明显提升。

（5）养护管理方面，截至 2014 年底，全国农村公路列养率达到 97.3%，比 2010 年提高 1%。农村公路技术状况（PQI）由 2010 年的 63.51 上升到 2014 年的 70.9，优良路率由 57.8% 上升到 59.7%。

综上所述，我国公路建设正在稳步推进，但是为了在农村公路建设中仍存在许多问题需要我们注意。

第二节　我国农村公路投资建设管理现存问题

一、投入资金缺口大

（1）近几年国家实行最严格的耕地保护政策，征地拆迁补偿标准提高，加上物价上涨因素等，增加了建设成本，导致农村公路建设造价呈现逐年上升趋势，加重了筹集资金的压力，国家对于投入资金虽同步增加但仍难以满足资金需求，另外加之省级政府的补助资金却经年不变的压力，使其农村公路建设缓慢。如河北省厅补助新建县道二级公路 50 万元/公里，而实际新建县道二级公路需 200 万元/公里以上，省厅补助资金不足总投资的四分之一。同时，市补助资金占总投资比例越来越低，村道新建项目省厅补助 10 万元/公里，而实际需 25 万元/公里左右，省厅补助资金不足总投资的二分之一。

（2）我国县域地处偏远，交通落后，经济发展设施欠缺，导致各地区的经济发展严重不平衡，东西部差距愈发加大，导致经济条件差的县，因为其经济效益低，资金周转率慢，建设周期长的不利因素，使其配套资金筹集难度大，为该地区的农村公路建设带来了较大阻力。

（3）政府资金调拨的随意调项、挪用资金现象严重，导致资金真正投资于农村公路建设的部分逐渐被稀释，地方政府的随意调项就是调资金，如果前期手续跟不上，后续资料又不完善，就会造成建设资金的滞留或外流，造成严重的后果。挪用资金的问题普遍存在，它严重地影响农村公路建设的投资形象，导致真正流入公路建设的资金减少，影响了农村公路建设资金的使用效益，影响了农村公路建设的质量和进度。同时，区、乡地区对民间投资政策支持不够，使个人资本与机构投资者不敢将资金投入到农村公路建设中，导致建设资金短缺的问题十分突出。

综上所述，农村公路建设由于各级财政投入不足，建设资金难以下达，形成较大的资金缺口，再者由于农村公路的大部分的资金在地方政府财政紧张，农民群众生活不富裕的困境下仍要靠地方政府和社会配套解决，导致地方配套资金很难落实，导致资金短缺的问题已成为制约农村公路建设的主要矛盾。

二、养护资金不足

养护资金的严重不足一直是制约农村公路持续发展的主要因素，确保稳定的养护资金来源渠道是农村公路管养的有力保证，足够的养护资金是农村公路养护工作做好的前提。

（1）养护资金不足的内在原因：一是国家投入资金有待增加。国务院办公厅出台了《农村公路管理养护体制改革方案》，公路养路费总收入用于公路养护资金不低于80%，省级人民政府交通主管部门每年在统筹安排养路费时，用于农村公路养护资金的标准是县道、乡道、村道的资金标准分别不低于每年每公里7000元、3500元、1000元。"7351"养护专项资金补助标准不足养护成本的20%，这些资金对于农村公路养护来说是杯水车薪。税制改革后，县级及以下公路建设和养护管理由区、乡（镇）和村级投资；村级公路建设主要由乡（镇）和村级投资，国家和公路管理部门给予补助。在此情况下，由于区、乡经济发展较差，财力有限，地方财政资金不到位，使其对公路建设养护资金投入不足，管养资金供需差距加大。2012年养护资金到位率44.3%，比2009年下降5%。二是大部分的省（区）农村公路采取"县道县养、乡道乡养、村道村养"的养护模式。大部分县道和个别乡道已列入县（市）交通主管部门的养护，而绝大多数村道没有被列入交通主管部门的养护范畴，部分经济能力强的乡镇对乡道自行养护。另外，由于财政资金非常有限，且主要投入到建设领域，对农村公路管理养护往往重视不够。再加上大部分乡镇存在财政赤字的现象，有些农村集体经济体系十分薄弱，而村委会是村自治组织，其自有资金来源渠道受限，无法保证养护资金来源，因此，村道的养护，在一定程度上是"自生自灭"的失养状态。

（2）养护资金不足的外在因素：一是农村公路的养护成本随着近年来的通货膨胀而不断上升，人工工资、建设材料的价格也呈现飞速上涨的趋势，因此在养护资金方面，投入大于产出，供不应求。二是农村公路的绝大部分建设项目均为当年计划，设计、施工、完工的短期工程，在建设合理性方面，没有给路基一段自然沉降的时间，将会导致其后期存在较大的安全性隐患。特别是水泥路稳定性差、抗冲刷能力弱，易造成沉降和断裂等留下质量隐患，增加养护难度并浪费养护资金。农村公路基础质量差、外加路政管理缺位，道路建设需要较多人力物力成本，另外，村民对于公路建设意识的不足，造成随意占用公路用地、随处倾倒垃圾、堆放农作物秸秆、打场、晒粮、排水等现象不断地阻碍公路建设，无法巩固养护成果影响农村公路的使用寿命，造成后期养护资金成本的增加，也引起了养护资金的投入不能满足后期维护。另外，由于部分政府机构为完成任务而不得不降低设计标准，压缩建设造价，致使公路残缺严重、等级低，线形不规范，各种结构物缺乏，建设质量无法保证，公路病害多，抗灾能力差，导致养护成本高、养护难度大。据统计，2014 年全国 35% 农村公路处于季节性或突击养护，部分乡道、村道失养严重，路况下降，中等路以上比例只有 51.7%。三是农村公路建设的意识偏差，出现重建设、轻养护的观念，将养护放在了建设的从属位置，养护资金主要在于建设投入后期剩下部分，倘若在建设中资金中断，将出现随意挪用的现象，资金、人员的不落实，造成养护资金不断缺失。

三、农村公路安全隐患大

由于农村公路建设资金极度紧张，导致农村公路建设无法聘请高级技术施工管理人员进行设计施工，施工技术水平等级较低低、道路施工建设质量较差、导致抗灾能力弱的问题日益突出。农村公路在适应农村经济发展和农民生产生活需要方面无法相匹配，使用寿命不断降低，不能充分发挥农村公路的经济效益。近五年，我国在建设社会主义新农村的构想下，农村公路大规模的发展，各地区市县级公路的技术等级、施工质量、抵御自然灾害的附属设施及交通安全设施已经能够按照规范要求全部实施，但乡级公路及村级公路由于项目多、路线长、投资规模大、配套资金多，除上级补助资金和自筹资金在保障完成主体工程外，缺少能力完善抵御自然灾害的附属设施和交通安全的安保设施，使乡村级公路交通事故和因自然灾害导致的断交频发，不能保证乡村级公路安全畅通。

1. 前期准备工作不规范

在我国农村公路的建设初期，由于农村的地理位置较为偏远，人民的知识体系不够完善，缺乏技术施工人才，而大城市的技术人才不愿到农村服务的原因，导致农村公路建设缺乏系统的规划，建设的随意性大，很多都在没有合理性的规划与实际性检验的情况下进行施工建造。农村公路建设规划按照县、乡、村道路的行政级别，分别有相关的编制、批准、备案程序。在规划编制过程中，往往是根据当地政府资金配套、修建的积极性来编制规划，而一些经济落后、位置偏远但又急需修建道路的一些乡镇由于配套资金难以筹集而不能列入规划，导致交通基础设施的落后，从而影响当地经济的发展，长此以往，形成恶性循环，导致经济落后的越落后，发达的越发达。按要求公路新改建项目工程报告批复后，应明确建设项目法人。县道、重要乡道以及中型以上桥梁新改建项目的建设单位一般是由县级人民政府委托授权县级交通运输部门负责实施。其项目法人应实行备案制度，资格申报材料应该有上级主管部门审查后，报市级交通运输部门审批备案。在实际实施过程中，由于县级交通部门技术力量往往不能达到项目法人要求的标准，导致大部分县不进行项目法人的审批，也由于技术力量的欠缺，导致项目管理不规范、不科学。

2. 农村公路建设标准低

我国农村公路普遍存在着含筋量低、承载力不高。对 51 座存在安全隐患的中、小桥梁进行调查发现，除 8 座桥梁承载力还有一定的富余外，符合现行荷载标准要求的桥梁只占桥梁总数的 10% 左右。该农村公路桥梁大多数始建于 20 世纪六七十年代，当时的设计技术标准比现行的设计技术标准规定的荷载能力要低，具体表现为，桥梁含筋量低，承载力不高。目前实测的交通量比设计交通量高出了几倍甚至几十倍，导致大量危桥产生，对行车安全造成了严重的影响。

3. 农村公路施工质量差

我国大部分农村公路建设于 20 世纪六七十年代，然而当时国家正处于建筑材料极端缺乏的时期。材料缺乏，在钢筋、水泥等主材方面都很紧张，材料在数量和质量上都达不到标准。同时面临着施工工艺技术落后的窘境。大多是采用人工施工，因为人工施工存在人员安全因素和个人身体素质的要求较高，但道路施工是一件大工程，难以满足其施工需求，在当时我国的工业发展较为缓慢，运用现代机械施工的桥梁工程基本上没有，导致桥梁建设质量很难保证。同时面临着施工单位基本上是按照图纸来施工，缺乏合理性和实际性因素考量，对于农村的基底承载能力能否达到设计要求欠缺有效的估计，导致公路的基础出现下沉现象，进而对公路整体结构的安全性产生影响。有一些乡道和村道，由于受到资金限制，委托具有相应资质的单位编制施工方案不现实，而各乡县交通运输部门技术人员匮乏，使得施工图设计极不规范，造成公路施工的质量结果差。

4. 人为破坏的情况恶劣

农民对于农村公路的维护意识薄弱，在公路沿线的居民随意地在公路上倾倒垃圾，泼洒污水，造成对公路的损耗，农民经常在公路上晒稻谷，长此以往，导致公路的路面遭受或多或少的摩擦，路面水泥不断被腐蚀。甚至一些挖沙开采工作的重型车辆在公路上作业，对其地基本就不稳定的公路造成巨大压力，路面不断下沉。在桥梁方面，一些素质低下的农民将栏杆当作废品卖钱，导致栏杆破坏严重，不仅影响桥梁的美观，同时也造成运行困难和通行安全。

四、质量监督管理能力薄弱

1. 资金管理分散

由于农村公路交通工程资金来源渠道的复杂多样，涉及的部门广泛，导致资金管理分布在各个部门，造成管理分散。许多农村在公路工程实施的早期形成了县财政和交通局多个会计主体管理资金局面，多个会计主体共管的局面导致施工单位拨款环节复杂，很难总体把握资金动态，不利于资金控制和结算，不利于监督管理，同时也无法编报完整的财政决算。基础工作薄弱主要表现在会计基础工作薄弱，核算不按建设单位会计制度执行，岗位设置不符合规定，人员配备不到位，人员素质达不到岗位需要的标准，不按建设资金使用规定，设置专户进行会计核算，账户之间相互串户，账面管理混乱等。如有的项目会计、出纳人员不是专业人员，甚至由一人承担两个岗位的工作，直接违反了财务管理的规定。有的项目按行政事业单位会计制度对农村公路建设资金进行核算，造成建设资金的使用、成本费用归集不规范、不准确、不及时。

2. 社会监管到位率差

一方面在于农村公路的管理大部分缺少第三方社会管理，仅仅靠施工者自律管辖机制。由于农村公路资金紧张，如果采用社会监理，必将支付监理费用，增加建设投资，因此一般乡村公路为减少建设投资，保障完成主体工程，基本没有采用社会监理，或者仅仅为政府机关自行管理设定制度，缺少了第三方社会监督的职能，所以容易产生施工管理不到位、施工工人懈怠，政府管理松懈，使农村公路施工质量普遍较差，影响农村公路的施工寿命。另一方面是政府与施工部分的自我监管，容易形成交叉利益的相互包庇行为，导致工程项目的施工工艺不过关、原材料把关不严、关键工序及主要质量指标控制不好等现象，从而为农村公路埋下安全隐患，也增加了管理困难，使建设工期无故拖长，浪费资金。

3. 养护管理不善

农村公路由于其自身的路面基石条件的特殊性，与农民保护意识的薄弱，造成后期养护的困难，同时由于政府对于养护认识的局限即重建设轻养护的态度，导致养护资金被建设挤占，本来资金筹集压力就大的养护工作更难开展，造成养护经费严重不足、养护不及时。我国农村多建于山脉周边或者临近河水，因此对于桥梁将产生较大的需求。然而，桥梁的养护和维修资金却十分有限，一直成为制约农村公路桥梁养护工程实施的一个重要因素。因此，许多桥梁得不到及时的检测和养护维修，桥梁的损毁也日益严重，桥梁技术状况越来越差。从而造成农村公路发展受限的一个重要原因。在养护管理上，缺少合理的制度规范和政策指引以及法律限制，导致养护管理工作无法合理及时有效地开展，是我国养护管理问题的重要原因。

4. 工程质量试验检测不到位

工程质量的好坏应以试验检测数据说话，应有的测、试、检设备及检测频率是工程质量的有效保障之一。农村公路质量保证体系中，施工单位自检及监理单位的抽检是保障工程质量的必要措施。而在实际施工过程中，一般乡村公路大部分都是有相应资历的单位施工，施工单位都是靠经验施工，普遍不重视工程质量的试验检测，甚至有些施工单位连基本的试验检测设备也不配备，工程质量的好坏无从说起，只能从外观判断，众所周知外观的好坏是不能代表工程质量评判标准的。试验检测不到位是乡村公路工程质量的一个重大隐患。

5. 质量监督力量薄弱

农村公路建设一般实行四级质量保障体系，即政府监督、社会监理、群众参与、施工自检。在质量保证体系中，政府监督有着极其重要的作用。农村公路建设除县级公路、重要乡道、中型以上桥梁新改建项目要求申请市交通运输局质量监督站进行质量监督外，其他一般乡道和村级公路由各县级交通运输部门质量监督单位负责。县级交通运输部门普遍缺乏懂技术、懂规范、懂标准的高等级的技术人员，虽然经多次培训，仍然不能满足农村公路建设发展的要求，加上部分县不重视质量监督单位的建设，使农村公路建设的政府监督起不到应有的作用。

第三节 我国农村公路投资建设管理的治理措施

一、资金筹措管理建议

（一）投资资金筹集方法

农村公路建设资金管理的建议按照国家规定，本着科学、高效的原则，理顺投资管理体系，明确各自的职责。《农村公路建设资金使用监督管理办法》第四条、第五条明确规定，农村公路建设资金由交通部门管理和使用，并健全建设资金使用监督管理制度，自觉接受财政、审计、上级主管部门和群众的监管。

（1）加大国家财政投入。加大中央财政投入，缓解地方政府配套资金不足的压力。农村公路建设总的投资原则不能变，要继续坚持中央投入、省里补助、地方配套、社会各界和农民群众自愿捐资相结合的办法筹措资金建设农村公路。但是，随着社会各种因素的累加，建设成本不断加大，地方政府筹措资金的能力将会下降。因此，建议中央需适当加大对农村公路建设资金的投入比例来缓解地方政府的筹资压力。

（2）要积极争取县政府支持，安排县一般性财政预算资金，用于农村公路安保工程建设。积极争取交通运输部及省财政"以奖代补"资金。

（3）要广泛吸纳社会资金。可以学习神农架林区农村公路安保工程建设的经验，引导企业在资源开发中主动投资进行安保工程的配套建设，鼓励农村公路沿线受益单位捐助农村公路安保设施建设，鼓励企业带资垫资建设农村公路安保设施建设，鼓励企业和个人捐款用于农村公路安保设施建设。还可鼓励利用道路冠名权、安保设施冠名权、路边资源开发权、绿化权等方式筹集社会资金，投资农村公路安保设施建设。

（4）要盘活农村"一事一议"资金，引导百姓出工出劳，整合交通、财政、水利、扶贫、国土资源等部门资金，用于农村公路安保工程建设。

（5）要统筹农村公路建设、养护资金。有条件的地方，安排农村公路建设资金和日常养护资金建设安保工程。同时，要加强对农村公路安保工程建设资金的监管，确保专款专用。

（二）养护资金筹集措施

充足养护资金是农村公路健康发展的关键因素，是衡量农村公路管养重视程度的主要指标。"十二五"期间农村公路养护资金供需缺口约 2000 亿元，农村公路养护早已超出了交通部门的范畴，变成整个社会共同奋斗目标，积极争取财政投资，鼓励引导社会资金投向农村公路养护。

（1）政府要继续加大对农村公路养护资金的投资力度。通过政府杠杆作用协调其他行业对农村公路投入资金，使社会和谐发展；各级政府应退出竞争性领域，将退出的这部分资金转移支持农村包括公路建设、养护在内公共服务设施建设；根据地区经济差异分档进行财政拨付，对特困地区政府有义务全权负责养护；从交通行业内部经济能力较强部门直接划拨资金，缩小行业内部差距。

（2）引导广泛社会资金汇集到农村公路。深挖农村公路第三产业潜力；农村公路沿线企业代养；扶贫挂钩单位出资；个人自愿出资，民间机构集资；其他社会资金。

（3）鼓励农村公路沿线受益企业或个人捐助或领养。对其进行农村建设发展的意义宣传，带动自主投资建设的积极性与热情，为建设社会主义新农村主动贡献自己的一分力量。

二、农村公路安全隐患的防治方法

治理公路安全隐患不仅仅是增设一些安保设施，我们一定要把安保工程作为当前的一件大事来抓，像抓重点公路建设那样抓安保工程建设。

(一) 制定合理的公路施工管理标准

新建公路必须符合现代道路施工管理标准。关于农村公路建设，交通部的指导意见中明确了应坚持"因地制宜、量力而行、节约土地、保护环境、保证质量、注重安全"的原则，并提出了"充分利用旧路资源，着重提高路面等级，完善防护排水措施，增强晴雨通车能力"的方针，这是应该坚持贯彻始终的。农村公路安保工程设计要因地制宜，不搞"一刀切"，对于新建的农村公路、桥梁必须严格按照新的技术规范进行设计，合理预测未来的交通量，适当提高桥梁抗灾害等级；对于在县、乡道上的桥梁由于交通量较大和车辆载重大，可适当提高设计等级；而有通航要求的桥梁要充分考虑其通航能力，准确衡量道路交通的负荷能力。对设置的形式、设置的位置等要进行多方案比选，实事求是地选择适合本地农村公路的安全防护形式。要按照线路的重要程度、交通流量的大小、危险性程度、分轻重缓急分期分批实施安保工程。

(二) 完善农村公路通行设施

(1) 在交通规划、设计、建设和改造上要充分考虑农村交通运输的实际需求，做到"三个结合"。一是要与农村公路新改建相结合。农村公路安保工程建设应与主体工程同步设计、同步实施、同步验收。强制要求新建、改建的农村公路，没有修建安保设施的，不得验收和投入运行。二是要与农村公路大中修工程相结合。在对农村公路实施翻修改造的同时，积极完善防护、交通安全、配套设施，提高公路整体安全性能。三是要与农村公路安全隐患排查治理相结合。要定期组织各镇乡、街道，对全区农村道路交通安全情况进行全面的普查摸底，建立农村公路危险路段数据库，并及时更新。针对交通事故易发、多发的危险路段和地点，及时总结分析事故发生的原因，拟定治理方案，按照先重点后一般、先急后缓的原则妥善安排资金和人员，及时进行整治，确保防患于未然。同时，要建立农村公路安保工程建设、养护、管理的长效机制，做到责任主体、机构、资金"三落实"。并按照"政府负责、部门执法、群众参与、综合治理"的总体要求，确保农村公路安保工程"建即有管、建即有养"，逐步形成交通安全设施"坏了有人及时修，缺了有人及时补"的良性、立体管理体制，最大限度保护人民群众的生命和财产安全。

（2）在道路桥梁上应设置标志，明确禁止超载，确定承载重量。然后，对于地方政府部门，应加强督促桥梁养护管理责任主体对四类和五类技术状况的桥梁立即进行全面检查，设置明显的限载、限宽、危桥等标志；对于目前和未来交通量预测不大且为非主干道的危桥，如果桥梁下部基础没有较大的彻底性破坏，可通过维修下部构造，重新更换上部构件的方法来进行改造；对于交通量较大，不能废除的危桥应拆除，并重新按新规范修建；对于损毁非常严重的四类、五类桥梁应立即采取维修、加固措施，并在必要时采取封闭交通、限行等措施，避免安全责任事故的发生。加强对车辆超载等现象的管理，消除超载对桥梁的安全威胁。

（三）注重后期保养修护管理

（1）建立建养并重的管理养护考核机制，农村公路建设是前提，养护管理是保障。在农村公路管理建设中，应该要切实处理养护管理工作，要制订专门的农村公路养护管理考核办法，建立农村公路养护管理目标责任制，将农村公路养护管理工作纳入各级政府的政绩考核范围，制订完善农村公路养护技术规范，使农村公路养护管理逐步实现规范化、标准化。

（2）保障投入，建立稳定的养护资金来源，农村公路养护资金需求巨大，建立稳定的农村公路养护资金来源是农村公路养护管理的前提。对于农村公路养护管理的资金渠道首先是公路养路费。其次是地方各级政府根据农村公路养护的实际需要，统筹安排必要的财政资金，保证公路正常养护，并且进一步完善以县为主的农村公路管养体系，不断加大公共财政支持力度，同时可以多方开辟筹资渠道，充分发挥地方、个人、地方企业的积极性筹集养护资金，比如可以利用道路冠名权、绿化权等市场化运作方式，鼓励企业等社会力量投资农村公路。

（3）强化农村公路养护管理，提高养护质量。要对农村公路实行有效养护管理，必须建立一支强有力的养护管理队伍，要重视对农村公路养护管理队伍的技术培训，提高农村公路管理水平。由于农村公路养护的主体素质普遍不高，要注重提高养护人员的业务素质，吸引文化水平较高热爱养护工作的新型养护员，还要定期对农村公路养护员进行集中培训和现场指导，提高专业水平。同时，对农村公路养护管理人员责任到人，确保做到日常维修和养护，并引入竞争机制激发养护人员的工作热情，确保养护质量。

三、加强农村公路的监管维护

（一）资金监管维护措施

（1）强化制度建设。用制度管人、管事，是干成事、干好事的有效手段。农村公路建设资金的管理使用，要严格执行《农村公路建设资金使用监督管理办法》，按资金渠道核算分解使用。要坚持按财务管理制度的规定，规范账户设置、资金流程方式、基础资料等方面的工作，确保账面清楚，资金去向明了，项目建设规范。要建立健全与农村公路建设资金核算与管理任务相适应的财务会计机构，配备具有相应业务水平、奉公遵纪的专职或兼职财会人员。确保财会人员必须持证上岗，没有财会资质的非专业人员必须坚决调整。项目资金要按照专款专用、讲究效益的原则，实行分级负责、分级监督的管理方式。各级主管部门做到专项管理、专项核算、专项拨付；项目建设单位要建立健全资金使用审批内部控制制度，做到专户存储、专项核算，专款专用，严禁截留、挤占和挪用，确保资金的安全、合理和有效使用。

（2）加强资金审计监管。农村公路建设资金有限，要求较高，如果有限的资金不能及时足额到位，质量就很难保证。为此，要严格资金监管，统一资金拨付渠道，确保资金有效运行。交通、财政部门要加大农村公路建设资金监控力度，实行全过程监控，自觉接受审计及上级有关部门的监督检查。要充分发挥各级纪检监察人员的作用，加强监督监察，要采取季查、年审、跟踪审、专题审等措施，确保资金安全运行。要加强财务人员的学习培训，提高财会人员的思想政治素质和业务工作能力，为有效管理使用农村公路建设资金打好基础。

（3）开展专项整治。针对农村公路建设资金管理方面存在的突出问题，不定期开展专项整治。重点检查资金是否及时落实到位；是否存在截留、挤占或挪用现象；项目管理和建设单位是否存在弄虚作假，虚报项目骗取补助资金的情况；是否存在擅自变更农村公路建设项目，违规调整项目计划，将建设资金用于计划外工程、扩大建设规模、拖延建设工期等情况；是否存在从国家、省补助农村公路建设资金中提取管理费用，国债资金是否符合国家关于国债资金使用管理规定等情况。通过专项整治，确保把存在的问题查找到位，把不健全的地方规范到位，把该改进的地方整改到位，把需要长期坚持的措施制定到位。

（二）安全监督管理办法

（1）监管是加强农村公路安保工程建设质量监管。要严把施工监督关及验收关，加强安保工程施工现场、施工工艺的管理，加强队伍、材料、设备的源头控制，抓好关键部位和关键工序的监督，组织工程验收时，要全面考核投资效益、检验设计和施工质量，杜绝"豆腐渣"工程。要充分发挥基层单位、沿线群众的监督作用，积极利用社会力量开展工程监管，建立健全符合农村公路安保工程特点的质量监管体系，推进农村公路安保工程建设质量稳步提升。

（2）农村道路及安全设施要像城市道路和国省道一样，明确有人建、更有人管。首先要明确责任主体。政府要出台适合我区农村公路交通安全管理办法，明确各级各部门职责，特别是要明确农村公路交通安全设施的建设、维护和管理职责，防止出现"有人建、无人管"和"人人管、人人又不管"的情况。其次要明确目标任务。"以政府为主导，部门监督"为原则，县、乡、村层层分解目标任务，层层签订责任状，建立和落实道路交通安全工作责任制，明确具体任务和工作要求，同时要成立督导小组对各级各部门的工作进行督导检查。

（3）要完善考核机制。各级人民政府要将农村公路安保工程建设纳入政府重要议事日程，建立健全"政府牵头、联合巡查、定期通报、年终考核、奖惩兑现"的考核体系，严格实行农村道路交通安全的行政"一把手"负责制，把农村道路交通安全的相关工作纳入对乡镇街道及有关部门的综合考核内容。

（三）提升农民保护意识

（1）开展形式多样的交通安全宣传教育活动。充分利用各种宣传工具和手段，开展内容丰富、形式多样的宣传教育活动，做到家喻户晓、人人皆知，营造人人遵守交通法规和安全常识的良好氛围。如开辟农村广播、电视的宣传教育专题节目；在乡镇的车站、集市等农民的集散地设置宣传站；在村委会等设置宣传栏，在农村中小学校开设交通安全教育课程；利用年画、挂历、对联进行宣传；利用处理交通事故现场会，组织群众旁听，公开进行事故调解，上好每一场生动的交通安全宣传教育课；还可以通过深入到农村举办文艺表演、播放电影和事故光盘、事故图片展览等开展形式多样的宣传教育活动。

（2）增强农村道路交通安全管理力量。加强农村交通安全管理队伍建设，可把乡镇的派出所、交警中队、农机监理、工商、教育等部门力量进行有机的协调和整合，解决农村道路交通安全工作实体缺位问题，使农村道路交通真正形成齐抓共管、综合防治的格局。同时，在农村建立志愿者队伍，充分发挥中小学生、老党员、老干部的作用，依靠群众自身力量，实施自我教育和管理，并协助、配合公安交警部门做好工作，保证城乡道路交通安全、有序。

（3）加大公路交通监控等技术的推广应用。在交通流量大、交通违法行为多发、易发生堵塞和交通事故的路段，安装固定监控抓拍设备，严密监管交通违法行为，提高发现查处的能力。配备移动抓拍设备，采取固定测速点与流动测速互补的方式，加大对超速违法的管控力度。

专家调查咨询问卷

农村公路投资绩效综合评价指标体系调查问卷
专家调查咨询问卷

尊敬的先生/女士：

您好！

我们正在进行一项农村公路投资绩效评价课题学术研究，这是一份确定农村公路投资绩效评价指标体系的调查问卷。本问卷希望借重您丰富的农村公路投资建设经验，提供宝贵的意见，有利课题组建立科学、系统、完整的农村公路投资绩效评价指标体系，进行农村公路投资绩效的衡量，本问卷系纯学术研究问卷，采用匿名方式作答，恳请拨冗填写，并对您的热心协助，谨表诚挚的谢意！

《农村公路投资绩效评价研究》课题组
2010 年 06 月 10 日

您的基本资料：

1. 性别：□男，□女；
2. 年龄：□29 岁以下，□30～39 岁，□40～49 岁，□50 岁以上；
3. 学历：□大专及大专以下，□本科，□硕士，□博士；
4. 职称：□中级，□副高，□正高；
5. 职业：□相关部门管理人员，□大学教师，□银行系统，
　　　　□农业研究部门；
6. 从事农村公路领域的年限：□2 年以下，□3～5 年，□5 年以上。

附：农村公路投资绩效评价指标体系问卷调查表

分类评价指标	单项评价指标	合适	不合适	修正意见
经济绩效	1. 农村社会总产值（年均 GDP 贡献率）	☐	☐	
	2. 社会消费品零售总额	☐	☐	
	3. 农民人均纯收入	☐	☐	
	4. 单位农业用地收益	☐	☐	
	5. 经济作物种植面积	☐	☐	
	6. 农产品商品化率	☐	☐	
	7. 乡镇企业数量	☐	☐	
	8. 贫困率	☐	☐	
社会绩效	1. 农村公路通车里程	☐	☐	
	2. 农村公路等级里程	☐	☐	
	3. 农村公路晴雨里程	☐	☐	
	4. 村民出行时间的减少	☐	☐	
	5. 外出打工人数的增加	☐	☐	
	6. 村容整洁情况	☐	☐	
	7. 公众项目参与度	☐	☐	
	8. 农村公路建设满意度	☐	☐	
	9. 当地干群关系	☐	☐	
	10. 当地政府威信	☐	☐	
生态环境绩效	1. 农村公路绿化里程	☐	☐	
	2. 公众空气质量满意度	☐	☐	
	3. 噪声影响情况	☐	☐	
	4. 水污染影响情况	☐	☐	
	5. 项目耕地占用情况	☐	☐	

专家问卷调查表

尊敬的专家先生/女士：

　　您好！

　　感谢您在百忙之中抽空填写本调查问卷。因课题撰写需要，特向您调查福建省农村公路投资绩效评价的有关情况。本问卷希望借重您丰富的农村公路建设经验，提供宝贵的意见。问卷答案无对错之分，仅需根据您的真实想法填写即可。问卷调研的数据仅供科研用途，不会涉及您的个人隐私。由于调研会占用您的宝贵时间，在此对您的支持表示衷心的感谢，祝您身体健康、万事如意！

　　本调查问卷采用层次分析法（AHP）来确定所选择的各个指标的权重。其中，各指标两两比较所得结果意义如下表所示。

标度	含义
A/B = 1	指标 A 与指标 B 一样重要
A/B = 3	指标 A 比指标 B 重要一点（稍微重要）
A/B = 5	指标 A 比指标 B 重要（明显重要）
A/B = 7	指标 A 比指标 B 重要得多（强烈重要）
A/B = 9	指标 A 比指标 B 极端重要（绝对重要）
A/B = 2，4，6，8	指标 A 比指标 B 的重要性介于它相邻的两个重要程度之间
A/B = 1/i	反比较，若 A/B = i，则 B/A = 1/i（i = 1，2，…，9）

　　请将各指标相比的重要性在对应位置打"√"。

1. 经济绩效评价指标体系

一级指标	二级指标	三级指标
经济绩效 A1	农村生产力 B1	C1 社会总产值增长率（年均 GDP 贡献率）
		C2 社会消费品零售总额增长率
	农村就业、收入和支出 B2	C3 每户外出就业人口比重
		C4 农民人均收入增长率
		C5 农民人均家庭经营纯收入增长率
		C6 农民人均生活消费支出增长率（农村居民交通消费支出）
	农村交通运输、邮递 B3	C7 客运量
		C8 货运量
		C9 农村等级公路里程率
		C10 农村投递路线长度
	农村投资、产业状况 B4	C11 农村固定资产投资变化情况
		C12 农作物播种面积变化情况
		C13 粮食总产量变化情况
		C14 平均每百户农民经营土地情况
		C15 第三产业对地区经济发展的贡献

（1）二级指标的相对重要性。

	绝对不重要	强烈不重要	明显不重要	稍微不重要	一样重要	稍微重要	明显重要	强烈重要	绝对重要
B1/B2									
B1/B3									
B1/B4									
B2/B3									
B2/B4									
B3/B4									

（2）三级指标的相对重要性。

①农村生产力各指标的相对重要性。

	绝对不重要	强烈不重要	明显不重要	稍微不重要	一样重要	稍微重要	明显重要	强烈重要	绝对重要
C1/C2									

②农村就业、收入和支出各指标的相对重要性。

	绝对 不重要	强烈 不重要	明显 不重要	稍微 不重要	一样 重要	稍微 重要	明显 重要	强烈 重要	绝对 重要
C3/C4									
C3/C5									
C3/C6									
C4/C5									
C4/C6									
C5/C6									

③农村交通运输、邮递各指标的相对重要性。

	绝对 不重要	强烈 不重要	明显 不重要	稍微 不重要	一样 重要	稍微 重要	明显 重要	强烈 重要	绝对 重要
C7/C8									
C7/C9									
C7/C10									
C8/C9									
C8/C10									
C9/C10									

④农村投资、产业状况各指标的相对重要性。

	绝对 不重要	强烈 不重要	明显 不重要	稍微 不重要	一样 重要	稍微 重要	明显 重要	强烈 重要	绝对 重要
C11/C12									
C11/C13									
C11/C14									
C11/C15									
C12/C13									
C12/C14									
C12/C15									
C13/C14									
C13/C15									
C14/C15									

2. 社会和生态环境绩效

一级指标	二级指标	三级指标
社会和生态环境绩效 A2	社会公共服务 B5	C16 学龄儿童入学率变化情况
		C17 贫困率变化情况
		C18 村民出行时间变化情况
		C19 村容整洁情况
	交通服务 B6	C20 农村公路机动车交通量变化情况
		C21 建制村客运班线开通变化情况
		C22 建制村客运班线日均服务班次变化情况
	公众反应与参与 B7	C23 公众项目参与度变化情况
		C24 农村公路建设满意度
		C25 当地干群关系变化情况
		C26 当地政府威信变化情况
	生态与环境影响 B8	C27 公众空气质量满意度
		C28 噪声影响情况
		C29 水污染影响情况
		C30 项目耕地占用情况
		C31 对周边景观的影响情况

（1）二级指标的相对重要性。

	绝对不重要	强烈不重要	明显不重要	稍微不重要	一样重要	稍微重要	明显重要	强烈重要	绝对重要
B5/B6									
B5/B7									
B5/B8									
B6/B7									
B6/B8									
B7/B8									

（2）三级指标的相对重要性。

①社会公共服务各指标的相对重要性。

	绝对 不重要	强烈 不重要	明显 不重要	稍微 不重要	一样 重要	稍微 重要	明显 重要	强烈 重要	绝对 重要
C16/C17									
C16/C18									
C16/C19									
C17/C18									
C17/C19									
C18/C19									

②交通服务各指标的相对重要性。

	绝对 不重要	强烈 不重要	明显 不重要	稍微 不重要	一样 重要	稍微 重要	明显 重要	强烈 重要	绝对 重要
C20/C21									
C20/C22									
C21/C22									

③公众反应与参与各指标的相对重要性。

	绝对 不重要	强烈 不重要	明显 不重要	稍微 不重要	一样 重要	稍微 重要	明显 重要	强烈 重要	绝对 重要
C23/C24									
C23/C25									
C23/C26									
C24/C25									
C24/C26									
C25/C26									

④生态与环境影响各指标的相对重要性。

	绝对 不重要	强烈 不重要	明显 不重要	稍微 不重要	一样 重要	稍微 重要	明显 重要	强烈 重要	绝对 重要
C27/C28									
C27/C29									

续表

	绝对 不重要	强烈 不重要	明显 不重要	稍微 不重要	一样 重要	稍微 重要	明显 重要	强烈 重要	绝对 重要
C27/C30									
C27/C31									
C28/C29									
C28/C30									
C28/C31									
C29/C30									
C29/C31									
C30/C31									

福建省农村公路投资绩效评价——公众调查问卷

尊敬的先生/女士：

　　您好！

　　感谢您抽空填写本调查问卷。因课题写作需要，特向您调查 2003～2009 年福建省农村公路投资的有关情况。问卷答案无对错之分，仅需根据您的真实想法填写即可。问卷调研的数据仅供科研用途，不会涉及您的个人隐私。由于调研会占用您的宝贵时间，在此对您的支持表示衷心的感谢！

2010 年 12 月

　　[基本信息]

　　_____市_____县（市、区）_____乡（镇）_____村

　　[问卷内容]

　　1. 2003 年以前，您家里共有_____人，其中外出就业有_____人；2009 年以后，您家里共有_____人，其中外出就业有_____人。

　　2. 2003 年以前，您（或您的家人）前往本乡（镇）中心所需的时间约_____分钟；2009 年以后，所需的时间约_____分钟。

　　3. 2003 年以前，您（或您的家人）前往生产劳动（或工作）场所所需的时间约_____分钟；2009 年以后，所需的时间约_____分钟。

　　4. 2003 年以前，您（或您的家人）前往集贸市场所需的时间约_____分钟；2009 年以后，所需的时间约_____分钟。

　　5. 2003 年以前，您（或您的家人）到达最近的医院所需的时间约_____分钟；2009 年以后，到达最近的医院所需的时间约_____分钟。

　　以下表格采用格栅获取法将各个指标分为五个等级，请根据本地区 2003～2009 年农村公路改扩建的情况，对比 2009 年以后和 2003 年以前各个指标的情况如实填写。比如"村容整洁情况"这一指标，"最好"表示 2009 年以后和 2003 年以前相比村容干净了非常多，"最差"表示干净得非常少，次差、中等、较好则介于两者中间，请您根据实际情况在相应的等级

位置打"√",谢谢!

表1   反映"多少"变化情况的若干指标

等级指标	最多	较多	中等	次少	最少
农村公路机动车交通量变化情况					
建制村客运班线开通变化情况					
建制村客运班线日均服务班次变化情况					
水污染影响情况					
项目耕地占用情况					

表2   反映"好差"变化情况的若干指标

等级指标	最好	较好	中等	次差	最差
农村公路建设满意度					
当地政府威信变化情况					
公众空气质量满意度					
噪声影响情况					
村容整洁情况					

表3   反映"大小"变化情况的若干指标

等级指标	最大	较大	中等	次小	最小
贫困率变化情况					
公众项目参与度变化情况					
学龄儿童入学率变化情况					
当地干群关系变化情况					
对周边景观的影响情况					

附录4：

专家问卷调查结果

表1 专家问卷调查结果（一）

	专家1	专家2	专家3	专家4	专家5	专家6	专家7
B1/B2	1.00	5.00	0.20	0.14	5.00	7.00	1.00
B1/B3	3.00	5.00	0.11	0.20	3.00	5.00	1.00
B1/B4	0.33	5.00	0.14	0.14	5.00	5.00	1.00
B2/B3	5.00	1.00	0.14	5.00	5.00	5.00	1.00
B2/B4	1.00	1.00	0.20	1.00	5.00	3.00	1.00
B3/B4	7.00	1.00	1.00	1.00	3.00	3.00	1.00
C1/C2	1.00	5.00	1.00	0.14	5.00	3.00	1.00
C3/C4	0.20	1.00	0.33	0.33	5.00	3.00	0.20
C3/C5	0.14	1.00	0.20	0.33	3.00	3.00	0.20
C3/C6	1.00	1.00	1.00	0.20	5.00	3.00	0.33
C4/C5	1.00	1.00	1.00	3.00	3.00	5.00	1.00
C4/C6	5.00	1.00	1.00	1.00	5.00	0.33	1.00
C5/C6	5.00	1.00	1.00	0.33	5.00	0.33	1.00
C7/C8	7.00	3.00	1.00	3.00	5.00	0.20	1.00
C7/C9	0.14	0.33	0.33	5.00	3.00	3.00	1.00
C7/C10	0.14	1.00	0.33	5.00	5.00	3.00	1.00
C8/C9	0.20	1.00	1.00	0.33	5.00	3.00	1.00
C8/C10	0.20	3.00	3.00	0.33	3.00	3.00	1.00
C9/C10	3.00	1.00	1.00	1.00	5.00	3.00	1.00
C11/C12	9.00	1.00	1.00	0.11	5.00	1.00	1.00
C11/C13	1.00	3.00	0.33	0.14	3.00	3.00	1.00
C11/C14	3.00	5.00	3.00	0.11	5.00	3.00	1.00
C11/C15	3.00	1.00	3.00	0.11	5.00	3.00	1.00
C12/C13	1.00	1.00	0.33	1.00	5.00	7.00	1.00
C12/C14	3.00	1.00	1.00	3.00	3.00	7.00	1.00

	专家1	专家2	专家3	专家4	专家5	专家6	专家7
C12/C15	3.00	1.00	3.00	1.00	5.00	0.33	1.00
C13/C14	9.00	1.00	3.00	1.00	5.00	7.00	1.00
C13/C15	1.00	1.00	1.00	1.00	3.00	0.20	1.00
C14/C15	0.20	1.00	0.33	1.00	5.00	3.00	1.00
B5/B6	0.11	3.00	0.20	7.00	5.00	1.00	1.00
B5/B7	1.00	5.00	0.33	9.00	3.00	5.00	1.00
B5/B8	0.14	5.00	0.33	5.00	5.00	5.00	3.00
B6/B7	9.00	1.00	1.00	5.00	5.00	5.00	3.00
B6/B8	9.00	1.00	1.00	5.00	5.00	5.00	1.00
B7/B8	3.00	1.00	1.00	1.00	3.00	5.00	3.00
C16/C17	7.00	5.00	1.00	1.00	5.00	5.00	1.00
C16/C18	5.00	1.00	0.33	3.00	3.00	0.20	1.00
C16/C19	1.00	1.00	0.33	5.00	5.00	0.33	1.00
C17/C18	0.20	1.00	1.00	5.00	5.00	7.00	1.00
C17/C19	0.14	0.33	0.33	7.00	3.00	5.00	1.00
C18/C19	1.00	0.20	3.00	5.00	5.00	0.20	1.00
C20/C21	1.00	5.00	3.00	0.33	5.00	1.00	1.00
C20/C22	3.00	3.00	3.00	0.33	1.00	1.00	1.00
C21/C22	5.00	5.00	1.00	1.00	5.00	7.00	1.00
C23/C24	0.11	5.00	0.33	1.00	5.00	0.33	1.00
C23/C25	1.00	0.33	1.00	7.00	5.00	7.00	1.00
C23/C26	0.14	5.00	3.00	7.00	3.00	7.00	1.00
C24/C25	0.14	5.00	5.00	9.00	5.00	5.00	1.00
C24/C26	0.11	5.00	7.00	9.00	5.00	5.00	3.00
C25/C26	0.11	7.00	1.00	3.00	3.00	5.00	1.00
C27/C28	9.00	1.00	1.00	1.00	5.00	0.20	1.00
C27/C29	0.11	1.00	1.00	1.00	3.00	0.20	3.00
C27/C30	0.20	1.00	3.00	5.00	5.00	0.33	1.00
C27/C31	3.00	0.20	3.00	5.00	5.00	3.00	1.00
C28/C29	0.14	1.00	1.00	1.00	5.00	0.20	1.00
C28/C30	1.00	1.00	3.00	5.00	3.00	0.20	1.00
C28/C31	0.20	1.00	1.00	5.00	5.00	0.33	1.00
C29/C30	9.00	1.00	5.00	5.00	5.00	1.00	1.00
C29/C31	9.00	1.00	5.00	5.00	3.00	1.00	1.00
C30/C31	0.33	1.00	1.00	1.00	5.00	5.00	1.00

表 2　　　　　　　　　　　　　　专家问卷调查结果（二）

	专家 8	专家 9	专家 10	专家 11	专家 12	专家 13	专家 14	专家 15
B1/B2	5.00	0.20	0.33	5.00	1.00	1.00	1.00	0.33
B1/B3	5.00	3.00	3.00	5.00	1.00	5.00	3.00	0.20
B1/B4	5.00	3.00	5.00	1.00	5.00	7.00	3.00	0.33
B2/B3	9.00	5.00	3.00	3.00	5.00	3.00	3.00	0.33
B2/B4	7.00	5.00	5.00	0.33	5.00	5.00	3.00	1.00
B3/B4	9.00	3.00	5.00	0.33	7.00	3.00	1.00	3.00
C1/C2	5.00	1.00	1.00	3.00	1.00	1.00	5.00	3.00
C3/C4	5.00	5.00	1.00	0.33	0.33	3.00	0.33	3.00
C3/C5	5.00	3.00	5.00	0.33	0.33	5.00	0.33	1.00
C3/C6	9.00	1.00	7.00	0.33	0.33	9.00	0.33	0.33
C4/C5	3.00	3.00	1.00	1.00	3.00	3.00	3.00	0.33
C4/C6	9.00	1.00	3.00	5.00	1.00	7.00	3.00	0.20
C5/C6	5.00	0.33	5.00	5.00	0.20	3.00	1.00	0.33
C7/C8	5.00	3.00	3.00	0.33	1.00	3.00	1.00	1.00
C7/C9	5.00	0.33	1.00	5.00	0.20	0.33	0.33	3.00
C7/C10	0.33	3.00	7.00	5.00	0.20	5.00	1.00	3.00
C8/C9	9.00	5.00	0.33	5.00	0.20	0.33	0.33	3.00
C8/C10	7.00	0.33	3.00	5.00	0.20	3.00	1.00	3.00
C9/C10	5.00	5.00	5.00	3.00	1.00	5.00	3.00	1.00
C11/C12	0.33	1.00	0.33	5.00	5.00	5.00	3.00	5.00
C11/C13	0.20	0.33	1.00	5.00	5.00	3.00	1.00	5.00
C11/C14	0.20	3.00	3.00	5.00	9.00	5.00	3.00	3.00
C11/C15	0.33	0.20	0.20	3.00	3.00	5.00	3.00	1.00
C12/C13	1.00	1.00	1.00	1.00	1.00	0.33	0.33	1.00
C12/C14	5.00	0.33	1.00	0.33	0.33	3.00	1.00	0.33
C12/C15	5.00	0.20	0.33	0.20	0.14	5.00	1.00	0.20
C13/C14	5.00	1.00	1.00	0.33	0.33	3.00	1.00	0.33
C13/C15	0.33	0.33	0.33	0.20	1.00	5.00	3.00	0.20
C14/C15	3.00	0.20	0.20	0.20	0.20	1.00	1.00	0.33
B5/B6	5.00	3.00	0.33	0.20	0.20	1.00	0.33	0.33
B5/B7	0.33	5.00	5.00	0.20	0.20	5.00	1.00	3.00
B5/B8	0.33	1.00	3.00	0.20	1.00	3.00	0.33	1.00
B6/B7	5.00	3.00	5.00	3.00	1.00	5.00	3.00	5.00
B6/B8	0.33	3.00	3.00	3.00	5.00	3.00	1.00	3.00
B7/B8	5.00	1.00	0.33	3.00	3.00	0.33	0.33	0.33
C16/C17	1.00	3.00	1.00	0.33	1.00	1.00	0.33	1.00
C16/C18	0.20	0.33	0.33	0.20	1.00	5.00	3.00	5.00

	专家8	专家9	专家10	专家11	专家12	专家13	专家14	专家15
C16/C19	0.20	5.00	5.00	0.33	5.00	3.00	3.00	3.00
C17/C18	0.20	0.33	1.00	5.00	0.20	3.00	5.00	5.00
C17/C19	5.00	3.00	3.00	5.00	3.00	7.00	5.00	3.00
C18/C19	0.20	5.00	5.00	3.00	5.00	0.33	1.00	0.33
C20/C21	1.00	1.00	1.00	3.00	1.00	0.33	3.00	3.00
C20/C22	1.00	3.00	3.00	3.00	1.00	0.20	3.00	3.00
C21/C22	1.00	1.00	1.00	0.33	1.00	3.00	3.00	1.00
C23/C24	1.00	0.33	1.00	0.33	1.00	1.00	0.33	0.20
C23/C25	0.20	3.00	3.00	0.33	1.00	3.00	1.00	0.33
C23/C26	0.20	3.00	5.00	0.20	5.00	0.33	1.00	0.33
C24/C25	0.33	5.00	5.00	1.00	7.00	3.00	3.00	3.00
C24/C26	0.20	3.00	3.00	0.33	7.00	3.00	3.00	3.00
C25/C26	1.00	1.00	1.00	0.33	7.00	1.00	1.00	1.00
C27/C28	0.33	3.00	1.00	0.33	1.00	1.00	3.00	1.00
C27/C29	0.33	1.00	3.00	0.33	1.00	1.00	1.00	1.00
C27/C30	0.20	0.20	0.33	0.20	5.00	3.00	1.00	0.33
C27/C31	0.20	3.00	3.00	0.33	5.00	3.00	3.00	3.00
C28/C29	0.20	1.00	1.00	3.00	1.00	1.00	0.33	1.00
C28/C30	0.20	5.00	3.00	0.20	0.33	5.00	0.33	0.33
C28/C31	9.00	1.00	1.00	3.00	1.00	3.00	1.00	3.00
C29/C30	0.33	0.33	0.33	0.33	0.33	7.00	1.00	0.33
C29/C31	9.00	5.00	1.00	3.00	0.33	9.00	3.00	3.00
C30/C31	5.00	3.00	3.00	5.00	1.00	3.00	3.00	5.00

公众调查问卷结果

一、福州市（296 份）

表1　　　福州市外出就业人数状况以及前往日常工作生活场所时间情况

指标	2003 年以前	2009 年以后
家庭人口数量（人）	4.23	4.23
外出就业人数（人）	1.08	1.27
前往本乡（镇）中心所需时间（分钟）	27.94	20.50
前往生产劳动（或工作）场所所需的时间（分钟）	40.85	35.82
前往集贸市场所需的时间（分钟）	17.30	13.39
到达最近的医院所需的时间（分钟）	21.69	16.28

表 2 - 1　　　　　公共问卷调查结果（一）

等级指标	最多	较多	中等	次少	最少
农村公路机动车交通量变化情况	60	133	79	11	13
建制村客运班线开通变化情况	28	119	97	34	18
建制村客运班线日均服务班次变化情况	24	110	105	37	20
水污染影响情况	62	85	86	42	21
项目耕地占用情况	64	82	88	37	25

表 2 - 2　　　　　公共问卷调查结果（二）

等级指标	最好	较好	中等	次差	最差
农村公路建设满意度	36	139	89	22	10
当地政府威信变化情况	17	77	129	50	23
公众空气质量满意度	16	83	121	60	16
噪声影响情况	20	88	115	49	24
村容整洁情况	25	109	112	29	21

表 2 - 3 公共问卷调查结果（三）

等级指标	最大	较大	中等	次小	最小
贫困率变化情况	45	109	96	37	9
公众项目参与度变化情况	25	91	114	49	17
学龄儿童入学率变化情况	58	128	80	19	11
当地干群关系变化情况	19	72	141	42	22
对周边景观的影响情况	44	93	104	38	17

二、龙岩市（198 份）

表 3 龙岩市外出就业人数状况以及前往日常工作生活场所时间情况

指标	2003 年以前	2009 年以后
家庭人口数量（人）	4.49	4.43
外出就业人数（人）	0.97	1.21
前往本乡（镇）中心所需时间（分钟）	30.47	20.49
前往生产劳动（或工作）场所所需的时间（分钟）	39.15	28.19
前往集贸市场所需的时间（分钟）	27.85	17.03
到达最近的医院所需的时间（分钟）	30.19	19.60

表 4 - 1 公共问卷调查结果（一）

等级指标	最多	较多	中等	次少	最少
农村公路机动车交通量变化情况	39	104	41	11	3
建制村客运班线开通变化情况	13	78	62	29	16
建制村客运班线日均服务班次变化情况	13	76	61	31	17
水污染影响情况	33	60	63	34	8
项目耕地占用情况	25	72	66	27	8

表 4 - 2 公共问卷调查结果（二）

等级指标	最好	较好	中等	次差	最差
农村公路建设满意度	12	99	64	16	7
当地政府威信变化情况	2	51	101	32	12
公众空气质量满意度	8	62	71	42	15
噪声影响情况	8	59	81	43	7
村容整洁情况	6	56	98	32	6

表 4 - 3　　　　　　　　公共问卷调查结果（三）

等级指标	最大	较大	中等	次小	最小
贫困率变化情况	8	77	92	19	2
公众项目参与度变化情况	5	60	94	33	6
学龄儿童入学率变化情况	28	92	55	21	2
当地干群关系变化情况	7	44	102	42	3
对周边景观的影响情况	21	69	83	22	3

三、南平市（54 份）

表 5　　　南平市外出就业人数状况以及前往日常工作生活场所时间情况

指标	2003 年以前	2009 年以后
家庭人口数量（人）	3.82	3.68
外出就业人数（人）	0.84	0.94
前往本乡（镇）中心所需时间（分钟）	17.22	11.76
前往生产劳动（或工作）场所所需的时间（分钟）	18.45	14.49
前往集贸市场所需的时间（分钟）	12.66	12.24
到达最近的医院所需的时间（分钟）	12.85	10.82

表 6 - 1　　　　　　　　公共问卷调查结果（一）

等级指标	最多	较多	中等	次少	最少
农村公路机动车交通量变化情况	9	27	15	1	2
建制村客运班线开通变化情况	8	27	11	6	2
建制村客运班线日均服务班次变化情况	7	19	17	7	4
水污染影响情况	3	19	21	10	1
项目耕地占用情况	6	19	24	4	1

表 6 - 2　　　　　　　　公共问卷调查结果（二）

等级指标	最好	较好	中等	次差	最差
农村公路建设满意度	7	23	19	4	1
当地政府威信变化情况	3	23	21	7	0
公众空气质量满意度	5	29	15	4	1
噪声影响情况	8	21	18	5	2
村容整洁情况	5	21	21	5	2

表6-3 公共问卷调查结果（三）

等级指标	最大	较大	中等	次小	最小
贫困率变化情况	4	19	24	6	1
公众项目参与度变化情况	4	21	22	4	3
学龄儿童入学率变化情况	10	19	22	3	0
当地干群关系变化情况	4	14	27	8	1
对周边景观的影响情况	6	23	18	4	3

四、宁德市（67份）

表7 宁德市外出就业人数状况以及前往日常工作生活场所时间情况

指标	2003年以前	2009年以后
家庭人口数量（人）	5.11	5.07
外出就业人数（人）	1	1.87
前往本乡（镇）中心所需时间（分钟）	29.73	21.06
前往生产劳动（或工作）场所所需的时间（分钟）	22.51	18.11
前往集贸市场所需的时间（分钟）	21.63	15.29
到达最近的医院所需的时间（分钟）	26.27	17.90

表8-1 公共问卷调查结果（一）

等级指标	最多	较多	中等	次少	最少
农村公路机动车交通量变化情况	9	30	19	5	4
建制村客运班线开通变化情况	3	16	28	14	6
建制村客运班线日均服务班次变化情况	5	15	30	11	6
水污染影响情况	5	17	25	14	6
项目耕地占用情况	3	27	24	10	3

表8-2 公共问卷调查结果（二）

等级指标	最好	较好	中等	次差	最差
农村公路建设满意度	3	29	26	6	3
当地政府威信变化情况	1	16	34	7	9
公众空气质量满意度	4	21	28	12	2
噪声影响情况	6	21	26	11	3
村容整洁情况	3	22	32	6	4

表 8 - 3 公共问卷调查结果（三）

等级指标	最大	较大	中等	次小	最小
贫困率变化情况	3	29	29	6	0
公众项目参与度变化情况	1	19	28	11	8
学龄儿童入学率变化情况	11	32	19	3	2
当地干群关系变化情况	1	10	39	10	7
对周边景观的影响情况	6	22	28	10	1

五、莆田市（143 份）

表 9 莆田市外出就业人数状况以及前往日常工作生活场所时间情况

指标	2003 年以前	2009 年以后
家庭人口数量（人）	5.15	5.22
外出就业人数（人）	1.49	1.73
前往本乡（镇）中心所需时间（分钟）	28.10	18.89
前往生产劳动（或工作）场所所需的时间（分钟）	57.41	28.05
前往集贸市场所需的时间（分钟）	21.22	15.91
到达最近的医院所需的时间（分钟）	26.92	20.11

表 10 - 1 公共问卷调查结果（一）

等级指标	最多	较多	中等	次少	最少
农村公路机动车交通量变化情况	24	65	33	16	5
建制村客运班线开通变化情况	8	37	56	21	21
建制村客运班线日均服务班次变化情况	9	41	54	17	22
水污染影响情况	27	49	35	20	12
项目耕地占用情况	30	44	44	15	10

表 10 - 2 公共问卷调查结果（二）

等级指标	最好	较好	中等	次差	最差
农村公路建设满意度	6	44	63	16	14
当地政府威信变化情况	6	22	70	28	17
公众空气质量满意度	6	43	57	23	14
噪声影响情况	9	34	51	35	14
村容整洁情况	8	37	57	31	10

表 10 – 3　　　　　　　　公共问卷调查结果（三）

等级指标	最大	较大	中等	次小	最小
贫困率变化情况	17	38	67	17	4
公众项目参与度变化情况	5	30	62	30	16
学龄儿童入学率变化情况	31	41	51	14	6
当地干群关系变化情况	4	31	69	29	10
对周边景观的影响情况	12	40	59	21	11

六、泉州市（376 份）

表 11　　　泉州市外出就业人数状况以及前往日常工作生活场所时间情况

指标	2003 年以前	2009 年以后
家庭人口数量（人）	4.82	4.71
外出就业人数（人）	0.93	1.13
前往本乡（镇）中心所需时间（分钟）	25.45	17.67
前往生产劳动（或工作）场所所需的时间（分钟）	29.08	22.68
前往集贸市场所需的时间（分钟）	17.69	13.05
到达最近的医院所需的时间（分钟）	23.67	17.34

表 12 – 1　　　　　　　　公共问卷调查结果（一）

等级指标	最多	较多	中等	次少	最少
农村公路机动车交通量变化情况	79	177	98	15	7
建制村客运班线开通变化情况	24	104	146	69	33
建制村客运班线日均服务班次变化情况	22	100	158	62	34
水污染影响情况	72	115	122	37	30
项目耕地占用情况	61	129	107	56	23

表 12 – 2　　　　　　　　公共问卷调查结果（二）

等级指标	最好	较好	中等	次差	最差
农村公路建设满意度	34	147	150	37	8
当地政府威信变化情况	15	99	190	46	26
公众空气质量满意度	27	113	143	65	28
噪声影响情况	22	94	165	71	24
村容整洁情况	25	120	140	67	24

表 12 – 3 公共问卷调查结果（三）

等级指标	最大	较大	中等	次小	最小
贫困率变化情况	33	121	179	36	7
公众项目参与度变化情况	15	107	179	58	17
学龄儿童入学率变化情况	71	174	106	16	9
当地干群关系变化情况	15	80	205	60	16
对周边景观的影响情况	45	125	148	43	15

七、三明市（135 份）

表 13 三明市外出就业人数状况以及前往日常工作生活场所时间情况

指标	2003 年以前	2009 年以后
家庭人口数量（人）	4.43	4.40
外出就业人数（人）	0.83	1.16
前往本乡（镇）中心所需时间（分钟）	26.61	19.75
前往生产劳动（或工作）场所所需的时间（分钟）	124.78	20.04
前往集贸市场所需的时间（分钟）	19.00	13.01
到达最近的医院所需的时间（分钟）	18.82	13.43

表 14 – 1 公共问卷调查结果（一）

等级指标	最多	较多	中等	次少	最少
农村公路机动车交通量变化情况	28	61	39	6	1
建制村客运班线开通变化情况	8	56	40	23	8
建制村客运班线日均服务班次变化情况	9	42	56	19	9
水污染影响情况	17	46	43	18	11
项目耕地占用情况	15	44	46	22	8

表 14 – 2 公共问卷调查结果（二）

等级指标	最好	较好	中等	次差	最差
农村公路建设满意度	22	66	36	9	2
当地政府威信变化情况	11	50	44	21	9
公众空气质量满意度	12	41	49	24	9
噪声影响情况	13	47	49	16	10
村容整洁情况	14	46	50	20	5

表 14 - 3　　　　　　　　公共问卷调查结果（三）

等级指标	最大	较大	中等	次小	最小
贫困率变化情况	11	62	48	9	5
公众项目参与度变化情况	11	33	69	14	8
学龄儿童入学率变化情况	13	46	38	31	7
当地干群关系变化情况	7	38	58	29	3
对周边景观的影响情况	12	39	59	22	3

八、厦门市（56 份）

表 15　　　　厦门市外出就业人数状况以及前往日常工作生活场所时间情况

指标	2003 年以前	2009 年以后
家庭人口数量（人）	4.15	4.18
外出就业人数（人）	0.77	0.94
前往本乡（镇）中心所需时间（分钟）	21.13	14.91
前往生产劳动（或工作）场所所需的时间（分钟）	17.65	15.86
前往集贸市场所需的时间（分钟）	12.75	10.57
到达最近的医院所需的时间（分钟）	19.73	14.61

表 16 - 1　　　　　　　　公共问卷调查结果（一）

等级指标	最多	较多	中等	次少	最少
农村公路机动车交通量变化情况	12	17	20	3	4
建制村客运班线开通变化情况	0	18	26	7	5
建制村客运班线日均服务班次变化情况	2	13	28	7	6
水污染影响情况	5	18	24	9	0
项目耕地占用情况	4	15	26	7	4

表 16 - 2　　　　　　　　公共问卷调查结果（二）

等级指标	最好	较好	中等	次差	最差
农村公路建设满意度	3	23	23	6	1
当地政府威信变化情况	3	17	24	11	1
公众空气质量满意度	3	23	21	6	3
噪声影响情况	5	15	24	9	3
村容整洁情况	7	17	21	10	1

表 16 – 3　　　　　　　公共问卷调查结果（三）

等级指标	最大	较大	中等	次小	最小
贫困率变化情况	0	22	26	7	1
公众项目参与度变化情况	0	20	27	8	1
学龄儿童入学率变化情况	7	20	16	12	1
当地干群关系变化情况	2	13	26	13	2
对周边景观的影响情况	7	21	21	7	0

九、漳州市（123 份）

表 17　　　　漳州市外出就业人数状况以及前往日常工作生活场所时间情况

指标	2003 年以前	2009 年以后
家庭人口数量（人）	4.53	4.48
外出就业人数（人）	0.93	0.95
前往本乡（镇）中心所需时间（分钟）	22.89	15.29
前往生产劳动（或工作）场所所需的时间（分钟）	22.16	18.39
前往集贸市场所需的时间（分钟）	17.42	13.03
到达最近的医院所需的时间（分钟）	23.38	17.93

表 18 – 1　　　　　　　公共问卷调查结果（一）

等级指标	最多	较多	中等	次少	最少
农村公路机动车交通量变化情况	19	61	38	4	1
建制村客运班线开通变化情况	3	43	53	11	13
建制村客运班线日均服务班次变化情况	4	32	62	12	13
水污染影响情况	16	35	36	21	15
项目耕地占用情况	19	44	33	18	9

表 18 – 2　　　　　　　公共问卷调查结果（二）

等级指标	最好	较好	中等	次差	最差
农村公路建设满意度	13	60	42	6	2
当地政府威信变化情况	2	31	64	16	10
公众空气质量满意度	8	40	45	23	7
噪声影响情况	6	30	56	23	8
村容整洁情况	3	41	57	15	7

表 18 – 3   公共问卷调查结果（三）

等级指标	最大	较大	中等	次小	最小
贫困率变化情况	5	35	62	17	4
公众项目参与度变化情况	5	29	58	24	7
学龄儿童入学率变化情况	13	61	36	8	5
当地干群关系变化情况	4	31	66	15	7
对周边景观的影响情况	15	45	45	11	7

十、福建省（1448 份）

表 19   福建省外出就业人数状况以及前往日常工作生活场所时间情况

指标	2003 年以前	2009 年以后
家庭人口数量（人）	4.58	4.53
外出就业人数（人）	1.01	1.23
前往本乡（镇）中心所需时间（分钟）	26.45	18.49
前往生产劳动（或工作）场所所需的时间（分钟）	40.82	25.43
前往集贸市场所需的时间（分钟）	19.22	13.92
到达最近的医院所需的时间（分钟）	23.65	17.15

表 20 – 1   公共问卷调查结果（一）

等级指标	最多	较多	中等	次少	最少
农村公路机动车交通量变化情况	279	675	382	72	40
建制村客运班线开通变化情况	95	498	519	214	122
建制村客运班线日均服务班次变化情况	95	448	571	203	131
水污染影响情况	240	444	455	205	104
项目耕地占用情况	227	476	458	196	91

表 20 – 2   公共问卷调查结果（二）

等级指标	最好	较好	中等	次差	最差
农村公路建设满意度	136	630	512	122	48
当地政府威信变化情况	60	386	677	218	107
公众空气质量满意度	89	455	550	259	95
噪声影响情况	97	409	585	262	95
村容整洁情况	96	469	588	215	80

表 20 - 3   公共问卷调查结果（三）

等级指标	最大	较大	中等	次小	最小
贫困率变化情况	126	512	623	154	33
公众项目参与度变化情况	71	410	653	231	83
学龄儿童入学率变化情况	242	613	423	127	43
当地干群关系变化情况	63	333	733	248	71
对周边景观的影响情况	168	477	565	178	60

参 考 文 献

（一） 中文文献

[1] 费振国、栾光旭：《我国农业基础设施投融资体制的创新研究》，载于《中国农业科技导报》2007 年第 2 期。

[2] 黄禹：《关于农村基础设施建设的总体思路与举措的探讨》，载于《现代化农业》2009 年第 12 期。

[3] 孟鑫：《新时期加大农业生产性公共产品的供给的重要性和及对策》，载于《中国集体经济》2009 年第 5 期。

[4] 栾敬东、姜涛、姚闯：《加强农业基础设施投资，推进现代农业建设》，载于《安徽农学通报》2008 年第 1 期。

[5] 彭代彦：《农村基础设施投资与农业解困》，载于《经济学家》2002 年第 5 期。

[6] 傅为华：《构建新农村基础设施建设投融资体系的思考》，载于《山西建筑》2009 年第 2 期。

[7] 占纪文：《民间资本参与农村基础设施建设问题探讨》，载于《重庆科技学院学报（社会科学版）》2008 年第 9 期。

[8] 贺文春：《农村基础设施投融资优化路径选择》，载于《金融与投资》2009 年第 12 期。

[9] 徐明亮：《农村基础设施建设融资制度创新研究》，载于《农村经济》2008 年第 5 期。

[10] 徐明亮：《当前我国农村金融生态问题研究》，载于《经济纵横（创新版)》2007 年第 1 期。

[11] 任志涛：《中国新农村基础设施建设运行融资方式研究》，载于《新疆农垦经济》2009 年第 3 期。

[12] 黄勇民、李军：《多层次农业基础设施体系建设的投融资机制创新研究》，载于《南方农村》2005 年第 6 期。

[13] 李秀梅、席加：《我国农村基础设施建设融资方式思考》，载于《经济论坛》2009 年第 11 期。

[14] 白亚娟、刘天军、费振国：《农业基础设施项目融资模式选择探

析》，载于《陕西农业科学》2009 年第 5 期。

[15] 钟卫稼：《关于农村基础设施建设问题的策略思考》，载于《农村经济》2009 年第 10 期。

[16] 余晓军：《农业基础设施投资困境的经济解释》，载于《经济观察》2007 年第 6 期。

[17] 王桂堂：《农村政策性金融与财政支农关系》，载于《经济经纬》2005 年第 4 期。

[18] 丛丹阳：《中国农村金融体系现状审视和发展模式选择》，载于《商业研究》2006 年第 7 期。

[19] 涂进万：《免税后农村基础设施建设投资主体失衡问题》，载于《辽宁工程技术大学学报（社会科学版）》2007 年第 9 期。

[20] 脱秋菊：《农村基础设施建设应用 BOT 模式的可行性分析》，载于《当代经济》2008 年第 5 期。

[21] 蔺秦生：《农业政策性银行支持农村基础设施建设问题研究》，载于《甘肃金融》2007 年第 7 期。

[22] 王春福：《农村基础设施治理 PPP 模式研究》，载于《农业经济问题》2008 年第 6 期。

[23] 蒋青纯：《浅谈农村基础设施优化管理的 PPP 模式》，载于《山西建筑》2008 年第 2 期。

[24] 张开华：《试论财政支农政策创新》，载于《农业经济问题》2005 年第 3 期。

[25] 陈秀芝、侯军岐：《我国农村基础设施融资方式创新初探》，载于《农业经济》2004 年第 5 期。

[26] 彭代彦、赖谦进：《农村基础设施建设的福利影响》，载于《管理世界》2008 年第 3 期。

[27] 刘晓昀、辛贤、毛学峰：《贫困地区农村基础设施投资对农户收入和支出的影响》，载于《中国农村观察》2003 年第 1 期。

[28] 李锐：《农村公共基础设施投资效益的数量分析》，载于《农业技术经济》2003 年第 2 期。

[29] 林毅夫：《"三农"问题与我国农村的未来发展》，载于《农业经济问题》2003 年第 1 期。

[30] 鞠晴江、庞敏：《基础设施对农村经济发展的作用机制分析》，载于《经济体制革》2005 年第 4 期。

[31] 袁立：《基础设施投资对农村经济增长作用的分析》，载于《四川行政学院学报》2006 年第 3 期。

[32] 张秀生、马晓鸣：《农村社会保障与农民收入增长的互作用分析》，载于《武汉大学学报（哲学社会科学版）》2009年第2期。

[33] 杜君楠、阎建兴：《农业基础设施投资主体行为分析》，载于《西北农林科技大学学报（社会科学版）》2008年第2期。

[34] 李德金：《在2009年全国农村公路建设现场会上的讲话》，2009.4福建省交通运输厅网站。

[35] 李玉：《改善投资环境，引来五洲客商——射阳县通过公路建设拉动经济发展》，载于《江苏交通》1999年第1期。

[36] 王洪昌：《大力发展农村公路促进农村经济与社会发展》，载于《山东经济战略研究》2000年第2期。

[37] 缪之湘、钟锋雨：《我国农村公路建设融资渠道探析》，载于《交通财会》2006年第5期。

[38] 刘勇、张庆：《我国农村公路建设投资主体辨析》，载于《综合运输》2007年第5期。

[39] 刘红志：《贫困地区农村交通落后面貌改善的几点对策》，载于《农村发展论丛》1996年第3期。

[40] 万荃贞：《学习，掌握，运用好各项政策筹集县乡公路建设养护资金》，载于《河南交通科技》1997年第1期。

[41] 罗春雄、吴作飞：《发展县乡公路——振兴农村经济》，载于《广西交通科技》1998年第2期。

[42] 仇国华：《加快发展我省农村公路的思考》，载于《青海交通科技》2000年第2期。

[43] 王洪昌：《大力发展农村公路促进农村经济与社会发展》，载于《山东经济战略研究》2000年第2期。

[44] 李颜娟：《农村税费改革对我国县乡公路建设和养护资金的影响》，载于《交通财会》2003年第2期。

[45] 巩莉莉：《农村公路建设资金筹集的探讨》，载于《河北建筑科技学院学报：社会科学版》2005年第2期。

[46] 刘伟成：《农村公路建设资金筹集探讨》，载于《交通财会》2005年第1期。

[47] 程洪、李秀翠：《论农村公路建设融资方式》，载于《科技资讯》2007年第30期。

[48] 马永新：《浅谈农村公路建设资金的筹集与管理》，载于《经济论坛》2007年第12期。

[49] 刘峰涛：《农村公路投融资：外部性与产权市场的视角》，载于《农

业经济问题》2008年第2期。

[50] 程兴新、王选仓:《农村公路投融资现状及对策探讨》,载于《福建农林大学学报(哲学社会科学版)》2009年第1期。

[51] 李玉岗:《加快县域公路建设面临的问题及对策》,载于《中国市场》2010年第28期。

[52] 王国锋:《发展高速公路资金筹集道及方法》,载于《交通企业管理》1998年第6期。

[53] 马书红、方健红、王元庆:《农村公路社会经济绩效评价体系探讨》,载于《公路》2007年第8期。

[54] 刘峰涛:《农村公路投融资:外部性与产权市场的视角》,载于《农业经济问题》2008年第2期。

[55] 马书红:《农村公路规划与执行绩效评价体系研究》,载于《重庆交通大学学报:自然科学版》2008年第1期。

[56] 梁国华、杨琦:《农村公路绩效评价指标体系的构建方法》,载于《中国公路学报》2007年第6期。

[57] 马荣国、刘艳妮:《公路建设项目综合评价权重确定方法》,载于《交通运输工程学报》2005年第2期。

[58] 王元庆:《农村公路建设对区域交通影响评价研究》,载于《中外公路》2008年第5期。

[59] 罗京、王峰、王元庆:《农村公路建设的社会经济效益分析》,载于《公路》2007年第9期。

[60] 马书红、方健红、王元庆:《农村公路社会经济绩效评价体系探讨》,载于《公路》2007年第8期。

[61] 马书红:《农村公路规划与执行绩效评价体系研究》,载于《重庆交通大学学报:自然科学版》2008年第1期。

[62] 樊胜根、张林秀、张晓波:《经济增长、地区差距与贫困——中国农村公共投资研究》,中国农业出版社2002年版。

[63] 彭代彦:《农业基础设施投资与农民解困》,载于《经济学家》2002年第5期。

[64] 李锐:《农村公共基础设施投资效益分析》,载于《经济研究参考》2003年第39期。

[65] 谭清香:《农村公路基础设施对减缓贫困的影响评估》,中国社会科学院研究生院,2003年。

[66] 郎永建、张尚民、李长春:《农业基础设施建设的现状及对策》,载于《农村经济》2004年第2期。

[67] 岳军：《农村公共产品供给与农民收入增长》，载于《山东社会科学》2004 年第 1 期。

[68] 鞠晴江、庞敏：《基础设施对农村经济发展的作用机制分析》，载于《经济体制改革》2005 年第 4 期。

[69] 国际粮食政策研究所：《中国的公路建设、经济增长与扶贫》，2005 年。

[70] 刘伦武：《农业基础设施发展与农村经济增长的动态关系》，载于《财经科学》2006 年第 10 期。

[71] 辛毅：《农业生产成本与农村基础设施建设相关性的理论与实证分析》，载于《价格理论与实践》2006 年第 7 期。

[72] 李文：《农村道路建设与贫困》，中国财政经济出版社 2007 年版。

[73] 刘连环：《韩国农村建设经验及其对我国农村公路建设的启示》，载于《河北农业科学》2009 年第 6 期。

[74] 孙昌华、阴以雯：《农村公路基础设施发展模式的中外比较》，载于《科技信息》2009 年第 9 期。

[75] 何本万：《美国公路交通管理及发展》，载于《中外公路》2004 年第 2 期。

[76] 福建省农村公路建设成效资料收集与监测数据库。

[77] 福建公路统计年鉴（2003~2009）。

[78] 宇传华：《SPSS 与统计分析》，电子工业出版社 2007 年版。

[79] 林聚任、刘玉安：《社会科学研究方法》，山东人民出版社 2004 年版。

[80] 朱志刚：《财政支出绩效评价研究》，中国财政经济出版社 2003 年版。

[81] 郭友群：《扩大公共支出，缓解经济失衡》，载于《商业研究》2007 年第 11 期。

[82] 傅强、彭选华：《"十一五"期间我国利用外资总量预测及其对经济增长与产业结构调整影响的分析》，载于《经济与管理研究》2006 年第 6 期。

[83] 段晓晨：《新建铁路投资控制对策》，载于《石家庄铁道学院学报》2002 年第 2 期。

[84] 段晓晨：《我国铁路工程投资控制中存在问题及成因分析》，载于《铁道建筑技术》2000 年第 5 期。

[85] 陈伟松：《财政基建投资效益审计分析评价初探》，载于《审计研究》2005 年第 3 期。

[86] 柳卸林、张爱国：《自主创新从经济大国向强国转变的依靠》，载于

《创新科技》2007 年第 5 期。

[87] 洪银兴、刘建平：《公共经济学导论》，经济科学出版社 2003 年版。

[88] 刘月明：《公共投资决策存在的问题及对策思考》，载于《北京市经济管理干部学院学报》2002 年第 4 期。

[89] 程浩、管磊：《对公共产品理论的认识》，载于《河北经贸大学学报》2002 年第 6 期。

[90] 王春阳、尹贻林：《浅谈政府投资项目的投资控制体系》，载于《天津理工学院学报》2002 年第 6 期。

[91] 程凌刚、周海涛：《公路建设项目国民经济效益计算的理论与方法回顾》，载于《公路交通科技》2001 年第 4 期。

[92] 任淮秀、汪昌云：《建设项目后评价理论与方法》，中国人民大学出版社 1992 年版。

[93] 金立群：《公共投资后评价：机制、政策与方法》，中国财政经济出版社 1995 年版。

[94] 姚光业：《投资项目后评价机制研究》，经济科学出版社 2002 年版。

[95] 王晓霞：《项目后评价综述》，载于《江苏交通工程》2002 年第 2 期。

[96] 罗庆、宁金彪：《世界银行贷款业务指南》，中国财政经济出版社 1993 年版。

[97] 刘国恒：《建设项目可行性研究与项目评估文献集》，学术书刊出版社 1989 年版。

[98] 林晓言、许晓峰等：《建设项目经济社会评价》，中华工商出版社 2000 年版。

[99] 李敏新：《项目后评价工作考察报告》，载于《中国投资管理》1995 年第 2 期。

[100] 张三力：《项目后评价》，清华大学出版社 1998 年版。

[101] 工程咨询业务指导讲座：《投资项目的社会评价》，载于《中国工程咨询》2002 年第 1 期。

[102] 董小林、赵剑强：《建立公路建设项目环境后评价制度的若干问题》，载于《中国公路学报》2001 年第 3 期。

[103] 袁剑波、朱文喜：《公路建设项目后评价内容体系研究》，载于《公路》2001 年第 6 期。

[104] 王建军：《公路建设项目后评价主要内容研究》，载于《西安公路交通大学学报》2001 年第 3 期。

[105] 陈强：《新八一大桥社会及影响评价》，载于《江西交通》2001 年第 6 期。

[106] 孙振和、尹志国：《公路建设项目后评价》，载于《吉林交通科技》2001 年第 2 期。

[107] 黄琦、庞昊勇：《火力发电厂建设项目后评价方法，指标体系及其内容构建的思考》，载于《中国能源》1998 年第 9 期。

[108] 羡渊、王良炬：《电力建设项目后评价程序研究》，载于《天津城市建设学院学报》2001 年第 7 期。

[109] 郑跃平：《贷款新分类条件下的项目后评价》，载于《现代商业银行导刊》1999 年第 6 期。

[110] 白思俊：《项目中评价初探》，载于《管理工程学报》2000 年第 2 期。

[111] 白思俊：《关于项目后评价的探讨》，载于《管理工程学报》2002 年第 16 期。

[112] 崔毅：《项目投资决策的必要性原则解析》，载于《数量经济技术经济研究》2001 年第 12 期。

[113] 程凌刚：《公路建设项目国民经济效益计算的理论与方法回顾》，载于《公路交通科技》2001 年第 12 期。

[114] 余晓岭等：《技术项目评价与选择方法研究》，载于《管理工程学报》2000 年第 1 期。

[115] 许晓峰、肖翔：《建设项目后评价》，中华工商联合出版社 2000 年第 1 期。

[116] 陈捷：《公共部门绩效管理与财政支出的效率》，载于《云南财经大学学报》2003 年第 2 期。

[117] 张三力：《项目后评价》，清华大学出版社 1998 年版。

[118] 姜伟新、张三力：《投资项目后评价》，中国石化出版社 2001 年版。

[119] 童文胜、杨钦：《对项目评估方法和标准的若干思考》，载于《数量经济技术经济研究》1998 年第 7 期。

[120] 曾祥云等：《相对有效性评价的随机性研究》，载于《系统工程》1999 年第 9 期。

[121] 王宝森：《现行投资项目财务评价的局限性分析》，载于《数量经济技术经济研究》2000 年第 2 期。

[122] 李岚：《建设项目财务评价指标的通用图解计算方法》，载于《数量经济技术经济研究》1999 年第 4 期。

[123] 陈岩：《基于可持续发展观的水利建设项目后评价研究》，载于《河海大学》2007 年第 4 期。

[124] 于景元、钱学森：《关于开放的复杂巨系统的研究》，载于《系统工和理论与实践》1992 年第 5 期。

[125] 唐学文：《路桥投资项目后评价理论与应用分析研究》，载于《南京航空航天大学》2005 年第 12 期。

[126] 王莲芬、许树柏：《层次分析法引论》，中国人民大学出版社 1988年版。

[127] 王建华、闻燕：《DEA 方法在绩效评价中的应用与扩展》，载于《科技管理研究》2007 年第 8 期。

[128] 许长新：《交通运输类上市公司财务评价模型研究》，载于《中国软科学》2001 年第 8 期。

[129] 惠先宝：《高速公路类上市公司财务评价模型研究》，载于《管理工程学报》2001 年第 3 期。

[130] 高晓晖：《海外投资项目财务分析模型》，载于《中国管理科学》2002 年第 5 期。

[131] 王信东：《经济效果评价指标体系及评价方法的改进》，载于《中国软科学》2000 年第 10 期。

[132] 施玉群：《突变评价法在水利系统经济效益评估中的应用》，载于《水利经济》1997 年第 5 期。

[133] 宋小敏：《项目投资经济效益评价原理与方法研究》，载于《中国管理科学》2002 年第 1 期。

[134] 唐梅英：《南水北调西线工程国民经济评价》，载于《水利经济》1999 年第 1 期。

[135] 白松梅、赵雪山：《多种综合评价方法的优劣判断研究》，载于《数量经济技术经济研究》2000 年第 7 期。

[136] 许瑛：《经营绩效的综合评价方法研究》，载于《技术经济与管理研究》2003 年第 5 期。

[137] 张强、韩莹莹：《当代美国联邦政府绩效评估的层级体系分析》，载于《社会科学研究》2006 年第 1 期。

[138] 财政部财政监督司：《国外财政监督情况考察报告》，中国财政经济出版社 1999 年版。

[139] 国家林业局经济发展研究中心，国家林业局发展计划与资金管理司：《2006 年国家林业重点工程社会经济效益监测报告（摘要）》，载于《林业经济》2007 年第 5 期。

[140] 陈振明：《公共管理学》，中国人民大学出版社 2003 年版。

[141] 刘峰：《高速公路建设项目后评价研究》，载于《河海大学》2007

年第 1 期。

[142] 周朝阳、李晓宏:《如何构建有效的财政支出绩效评价体系》,载于《武汉理工大学学报》2007 年第 8 期。

[143] 王克强、刘红梅等:《财政支出绩效评价研究综述》,载于《开发研究》2006 年第 5 期。

[144] 陈捷:《公共部门绩效管理与财政支出的效率》,载于《云南财经大学学报》2003 年第 2 期。

[145] 亚当·斯密:《国民财富的性质和原因的研究》,商务出版社 1983 年版。

[146] 舒尔茨:《改造传统农业》,商务印书馆 1999 年版。

[147] 阿瑟·刘易斯:《二元经济论》,北京经济学院出版社 1989 年版。

[148] 伍德里奇:《计量经济学导论》,中国人民大学出版社 2003 年版。

[149] 樊胜根、张林秀、张晓波:《经济增长、地区差距与贫困——中国农村公共投资研究》,中国农业出版社 2002 年版。

[150] 高培勇:《公共经济学》,中国人民大学出版社 2004 年版。

[151] 李子奈:《计量经济学》,高等教育出版社 2000 年版。

[152] 郭志刚:《社会统计分析方法——SPSS 软件应用》,中国人民大学出版社 2003 年版。

[153] 张林秀、李强、罗仁福、刘承芳等:《中国农村公共物品投资情况及区域分布》,载于《中国农村经济》2005 年第 11 期。

[154] 张林秀、罗仁福、刘承芳等:《中国农村社区公共物品投资的决定因素分析》,载于《经济研究》2005 年第 11 期。

[155] 张文棋:《农业投融资与农业可持续发展》,载于《农业经济问题》2000 年第 2 期。

[156] 张文棋:《论农业可持续发展的投融资问题》,载于《农业现代化研究》2001 年第 9 期。

[157] 李纯英:《国家投资进行农业基础设施建设是增加农民收入的新途径》,载于《经济问题》2002 年第 12 期。

[158] 方芳、钱勇、柳士强:《我国农业基础设施投资的实证分析》,载于《财经研究》2004 年第 2 期。

[159] 孙良:《论农业基础设施投资》,载于《安徽师范大学学报(人文社会科学版)》2000 年第 4 期。

[160] 财政部、交通部:《交通预算项目绩效考评管理试点办法》,2007 年。

[161] 张少春:《政府公共支出绩效考评理论与实践》(第 1 版). 中国财

政经济出版社 2005 年版。

[162] 刘泽双:《水力发电企业整体效益评价原理与方法研究》,载于《中国管理科学》2002 年第 10 期。

[163] 刘风琴:《农业可持续发展系统动态评价研究》,载于《系统工程》1999 年第 3 期。

[164] 加拿大:《加拿大政府绩效评价政策和标准》,复旦大学出版社 2004 年版。

[165] 财政部科研所课题组:《健全地方财政支出绩效评价体系的建议》,载于《中国财政》2006 年第 8 期。

[166] 王利彬、吴群琪:《公路投资对国民经济贡献的探讨》,载于《中国公路学报》2006 年第 3 期。

[167] 交通部科学研究院:《交通预算项目绩效评价指标体系问题研究》,交通部科学研究院 2006 年版。

[168] 陈红、魏凤虎:《公路生态系统评价指标体系构建方法研究》,载于《中国公路学报》2004 年第 4 期。

[169] 浙江省交通厅、浙江公路水运咨询公司、长安大学:《浙江省"乡村康庄工程"绩效评价报告》,2006 年版。

[170] 中国农业年鉴编辑委员会:《中国农业年鉴》(1986～2009 年),中国农业出版社。

[171] 中国交通年鉴编辑委员会:《中国交通年鉴》(1986～2009 年),中国交通年鉴出版社。

[172] 黄一夫:《可持续发展与投资项目评价》,载于《系统工程》1999 年第 3 期。

[173] 李庆中:《南水北调西线工程对西部开发的社会效益浅析》,载于《水利经济》2001 年第 7 期。

[174] 高晓蔚:《建设项目环境效益评价体系的总体思路与方法》,载于《中国软科学》1999 年第 8 期。

[175] 郭永龙等:《论工业建设项目的环境风险及其评价》,载于《工业经济》2002 年第 6 期。

[176] 詹前涌:《层次模糊决策法及其在生态环境评价中的应用》,载于《系统工程理论与实践》2000 年第 12 期。

[177] 许俊杰:《城市总体环境质量的二级模糊综合评价》,载于《统计研究》2002 年第 3 期。

[178] 张燕等:《影响环境质量的关键因子的识别方法》,载于《长江流域资源与环境》2001 年第 5 期。

[179] 许榕等：《环境影响评价因子的筛选》，载于《环境科学与技术》2003 年第 1 期。

[180] 杨士建：《灰色模型在确定关键污染因子中的应用》，载于《中国环境监测》2003 年第 1 期。

[181] 余建林、张丽娟等：《公共工程项目可行性研究中社会评价理论探讨》，载于《经济师》2006 年第 3 期。

[182] 和金生等：《电力建设项目后评价理论与方法研究》，载于《华北电力技术》1998 年第 7 期。

[183] 冯英俊：《生产有效性与管理有效性》，载于《管理工程学报》2001 年第 3 期。

[184] 赵国杰等：《CIMS 绩效评价指标体系与方法论研究》，载于《管理工程学报》2001 年第 3 期。

[185] 梁俊国：《多层系统动态目标协调的一般模型》，载于《管理工程学报》2001 年第 2 期。

[186] 王其藩：《复杂大系统综合动态分析与模型体系》，载于《管理科学学报》1999 年第 2 期。

[187] 陈文伟：《决策支持系统新结构体系》，载于《管理科学学报》1998 年第 3 期。

[188] 刘平宇：《可持续发展经济系统分析》，载于《系统辩证学学报》2002 年第 2 期。

[189] 余敬：《自然资源可持续发展模糊综合评价模型》，载于《技术经济与管理研究》2002 年第 4 期。

[190] 潘柳燕：《经济发展与生态持续的共生性》，载于《广西大学学报（哲学社会科学版）》2002 年第 1 期。

[191] 张旭平：《"生态文明"概念辨析》，载于《系统辩证学学报》2001 年第 2 期。

[192] 陈君：《生态文明：可持续发展的重要基础》，载于《中国人口·资源与环境》2001 年第 52 期。

[193] 刘思华：《生态文明与可持续发展问题的再探讨》，载于《东南学术》2002 年第 6 期。

[194] 陈少英等：《论生态文明与绿色精神文明》，载于《江海学刊》2002 年第 5 期。

[195] 徐念榕、许长新：《综合评价方法探讨及其在海洋工程项目选择中的应用》，载于《水利水电科技进展》1998 年第 5 期。

[196] 郭多柞：《一种新的经济项目分析评价模型及应用》，载于《数量

经济技术经济研究》1997 年第 4 期。

[197] 赵斌等:《系统综合评价法在工程后评价中的应用讨论》,载于《系统工程》2002 年第 1 期。

[198] 梅绍祖等:《企业技术改造项目综合效益后评价》,载于《系统工程理论与实践》1997 年第 5 期。

[199] 陈红:《公路网规划方案综合评价方法及应用》,载于《系统工程理论与实施》1999 年第 6 期。

[200] 武博庆:《引滦工程后评价内容与方法》,载于《水利经济》1997 年第 2 期。

[201] 吴永林:《企业技术创新能力的多级模糊综合评价》,载于《数量经济技术经济研究》2002 年第 3 期。

[202] 冯圣洪:《一种综合评价指标属性值规——量化技术新途径》,载于《系统工程学报》2000 年第 2 期。

[203] 张新红:《基于神经网络的管理信息系统综合评价方法》,载于《系统工程学报》2002 年第 5 期。

[204] 查健禄:《综合评价问题的系统分析》,载于《系统工程学报》2000 年第 2 期。

[205] 王明涛:《多指标综合评价中权系数确立的一种综合分析方法》,载于《系统工程》1999 年第 2 期。

[206] 张欣莉:《建筑工程项目综合评价的新方法及其应用》,载于《系统工程》2002 年第 2 期。

[207] 袁海霞、万辉等:《科研绩效评价指标体系的初步探讨》,载于《海军医学杂志》2007 年第 2 期。

[208] 陈丽娜、秦岭:《国有资本绩效评价体系的研究》,载于《集团经济研究》2007 年第 235 期。

[209] 胡永铨:《基于和谐发展观的项目社会评价体系研究》,载于《科技进步与对策》2006 年第 1 期。

[210] 宋元华、肖晓民:《扶贫道路项目后评价体系的研究》,载于《公路交通科技》2001 年第 1 期。

[211] 普雷母詹德:《公共支出管理》,中国金融出版社 1995 年版。

[212] 张一驰:《人力资源管理》,北京大学出版社 1999 年版。

[213] 孟建民:《中国企业绩效评价》,中国财政经济出版社 2002 年版。

[214] 申书海、陈学安:《财政支出效益评价》,中国财政经济出版社 2002 年版。

[215] 苟英娥:《地方政府一般预算绩效评价指标体系的构建》,载于

《财经论丛》2007 年第 132 期。

[216] 董小林、赵剑强等：《建立公路建设项目环境后评价制度的若干问题》，载于《中国公路学报》2001 年第 3 期。

[217] 李天威、李新民、王暖春：《环境影响评价中公众参与机制和方法探讨》，载于《环境科学研究》1999 年第 2 期。

[218] 祝兴祥：《环境影响评价未来十年》，载于《环境保护》2005 年第 2 期。

[219] 许铁力：《环境影响价值评估中的公众参与方法探讨》，载于《北方环境》2004 年第 1 期。

[220] 李艳芳：《环境影响评价制度中的公众参与》，载于《中国地质大学学报：社会科学版》2002 年第 1 期。

[221] 福建统计局：《福建省统计年鉴》2000~2015。

[222] 福建省统计局农村处：《福建省农村统计年鉴》，中国统计出版社 1999~2015 年版。

[223] 福建省公路管理局：《福建公路统计年鉴》2000~2015。

[224] 福建省交通厅：《福建省交通年鉴》2000~2015。

[225] 国家统计局农村社会经济调查总队：《中国农村住户调查年鉴》。

[226] 国家统计局：《中国县（市）社会经济统计年鉴》。

[227] 福建省民政厅：《福建省政区概览.2010》，福建省地图出版社 2010 年版。

[228] 张丽军：《谈我国农村公路投资建设中存在的不足及改进措施》，载于《城市建设理论研究（电子版）》2013 年第 13 期。

[229] 刘虹：《浅谈云南公路管理的体制改革》，载于《财经界（学术版）》2009 年第 8 期。

[230] 徐丽：《中国农村公路发展的再思考》，http://www.chts.cn2013.09.03。

[231] 王松波：《农村公路养护管理情况介绍》，http://www.chts.cn2013.09.03。

[232] 游汉波、张波：《农村公路养护亟待突破资金困扰》，载于《中国公路》2006 年第 12 期。

[233] 张军：《农村公路建设管理问题探讨》，载于《湖南交通科技》2007 年第 4 期。

[234] 梁文君、董洁：《关于农村公路建设存在问题的几点思考》，载于《吉林交通科技》2010 年第 2 期。

[235] 李学农：《农村公路建设与管理中应该注意的几个问题》，载于

《交通世界》2011 年第 8 期。

[236] 李晓华：《当前农村公路养护管理存在的问题与对策》，载于《科技资讯》2009 年第 25 期。

[237] 李学农：《筹措农村公路养护资金的探索》，载于《商业经济》2011 年第 10 期。

[238] 贲娟：《农村公路养护资金的筹集及使用监管问题研究》，重庆交通大学，2012 年。

[239] 张沁：《农村公路管理养护体制研究》，西南政法大学，2014 年。

[240] 王松根：《农村公路养护管理模式探讨》，载于《中国公路学会》，《中国公路学会 2013 年学术年会论文集》，载于《中国公路学会》2013 年第 5 期。

（二）外文文献

[1] Albert Lester, Ear Ing, Ceng, et al. Project Planning and Control, 3th ed [M]. USA：Reed Education and Professional Publishing Ltd, 2000：326 – 355.

[2] Boarnet M G. Spillovers and the locational effects of public infrastructure [J]. Journal of Regional Science, 1998, 38 (3)：381 – 400.

[3] Yilmaz S, Haynes K E, Dinc M. Geographic and network neighbors：Spillover effects of telecommunications infrastructure [J]. Journal of Regional Science, 2002, 42 (2)：339 – 360.

[4] Gibson J, Rozelle S. Poverty and access to roads in papua new guinea [J]. Economic Development and Cultural Change, 2003, 52 (1)：159 – 185.

[5] Mamatzakis E C. Public infrastructure and productivity growth in Greek agriculture [J]. Agriculture Economics. 2003, 29 (2)：169 – 180.

[6] Farrow A, Larrea C, Hymanand Lema G. Exploring the Spatial Variation of Food Poverty in Ecuador [J]. Food Policy, 2005, 30 (5)：510 – 531.

[7] Leinbach. T. R. Rural Transport Development Assessment：A Case Study in Indonesia. 1983.

[8] Bryceson. D. F. and J. Howe. Can rural road transport in Africa reduce the burden on women? 1993.

[9] Fan. S., Hazell. P. and S. Thorat. Government Expenditure, Economic Growth and India's Rural Poverty. 2000.

[10] Fan. S., Hazell. P. and S. Thorat. 政府支出、经济增长与印度农村贫困问题研究. 2000.

[11] Xiaobo Zhang and Shenggen Fan. Increasing Returns and Long run Growth [J]. Journal of Political Economy, 2004 (5)：1002 – 1037.

［12］ Khandker. The facility management handbook ［M］. 2nded. NewYork：AMACOM. 1989：185.

［13］ Ahmed and Hossain. Department of Environment. Indicators of Sustainable Development for the United Kingdom ［R］. London：HMSO, 1990：321 - 354.

［14］ Albert Lester, Ear Ing, Ceng, et al. Project Planning and Control, 3th ed ［M］, USA：Reed Education and Professional Publishing Ltd, 1990：326 - 355.

［15］ Khandker, Levy and Filmer. Project Management Institute. A Guide to the Project Management Body of Knowledge ［M］. Project Management Institute Standard Committee, 1994：213 - 259.

［16］ McKinnon. Research on the Financial Evaluation of Transportation Companies ［J］. Orient Academic Forum (Special), 1995, 10：126 - 130.

［17］ TRB. The application of Wu-Li Shi-Li Ren-Li (WSR) system methodology to R&D Project evaluation and selection ［C］. Proceedings of the Third International Conference on Management, Shanghai, 1997：119 - 128.

［18］ Gannon and Liu. An overview of evaluation in theory and Practice ［C］. Proceeding of 1996 IEEE International Conference on Systems, Man and Cybernetics：Information Intelligence and Systems, Beijing, China, 1997：2047.

［19］ Jacoby. An Oriental Methodology, in Systems Methodology：Possibilities for Cross-Cultural Learning and Integration 9 (G. Midgley and J. Wilby eds) ［M］. United Kingdorn：The University of Hull Press, 2000：31 - 40.

［20］ Escobal. Ex-Post Evaluation of Objective 6 Program for the period 1995 - 1999 Country Report for Sweden ［R］. Department of the Social and Economic Geography Umea University Sweden, December 2001：103 - 112.

［21］ Kwon. Hidden Impact of Ex-Post Evaluation of an Anti-Poverty Program ［R］. Development Research Group World Bank, Washington, 2001：219 - 247.

［22］ Competency Standards Project officer. National Competency Standards For Project Management ［J］. Australian Institute of Project Management, 2001：413 - 456.

［23］ Jocelyn A. Songco. The road to integration. Reflections on the development of organizational evaluation theory and practice ［J］. Omega, International Journal of Management Science, 2002, 24 (3)：295 - 370.

［24］ BIDS. Poverty Impact of Rural Roads and Markets Improvement and Maintenance Project of Bangladesh. 2004.

［25］ Lokshin. M. and R. Yemtsov. Can Georgia's rural infrastructure help improve poverty? 2005.

[26] The WorldBank. Implementation Completion Report [R]. Good Practices, Operational Policies of the World Bank Operational Manual, Washington, 2001.

[27] Hanan G. Jacoby. Casley D&Kumar K. Project Monitoring And Evaluation in Agriculture [M]. The World Bank/John Hopkins University Press, Washington, 1998.

[28] Jocelyn A. Songco. International Project Management Association. International Project Management Association Competency Baseline [M]. 2002: 556 – 583.

[29] The Poverty Impact of Rural Roads: Evidence from Bangladesh. Shahidur R. Khandker-World Bank; Zaid Bakht-Bangladesh Institute of Development Studies; Gayatri B. Koolwal-National Economic Research Associates.

后 记

本书是在我的博士论文《农村公路投资及绩效评价研究》的基础上，经过修改整理、拓展补充而成的。

首先感谢恩师张文棋教授，从选题立项、搜集资料、构思酝酿、拟定提纲、研究思路、论文撰写、初稿修改、逻辑调整直到论文的最后定稿，无处不包含着导师大量的汗水和心血。张老师刻苦敬业的工作精神、踏实严谨、求真务实的治学作风及个人的高尚风格，让我体会到了"海纳百川，有容乃大"的内涵。他对学生多年来至真至诚的关怀和帮助，学生将终生难忘，"桃李不言，下自成蹊"，无论是在今后的学习还是工作中，张老师都是我的楷模。师恩难忘，在本书即将出版之际，谨向导师致以最崇高的敬意和最真挚的感谢！

在攻读博士学习期间和论文研究过程中，郑庆昌教授、刘伟平教授、王林萍教授、黄和亮教授、徐学荣教授、王文烂教授、汤新华教授给予了可贵的指导和帮助，对论文的选题、研究思路、研究方法提出了许多宝贵的意见，论文的最终完成也包含着他们的汗水，在此表示深深的感谢！

中国农业发展银行福建省分行、福建省交通厅、福建省公路局、福建省农业厅、中国农业银行福建省分行、国家开发银行福建省分行、福建省建筑设计院、福建省住建厅相关人员在论文的实证研究过程中提供了大量的实证资料和数据，给予了大力的帮助；我的同学林依标博士、朱少洪博士及我的师兄林少伟博士、蔡雪雄博士，感谢他们在学习期间给予的无私帮助，衷心地感谢他们！

在本书的撰写过程中，参考文献的作者，是他们的研究成果与智慧启发了我的论文写作思路，在此对这些文献资料的提供者和作者谨致谢意。本书的出版，得到了福州大学经济研究院周小亮院长的关心、支持和帮助，经济研究院学术专著出版资金的资助，以及经济科学出版社吕萍社长、于海汛和李一心老师的鼎力相助，特此致以衷心的感谢！

最后，谨向所有关心、帮助过我的师长、朋友、同学一并表示衷心的感谢！

由于本人学识、时间与精力方面的局限，书中难免有疏漏和不当之处，敬请各位专家和读者批评、指正。

陈 玲

2016 年 9 月